GOLDMANN

Buch

Menschlichkeit – das ist das Stichwort, unter dem man das Werk des tschechischen Dichters Jaroslav Seifert zusammenfassen könnte, der 1984 den Nobelpreis für Literatur erhielt.

Ein Himmel voller Raben ist der zweite Band von Jaroslav Seiferts Erinnerungen. Es sind Erinnerungen an Freunde und Feinde, an Kindheit und Jugend, an die Prager Frauen, an wichtige Vertreter des tschechischen Geisteslebens wie den mutig gegen Zensur und Nazi-Terror ankämpfenden Verleger Vilém Kostka, an befreundete Schriftsteller, Maler und Bildhauer. Und immer wieder Erinnerungen an Prag, sein geliebtes Prag, das vor allem das Prag der 20er und 30er Jahre ist.

Ein zärtliches Buch, ein vielstimmiger Lobgesang auf das Leben und die Liebe.

Autor

Jaroslav Seifert (1901–1986) wurde in Prag geboren und gehörte schon früh einem Kreis junger Künstler und Intellektueller an. Er engagierte sich begeistert für sozialistische Ideen und wurde Mitglied der Kommunistischen Partei, die er aber angesichts des stalinistischen Terrors wieder verließ. Nach dem sowjetischen Einmarsch in die ČSSR war er Mitunterzeichner der »Charta 77«.

Seiferts erste dichterische Werke erschienen 1920. Sein Gesamtwerk, für das er 1984 den Nobelpreis für Literatur erhielt, umfaßt nahezu 30 Bände.

Von Jaroslav Seifert ist im Goldmann Verlag außerdem der erste Band seiner Erinnerungen lieferbar:

Alle Schönheit dieser Welt. Geschichten und Erinnerungen (8659)

JAROSLAV SEIFERT

EIN HIMMEL VOLLER RABEN

Geschichten und Erinnerungen

Zweiter Teil

GOLDMANN VERLAG

Titel der Originalausgabe:
»Všecky krásy světa. Příběhy a vzpomínky«,
erschienen 1981 in Köln im Index Verlag
und bei Sixty-Eight Publishers, Corp., Toronto.
Der vorliegende Band umfaßt den Dritten
(von Hans Gaertner übersetzten)
und den Vierten (von Paul Taussig übersetzten)
Teil des Gesamtwerks.
Der Erste und Zweite Teil erschienen
unter dem Titel »Alle Schönheit dieser Welt«.

Übertragung der Gedichte
von Olly Komenda-Soentgerath

Der Goldmann Verlag
ist ein Unternehmen der Verlagsgruppe Bertelsmann

Made in Germany · 9/88 · 1. Auflage
Genehmigte Taschenbuchausgabe

Umschlaggestaltung: Design Team München
Umschlagfoto: Peter Cook, ZEFA, Düsseldorf
Druck: Elsnerdruck, Berlin
Verlagsnummer: 9137
Au · Herstellung: Ludwig Weidenbeck
ISBN 3-442-09137-3

Inhalt

Erster Teil: Die Nacht auf dem Kohlenmarkt

Zweiter Teil: Ein Himmel voller Raben

Erster Teil
Die Nacht auf dem Kohlenmarkt

Vorrede

Wenn der berühmte tschechische Dichter Jaroslav Vrchlický seiner Zeit aus dem Fenster schaute, sah er dies Panorama vor sich: Mit schweren Ketten an den steinernen Kai geschmiedet, schaukeln zwei Landungsbrücken auf den Moldauwellen. Die längere Brücke ist für «große» Dampfer bestimmt, die feierlich und würdevoll anlegen, die schmalere für kleine Dampfboote, die in einem fort tutend am Reep festmachen, während ein weiteres Dampfschiff, «auf der Reede» dümpelnd, schon die Schaufelräder anhält und wartet, bis der Hafen frei ist. Die kleinen Dampfer waren fast immer überfüllt, auf dem großen fand man meist noch auf einem der Doppeldecks Platz.

Ein Fliegenschwarm jagt durch die Luft,
schnell, die Dampferglocke ruft.

Ein schöner Julisonntag, die Sonne brennt, und die Stadt leert sich rasch. Manche Seitengassen liegen so ruhig da wie in einem verschlafenen Landstädtchen. Ganz Prag, soweit nicht in die umliegenden Wälder geflüchtet, verlustiert sich an der Moldau.

Ich steh' an der Reeling und seh' zu, wie Hradschin und Nationaltheater und das Künstlerhaus «Mánes» meinen Blikken entschwinden und wir uns allmählich dem Vorort Podolí nähern. Auch dort war früher einmal eine Anlegestelle. Doch es gibt sie längst nicht mehr. Am Moldauufer aalen sich Tausende und Abertausende Menschenleiber in der Sonne. Wer kann sie zählen, diese unzähligen, wie zu einem Teppich verwobenen Leiber junger und alter, anmutiger und weniger schön anzusehender Menschen, die den sonnendurchglühten Sand bedecken – und der Dampfer gleitet an dieser menschlichen Blöße majestätisch vorbei und nimmt keuchend Kurs auf

Schloß Königssaal (Zbraslav), während die Leute am Ufer sich der Lust hingeben, reglos im Sonnenglast vor sich hinzudösen.

Plötzlich sehe ich wieder ein schreckliches Bild vor mir. In dem amerikanischen Kino-Hit «Der Nürnberger Prozeß» mit Spencer Tracy und Burt Lancaster und mit der äußerst attraktiven Marlene Dietrich in einer nicht eben sympathischen, aber treffend gespielten Rolle – obwohl sie, wie eine Rose, schon in einmaliger Schönheit ihrem 70. Geburtstag entgegensieht –, fordert der öffentliche Ankläger an einer Stelle, man möge von den Alliierten in deutschen Konzentrationslagern erbeutete Filme vorführen. Diese Filme sind wahrlich erschütternd. Man sieht, wie die Leichname zu Tode gemarterter Häftlinge, totenstarr und bereits aufgeschichtet, zu Hunderten von den Schaufeln schwerer Bulldozer in flache Gräben geschoben und mit Erde zugedeckt und verscharrt werden.

Dabei purzeln die toten Leiber wie Puppen einer über den andern in die Gräben.

Und keiner vergießt eine Träne.

Zuweilen scheint es mir fast unglaublich, daß wir – nach diesen Geschehnissen, die noch nicht allzulange der Vergangenheit angehören – unbefangen am Tresen stehen, unser Bier oder sonstwas schlürfen, mit den hübsch frisierten Mädchen hinter der Theke schäkern und selig lächeln können. Wie ist es nur möglich, daß unser Leben – und unter den Toten waren auch Zehntausende unserer Mitbürger und Landsleute – so stoisch über diese fürchterlichen Ereignisse hinwegging und weitergeht, als wären zu unseren Lebzeiten niemals diese entsetzlichen Dinge passiert. Von den Jüngeren rede ich nicht. Doch *wir* waren beinah Augenzeugen – Zeitzeugen. Wie schnell der Mensch doch vergißt! Vielleicht verlangt es das Leben. Vielleicht könnte man das Leben anders gar nicht ertragen, könnte gar nicht existieren?

Erinnern wir uns nicht? Doch wie könnte man sich *nicht* erinnern!

Da liegen vor mir Tausende Menschenleiber. Zum Glück sind sie lebendig, die Leute sind selig und denken gar nicht nach über den Tod. Warum auch? Doch auch hier schleicht sich die Zeit auf leisen Sohlen heran wie ein unsichtbarer, lautloser Bulldozer, der uns dereinst, steif und starr, die Hände «an der Hosennaht», einen nach dem andern in die Grube schiebt und unter Erdreich und Vergessen begräbt. Nun, vielleicht ist da doch ein Unterschied: Vielleicht weint und seufzt einer an unserem Grab. Dann – nur Stille.

Ach, ich schweig' ja schon. Das ist kein hübsches Ende dieses Anfangs.

Vor dem Altstädter Horologium

In unserem Leben folgt Enttäuschung auf Enttäuschung. Leugnen wir's auch vor uns selbst und reden vor andern nicht davon, so nennt man's – Lebensoptimismus. Das beginnt schon in der Kindheit und setzt sich fort bis an unser Lebensende.

Eine solche Enttäuschung – und sie war recht herb – erlebte ich schon, als ich noch ein kleiner Bub war. Mir und meinem Vater bot sich einmal, ich weiß nicht mehr aus welchem Anlaß, die Gelegenheit, das Altstädter Rathaus zu besichtigen. Während des Rundgangs führte man uns auch in den Turm, wo sich das berühmte astronomische Horologium befindet, tschechisch «Orloj» genannt. Herr Heinz, ein bekannter Uhrmacher, der seine Werkstatt auf dem Altstädter Ring hatte und das Horologium instandhielt und wenn nötig reparierte, erklärte uns den Mechanismus des historischen Uhrwerks. Die Tierkreiszeichen interessierten mich damals nicht besonders, dafür entdeckte ich bei näherem Hinsehen zu meiner bitteren Enttäuschung, daß die zwölf Apostel, die zu jeder vollen Stunde vor den Zuschauern auf dem Ring «paradierten» und denen ich, erwartungsvoll auf dem Pflaster vor dem Turm ausharrend, stets mit unsäglicher Bewunderung und frommer Rührung zuschaute, ja die ich fast für lebendig hielt, daß diese Apostel eigentlich nur die an einem Holzrad befestigten Torsi menschlicher Figuren waren. Das Rad dreht sich langsam um seine Achse, doch unser Herr Jesus Christus schreitet nicht von einem der beiden kleinen «Schau»-Fenster des Turmes zum andern, sondern es sind nur sein Kopf und sein Rumpf. Johannes, der Liebling des Herrn, hatte keine Beine, und auch Sankt Petrus mit seinen silbernen Himmelsschlüsseln war nur ein kläglicher Torso, desgleichen die andern Apostel.

Es war eine Ernüchterung, die mich erschütterte und schmerzlich traf. Die Illusion war verflogen, nie mehr vermochte ich seither der Prozession in den «Dachluken» der Kunstuhr mit solcher Begeisterung zu folgen wie zuvor.

Doch ich muß gestehn: Noch heute verweile ich gern vor der Altstädter Turmuhr, und fehlen nur noch ein paar Minuten bis zur vollen Stunde, so betrachte ich inzwischen die Schaufenster und guck' mir Dinge an, die mich keinen Deut interessieren, nur um den Augenblick zu erleben, da das bescheidene Schauspiel beginnt, der «reiche Mann» mit seinen Dukaten klingelt, Gevatter Tod den Kopf schüttelt und läutet – zum Schluß kräht der Hahn.

Meist steh' ich nicht allein da. Gewöhnlich drängen sich vor der Uhr – mit mir staunend – ein Schwarm Ausländer und andere Besucher Prags. Ausländer stehen dort meist ziemlich viele, vorwiegend Deutsche, auch Franzosen – ja ich hab' dort sogar schon ein paar Amerikaner getroffen, mit dem Sternenbanner im Knopfloch. Die Amerikaner fielen am meisten auf. Wer weiß, vielleicht war die Gruppe erst unlängst in Houston gewesen, und die Leute hatten miterlebt, wie man eine Rakete zum Mond schoß. Vielleicht haben sie auch dem Weltraumspektakel ohne Aufregung, ja ganz gelassen und mit selbstverständlicher Neugier zugeschaut. Jetzt machten sie sich gegenseitig lebhaft, fast aufgeregt auf die hölzernen Bewegungen der Figurinen aufmerksam und beobachteten fasziniert den mechanischen, Stunde um Stunde sich wiederholenden Umzug der Heiligen in den sonst von blauen «Jalousien» bedeckten Fensterchen der Turmuhr.

Vermutlich ahnten sie nicht, daß die heiligen Apostel keine Beine haben!

Und nun sage einer, in Prag geschähen nicht auch heute noch wie im Mittelalter Wunder von geheimnisvollem Zauber und einmaliger Schönheit.

Unsere alte Küchenuhr

Ich entsinne mich nicht, daß meine Mutter je gesungen hätte – weder bei der Arbeit noch zum Einschlafen für uns Kinder. An meine ersten Lebensjahre kann ich mich natürlich nicht erinnern; doch ich hatte eine Schwester, die war ein paar Jahre jünger als ich. Dafür hör' ich im Geist aber ganz deutlich, wie mich die Uhr, die in der Küche über meinem Bett hing, mit ihrem Ticken in den Schlaf wiegte. Es war eine billige Küchenuhr mit Pendelgewichten, die man zweimal am Tag hochziehen mußte. Früh und abends. In dem Oval ihres Zifferblattes prangte ein damals beliebtes «Kitsch»-Bild: ein brünstiger Hirsch mit seiner Hindin im dunklen Wald. Diese Uhr tickte bei uns fünfzig Jahre lang. Dann blieb sie stehen, und nach dem Tod meiner Mutter nahm ich sie mit zu mir nach Hause. Lange lag sie verstaubt hinter einem Balken auf dem Dachboden; kein Uhrmacher wollte sie reparieren. Das primitive Uhrwerk sei schon so verschlissen, daß man es nicht mehr in Gang setzen könne. Die Uhr war ihnen die Instandsetzung einfach nicht wert. Nach vielen, vielen Jahren hängt die Uhr heute in meiner Stube, und – dank der Gefälligkeit eines guten Bekannten – sie geht! Und, o Wunder, auf die Minute genau – nach der Zeitansage im Rundfunk.

So höre ich nach langen Jahren wieder ihre ruhige Stimme, von Zeit zu Zeit ihr Rasseln und ihr Ticken. Sie ist zwar ein bißchen heiser geworden. Wie ein alter Pfeifenraucher. Wie ich. Wie meine Verse. Doch sie geht und schlägt, ein wenig hüstelnd, doch präzis.

Das monotone «Ticktack» ist aber das letzte, was ich aus ihrem alten Inneren vernehme. Wenn ich ihrem Ticken lausche, denke ich mir zum Klang ihrer vertrauten und vertraulichen, doch stets rhythmischen Stimme allerlei Worte aus, oder besser gesagt – ich höre sie. Ist ja eigentlich auch mein Metier.

Eines Nachmittags mitten im Sommer – es war herrliches

Wetter. So wollte ich in dem kleinen Park in unserer Nähe ein wenig in der Sonne spazieren. Die Straßen waren von den Strahlen durchwärmt, und es wäre wirklich schade gewesen, zu Hause zu hocken.

Ich schaute auf die Uhr. Es war gegen drei, da tönte es aus ihr:

Nimm-den-Schirm-mit!
Nimm-den-Schirm-mit!

Ganz deutlich hörte ich's. Unsinn, sagte ich zu der Uhr, der Himmel ist blau und ohne ein Wölkchen. Nach einer Stunde kam ich pudelnaß heim, von einem heftigen Sommergewitter bis auf die Haut durchnäßt. Doch die Uhr raunte mir unverdrossen zu:

Na-da-siehst-du!
Na-da-siehst-du!

Einmal ging mir nicht aus dem Kopf, wie sie mir einst im Elternhaus zuschnurrte:

Schlaf-schon-Jun-ge!
Schlaf-schon-Jun-ge!

Sie brauchte mich meist nicht lange zu bitten. Kaum hatte ich das Federbett über die Ohren gezogen, schlief ich schon wie ein Murmeltier.

In den letzten Jahren haben die Leute sich angewöhnt, bequemer als zu Hause, im Spital zu sterben. Sollte es mir aber einst vergönnt sein, daheim in meinem Bett der Welt adieu zu sagen, so wird die alte Küchenuhr – daran zweifle ich nicht – mich trösten:

Geh-mit-Gott-geh!
Geh-mit-Gott-geh!

Und da ja das Ticken der Küchenuhr mich – wie meine Mama mir oft erzählte – auch bei meiner Ankunft auf dieser Welt begrüßte, wird es so ganz in der Ordnung sein.

Dann wird auch unsre alte Uhr in ihrem Gang auf Erden innehalten. Immer häufiger werden die Kinder vergessen, sie aufzuziehen. Eine Zeitlang wird sie noch an der Wand hängen – Vater hing so an ihr! –, und dann wird man sie wieder auf den Dachboden räumen.

Schon-für-im-mer!
Schon-für-im-mer!
Schon-für-im-mer!

Mein Geburtshaus

Man sagt, die Jugend hängt Sehnsüchten und das Alter Erinnerungen nach. Es sind freilich nicht nur wehmütige und zärtliche Erinnerungen, die sich langsam hinter einem alten Mann herschleppen. Auch im Alter hat man noch Sehnsüchte! Und ihr wärt vielleicht überrascht, wie intensiv zuweilen die Sehnsüchte alter Leute sein können. Natürlich auch oft vergeblich. Das Alter begnügt sich nicht nur damit, auf den Tod zu warten. Es ist nicht mehr so hoffnungslos wie einst. Und ist es vernünftig und bescheiden, bereitet es sich selbst angenehme und glückliche Stunden. Ja, ihr könnt mir's glauben. Doch kehren wir zu den Erinnerungen zurück, zu denen das Alter verurteilt ist. Ohne sie wäre das Leben ja leer und trostlos.

So geschah es, daß ich eines Sommernachmittags, aus den nahen Gärten duftete noch das frische Grün, plötzlich vor einem schäbigen Zinshaus in der Riegergasse stand. Heute hat man die Straße umbenannt. Die Mietskaserne, ein «Pawlatschen»-Haus, stand da – traurig und wenig einladend. Doch auch die ganze Straße, die zum «Paradies-Garten» (Rajská zahrada) den Hang hinunterlief, wirkte schäbig, traurig und verkommen. Ihre düstere Trauer wurde noch durch zwei ununterbrochene Reihen von Autos betont, die längs der beiden Gehsteige parkten. Manche von ihnen waren verstaubt, andere mit schmierigen Planen zugedeckt. Die Straße war wie ausgestorben, die kleinen Läden geschlossen oder zu Wohnungen umfunktioniert, und man begegnete hier keiner Menschenseele. Wer wollte auch um diese Zeit hier flanieren?

Neugierig trat ich in das Haus. Der Hinterhof sah fast so aus wie vor einem dreiviertel Jahrhundert, und der kleine Garten dahinter war ebenso zerzaust und verwahrlost wie einst. Nur die Pumpe, die immer so flehentlich gewimmert hatte, war nicht mehr da. Alles ringsum voller Ruß, Stille, Verlassenheit.

Das Gärtchen hinter dem Haus bot erstaunlich viel Raum. Nicht nur eine Laienbühne, sondern auch mehrere Reihen von Stühlen fanden darin Platz, die man aus der Gaststätte im Parterre des Hauses hinauszutragen pflegte. Sie lag nur ein paar Schritte von hier. In unserem Hause residierte jedoch der bekannte Žižkover Verein «Katolická beseda» (Katholischer Geselligkeitsverein), und deshalb nannte man seine Räume das «Restaurant». Die Katolická beseda wurde von dem streitbaren Priester Pater Roudnický geleitet. So nannte man ihn auf dem Žižkov, doch sein Name wurde ansonsten eher in Zusammenhang mit politischen Versammlungen genannt. Er war ein klerikaler Streithammel. Damals kandidierte er bei den Wahlen zum österreichischen Reichsrat, und das Haus der Katolická beseda war sein Hauptquartier, von dem aus er die Agitation seiner Partei leitete. Freilich ohne Erfolg. Žižkov war fest in der Hand der nationalen Sozialisten und der Sozialdemokraten, die sich dort mit wechselndem Erfolg gegenseitig den Rang abzulaufen suchten. Pater Roudnický aber scheiterte.

Doch noch ehe ich mich entschlossen hatte, in das Haus einzutreten, blieb ich vor Staunen wie angewurzelt stehen. Etwa in Höhe des ersten Stockes prangte über die ganze Breite der Fassade die fast frische Aufschrift «Katolická beseda». So viele Jahre waren vergangen, in denen so viele große und umwälzende Ereignisse stattgefunden hatten – ging es mir durch den Sinn! Ein großer Krieg war entbrannt und das alte Österreich untergegangen. Die zwanzig Jahre der Ersten Republik verflossen, und Hitler marschierte in unsere Heimat ein. Der Zweite Weltkrieg kam. Hitler stürzte, und große Reiche zerbrachen, Millionen Menschen fielen auf den Schlachtfeldern der ganzen Welt, und gewaltige Wandlungen und Umwälzungen waren auch in unseren Landen vor sich gegangen; doch die Katolická beseda hatte alle diese Stürme der Zeit überstanden! Erst vor kurzem wurde ihr Firmenname überpinselt und verschwand.

Das riesige Kreuz aus alten Zeiten hing noch im Flur, und in einem roten Lämpchen knisterte ein brennender Docht. Auch an den «Pawlatschen», wie man in Prag die Umgänge von ärmlichen Häusern nennt, die sich bei den Liebhabervorstellungen von einst stets in Theatergalerien verwandelten, hatte sich nichts geändert. Immer noch standen dort Zuber und Waschtröge wie anno dazumal. Und sicherlich sitzen an lauen Sommerabenden auch heute noch müde Mütter und Väter da und atmen die würzige, leicht duftende Luft, die der Wind vom «Paradies-Garten» und dem «Rieger-Park» hinüberweht. Der berühmte tschechische Dichter Svatopluk Čech schrieb einmal ein Gedicht über die Heimat und beklagte sich, daß

> fremder Menschen Fersen
> treten den seligen Traum meiner Jugend.

Wie könnte ich von fremden Menschen reden? Alles ist fast genauso, wie ich es in meiner frühen Jugend verließ!

Nur die Laienkomödianten und ihre kleine Bühne sind in der Versenkung der Zeit verschwunden. Kein Wunder bei der Konkurrenz von Kinos und professionellen Theatern! Und doch waren die Vorstellungen lieb und nett. Was man spielte, hab' ich freilich schon vergessen. Nur ein Stück ist mir in Erinnerung geblieben. Es hieß «Nord gegen Süd», und erzählte offensichtlich eine Geschichte aus dem amerikanischen Bürgerkrieg. Der Name des Autors ist mir leider entfallen. An dieses Drama erinnere ich mich nur, weil in einer der Szenen eine heftige Explosion den Gang der Handlung jäh beflügelte. Die künstliche Detonation erschütterte die Bühne, ein rotes bengalisches Feuer tauchte die Gesichter der Schauspieler und der Zuschauer in ein gespenstisches Licht, in den Kulissen «regnete es» Ziegel aus Pappmaché, und in diesem Moment stürzte ein Mann in offenem Hemd auf die Rampe, vermutlich der Held des Stücks. Es sollte eine tragische Szene sein, doch statt dessen brachen die Zuschauer nach dem Knall in ein ausgelassenes Gelächter aus. Ich hielt mich am Pawlatschengeländer fest und verstand nicht, was los war.

Es sollten noch etliche Jahre meiner Kindheit vergehen, ehe ich mir, aufgrund ironischer Andeutungen, einen Reim darauf machen konnte, worum es damals eigentlich gegangen war und warum man den unseligen, vergeßlichen Mimen damals so spöttisch ausgelacht hatte. Ein kleiner Defekt an seiner Bühnengarderobe war schuld daran.

Leise trat ich wieder aus dem Haus auf die Gasse und winkte den Stiegen traurig zum Abschied; auch meine Kindesbeine hatten das ihre getan, sie abzuwetzen.

Jeder hat doch das Recht, hin und wieder im Leben sentimentalen Erinnerungen nachzuhängen.

Ich auch!

Flucht in Pantoffeln

Am Sonntag, dem 7. Juli 1872, machte sich Paul Verlaine auf, um in der nahen Apotheke für seine kranke Frau Mathilde ein Medikament zu besorgen. Zu seinem Unglück begegnete er auf dem kurzen Weg dem Dichter Rimbaud. Und Rimbaud kostete es keine besondere Mühe, Verlaine dazu zu überreden, mit ihm zu fliehen und nach Belgien zu fahren. Statt in die Apotheke eilte Verlaine dann mit Rimbaud stante pede zum Bahnhof. Drei Tage lang suchte ihn Mathilde vergebens bei Bekannten in ganz Paris. Ja, sie schaute sogar in der Leichenhalle nach, eh sie erfuhr, daß ihr Ehegatte sich mit dem Autor des «Trunkenen Schiffs» ins benachbarte Belgien abgesetzt hatte.

Der Weg zur Apotheke, um eine Arznei zu holen – das ist freilich das einzige, was mich im Zusammenhang mit der Episode, die ich nun erzählen will, an Verlaine erinnert. Es gibt scheint's Dichter, die man lieber nicht in die Apotheke schikken soll, wenn ihre Frau krank ist.

Doch ich muß es anders beginnen. In den letzten Jahren des Ersten Weltkriegs wohnten wir in einer unschönen Wohnung eines unschönen Hauses in der Prager Hus-Gasse auf dem Žižkov. Die Wohnung in dem alten Eckhaus, wo wir zur Miete logierten, hatte aber einen großen Vorzug. Aus unserem Küchenfenster und von unserer Pawlatsche schauten wir auf die ausgedehnten Gefilde des Veitsbergs hinaus. An den Hängen gleich hinter der Bahnlinie wuchs üppig der Goldregen; wenn der Frühling ins Land kam und die Sträucher erblühten, bot sich uns ein bezaubernder Ausblick auf «Wogen» zwar kaum duftender, doch entzückend hellgelber Trauben. Fráňa Šrámek schrieb einmal ein paar hübsche Verse über die Blüten des Goldregens. Und wenn der «goldene Regen» verblüht war, wehte der süße Duft der Akazien durch das Fenster, die längs der Geleise blühten. Das ganze Haus duftete und auch die Pawlatschen und der dunkle Hinterhof; er war durch eine hohe, allmählich bröckelnde Ziegelmauer von dem Bahndamm getrennt und von Kohlenschuppen umstanden. Den Frühlingsduft hatten wir hier recht nötig. Der Hof war klein und versteckt. Während des Krieges hielten sich die Parteien, die in unserem Haus wohnten, hier Hühner; verzweifelt und vergeblich scharrten sie über die Pflastersteine und pickten den Mörtel von den Mauern. Hin und wieder huschte auch eine Ratte vorbei; sie teilte sich mit den Hühnern die Speisereste, die die Mieter von den Pawlatschen hinabzuwerfen pflegten. Gegen Abend, wenn es dämmerte, liefen die Hühner an der Pforte zum Hof zusammen und warteten geduldig, bis ihnen jemand aufmachte. Dann drängten sie sich zur Stiege und hüpften komisch von Stufe zu Stufe. Wie Nachtwandler fanden sie stets «ihre» Etage und die richtige Tür. Sie hopsten auch die Treppe hinauf, wenn sie ein Ei legen wollten, und begehrten mißmutig Einlaß. Dann hallte das Haus von ihrem jubelnden mütterlichen Loblied wider, mit dem sie diesen ihren kleinen, doch im Kriege so kostbaren Schatz besangen. Ihr möchtet wissen, wo die Mieter die Hühner hielten? In der Küche oder zumeist in der kleinen, dunklen Speisekammer, deren Fenster auf einen übelriechenden Lichtschacht hinausging und in der man ohnedies keine «Futtermittel» aufbewahren konnte. Doch wer hatte schon was zu futtern im Krieg! Das Fenster der kleinen Kammer ging auf eine lebhafte Straße hinaus. Uns genau gegenüber, im Haus «U zlatého anděla» (Zum goldenen Engel»), dessen vergoldetes Relief über dem Eingang zur Gaststätte prangte, wohnte František Sauer, eine berühmt-berüchtigte Žižkover Persönlichkeit, ein braver Kerl und gegen Ende seines Lebens auch Autor eines Buches über seinen unruhigen Lebenslauf.

Der Erste Weltkrieg ging zu Ende, und bald darauf quartierte sich bei Sauer sein alter Kumpan Jaroslav Hašek ein, samt seiner zweiten Frau, die er aus Rußland mitgebracht hatte. Hašek, dieser ewige Mystifikator, gab sie als «Fürstin» aus. Doch sie glich einer solchen kaum. Wir guckten den Hašeks direkt in die Fenster, und so konnten wir auch ihr spätes «lever» beobachten und dann auch Madame Schura – wie unsere Žižkover Nachbarn sie nannten –, die mit Vorliebe das lebhafte Leben und Treiben in unserer Straße verfolgte.

Ein Haus weiter wohnte mein Mitschüler und Freund Ivan Suk, später ein vielversprechender Lyriker, schließlich beliebter Gerichtsreporter der Tageszeitung «České slovo» (Tschechisches Wort). Ich brauchte nur auf die Pawlatsche hinauszugehen und zu pfeifen, schon erschien Suk auf seinem «Balkon». Oft spielten wir auch Billard zusammen. In dem Haus, wo Suk wohnte, war eine Schenke. Man nannte das Lokal, ich hab' keine Ahnung mehr warum, «U kamenáče»* (Zur Steinnuß).

Der freundliche Pächter der Gaststätte, ein ausgezeichneter Billardspieler, weihte uns in die Geheimnisse dieses Spiels ein.

Auch Jaroslav Hašek kam mitunter in das Lokal. Doch nicht für lange. Er war dort seiner besseren Hälfte noch zu nah, die vergebens versuchte, Hašek im Hause zu halten. Als ihn einmal jemand fragte, warum er nicht zum «Goldenen Engel» komme, meinte er, es gäbe dort zu viele Treppen. Und in der Tat, wollte man hinein, so mußte man drei Stufen «erklimmen».

Eines Sommerabends kam er, so wie er zu Hause herumlief, in das Wirtshaus geschlurft: im Hemd und in Pantoffeln. Seine Hose hielt er mit den Händen fest. Er gestand uns, Schura habe ihm Schuhe, Hosenträger und Mantel weggeschlossen. Er müsse bloß schnell mal in die Apotheke, seine Frau sei krank, und der Doktor habe ihr eine Medizin verschrieben. Damit er nicht «nur so» gehen mußte, brachte er gleich ein Krügel mit. Und eh der Wirt es ihm vollgezapft und bevor er noch das Glas Bier im Stehen «gezischt» hatte, spielte er eine Partie Billard mit uns. Er spielte eher miserabel. Nachdem er das dritte Glas geleert, meinte er, nun müsse er endlich die Medizin holen. Seine Frau warte schon auf ihn, und er wolle das Krügel dalassen und es holen, wenn er aus der Apotheke zurückkäme. Doch er kam nicht wieder.

Zwei Tage später klopft jemand energisch an unsere Tür, die erboste Schura steht draußen und fragt uns wütend: «Wo steckt der Jaroslav?»

Dann weinte sie sich am Busen meiner Mutter aus und ging, sich die Tränen trocknend, nach Hause.

Nein, Hašek hatte keinen Rimbaud getroffen, war auch nicht in die weite Welt gezogen. Er kehrte erst nach einer Woche heim. Mit einem Krügel Bier, doch ohne Medizin. Na ja, die Arzenei brauchte man zum Glück nicht mehr, denn die

---

* Anm. d. Übers.: Kamenáč heißt auch der Steinpilz bzw. ein Topf aus Steingut; hier wird nicht ganz klar, was gemeint ist.

Patientin war inzwischen genesen. Sie ist schon wieder *zu* gesund, fügte Hašek lachend hinzu.

Auf dieser langen Wanderung in Pantoffeln und ohne Mantel, als er durch das sommerliche Prag pilgerte und natürlich alle möglichen Wirtshäuser unsicher machte, schrieb Hašek – inmitten seiner Freunde und Kumpane, die für seine Arbeit keineswegs großes Verständnis aufzubringen vermochten – ein ganzes Heft der «Abenteuer des braven Soldaten Švejk...». Er schrieb es auf einer Tischkante, und immer wenn er ein paar Seiten verfaßt hatte, brachte einer seiner Kameraden das Manuskript gleich zum Verleger Synek, wo das Werk damals in Fortsetzungsheften erschien, und dieser zahlte auf der Stelle bar das vereinbarte Honorar für die gelieferte Arbeit – doch keine Krone mehr. So war dafür gesorgt, daß der Autor an dem Tag und Abend die Zeche begleichen konnte, anderntags mußte er von neuem schreiben, wollte er nicht vor leerem Glase sitzen.

Bei dieser Art des Schreibens drängt sich uns freilich die Frage auf, wie der berühmte Roman hätte aussehen können, wenn Hašek ihn in Ruhe und aller Bequemlichkeit am Schreibtisch verfaßt hätte. Doch das ist eben dies ewige und schicksalhafte «Wenn». Mag sein, daß, hätte Hašek es nicht auf klebrigen Biertischen geschrieben, im Lärm von Wirtshausgeschwätz, unter durstigen Freunden und weil er die paar Zehnkronenscheine für sein Bier brauchte, dieses Buch gar nicht entstanden wäre; und Hašek wäre nicht Hašek geworden, ein berühmter Mann, dessen Name durch ganz Europa – ja durch die ganze Welt – ging.

Wie man weiß, ist Hašek relativ jung gestorben. Auch Frau Schura schied bald aus dieser Welt. Und es starb auch Hašeks treuer Gefährte und allzeit geduldiger Freund, Franta Sauer.

Nur Josef Švejk (Schwejk), dieser Pykniker und Zyklothyme, dieser extrovertierte Bursche mit illusionslosem Sinn für eine Realität ohne «Beschönigung», wie Professor Vondráček in seiner Diagnose von Švejks Persönlichkeit schrieb, lebt vergnügt weiter, nicht nur auf seinem Irrmarsch nach Putim, sondern bei seinem Siegeszug fast um die ganze Welt, in Länder, wohin zu ziehen er nie die Absicht hatte.

Für ein bißchen Liebe

Wer von uns Jungen las damals nicht gern, voll Neugier und mit Begeisterung in der Zeitung die «Schwarze Chronik», wie man die Berichte über Morde, Vergewaltigungen, Unglücke und Katastrophen nannte und oft heute noch nennt. Was heute aber – zumindest hierzulande – mit lakonischer Kürze erwähnt wird, wurde früher weitschweifig berichtet und mit allen möglichen blutigen, skandalösen und pikanten Details ausgeschmückt. Solche Berichte zu schreiben oblag damals besonders flinken und mit der Sache vertrauten Reportern, die bei der Kriminalpolizei ein- und ausgingen, sich dort wie zu Hause fühlten, alle Beamten und Polizisten kannten und einander dann nicht nur in der Schnelligkeit der Berichterstattung zu übertreffen suchten, sondern auch in der «saftigen» Schilderung der zu berichtenden Moritaten. All das lernte ich später, als ich selbst Zeitungsredakteur war, auch aus eigenem Erleben kennen.

Doch als Bub las ich es mit angehaltenem Atem, neu- und wißbegierig und mit «großen» Augen. Dabei ganz ohne Rührung. Erst als ich einmal selbst Augenzeuge einer blutigen Rauferei wurde, war ich entsprechend erschüttert und verstört und wurde anschaulich über den Ernst des Lebens belehrt.

Alle noch so meisterhaften Schilderungen in der Zeitung vermögen bei weitem kein so plastisches Bild der realen Ereignisse zu zeichnen, wie sie sich einmal vor meinen eigenen Augen abspielten. Wie oft hatte ich ungerührt gelesen: Mann bei Raufhandel niedergestochen! Als ich aber zufällig einmal – der Abend dämmerte schon, aber es war noch ziemlich hell –

durch den Vrchlický-Park ging, wurde ich Zeuge eines Streits zwischen zwei Männern, die sich offenbar schon vorher um eine junge Dirne gebalgt hatten. Dabei zog einer der beiden sein Messer und stieß es dem Rivalen in den Bauch, ich lief entsetzt davon. Der Stahl des «Dolches», der mir vor Augen flimmerte, jagte mich ein gutes Stück Wegs weiter, und während das Mädchen und ihre Kolleginnen kreischten und der Verwundete sich im Grase wand, mußte ich lange warten, ehe mein Herz sich beruhigte, das mir bis zum Halse schlug. Das Erlebnis war allzu lebendig, allzu wirklich. Es gab Jahre, in denen uns dieser Park vor dem heutigen Prager Hauptbahnhof, wohl eher zufällig nach dem berühmten tschechischen Dichter benannt, aufreizend anzog. Auf dem Hauptweg wie auf den Seitenpfaden pflegten damals in der Dämmerung zahlreiche Dirnen zu flanieren und Passanten zu Schäferstündchen ins Halbdunkel des dichten Buschwerks oder auf einsame Parkbänke zu locken. Und wir Jungen aus den nahen Žižkover Gassen beobachteten sie aus der Ferne und mit angehaltenem Atem. Die «Dämchen» waren meist auffällig gekleidet und im Gesicht mit den Schönheitsmitteln jener Zeit geschminkt, die – soweit ich mich entsinne – noch recht primitiv waren. Es war nicht der einzige Ort der Sünde, den wir kannten. Auch von dem langen Zaun des Paradies-Gartens in der Přemysl-Gasse lösten sich abends weibliche Schatten, und auf der Hus-Gasse gingen sie neben dem dortigen Stundenhotel sogar schon am Vormittag ihrem lasziven Gewerbe nach. Doch im Vrchlický-Park sah man im allgemeinen die meisten Mädchen, und die Stille des abendlichen Parks schien uns auch viel romantischer.

Am Tage verwandelte sich diese Anlage aber stets in den harmlosesten Ort der Stadt. Auf einem kleinen Teich am Fuße eines künstlichen Felsens tummelte sich ein Schwanenpärchen, und auf dem grünen Rasen am Ufer watschelten mit wiegendem Schritt Wildenten umher. All das war so lieb, so idyllisch und freundlich. Über die Sandwege rollten Mütter ihre schmuck gepolsterten Kinderwagen, und die Kleinen fütterten die Enten und Schwäne mit Krumen der an langen Holzstangen aufgereihten Brezeln, die rührige Verkäufer dort feilboten. Auf den Bänken ruhten sich alte Leute aus, man zahlte dort zwei Heller die Stunde, und von Zeit zu Zeit glitt zwischen den blühenden Büschen langsam und vornehm eine Kutsche dahin.

Doch kaum war die Dämmerung hereingebrochen und die Tagesgäste waren heimgegangen, fanden sich schon die ersten geschminkten Dämchen ein. Die jüngeren spazierten auf dem Hauptweg umher, den Laternen beleuchteten, die weniger attraktiven verdrückten sich auf die dunkleren Seitenpfade vor dem Bahnhof oder ans andere Ende des Parks, neben die Häuserfront der anliegenden Straße. Als ich schon erwachsen war, pflegte ein Freund von mir, er war ein bekannter Zyniker, zu sagen: Ist doch egal, ob die Liebe zwei, drei Jahre dauert oder zwei, drei Minuten. Im übrigen, was ist denn überhaupt «Liebe»? Ein gewisser Franzose, sein Name ist mir entfallen, definierte die Liebe einmal als das «Sich-aneinander-Reiben zweier Leiber».

Doch für seine zynischen Reden wurde mein Freund dann, in seinem späteren Leben, furchtbar bestraft. Als er schon auf die Fünfzig ging und seine Haare rapide zu ergrauen begannen, verliebte er sich heftig und verzweifelt in ein neunzehnjähriges Mädchen. Unglücklich, versteht sich. Wie denn sonst? Einige Jahre quälte ihn diese brennende, doch vergeblich verzehrende Sehnsucht, so daß er schließlich ganz graue Haare bekam. Schließlich versuchte er sich sogar als Verseschmied. Das war das Allerschlimmste.

Eines Sommerabends traf ich ihn auf dem Wenzelsplatz. Er bot einen traurigen Anblick, und unser Gespräch war wenig erfreulich.

Zum Vrchlický-Park ist's vom Wenzelsplatz nur ein Katzensprung. Als ich mich von meinem Freund verabschiedet hatte, schaute ich wieder mal hinein. Ich erstand ein paar Brezeln, zerbrach sie und krümelte sie den Enten und Schwänen hin. Ein Opfer für die Liebe, falls man Brezeln für ein Opfer halten kann.

An den Ufern des Olšaner Teichs

In meiner Jugend war der Olšaner Teich nur eine größere, seichte Lache, deren Ufer stellenweise mit Schilf bestanden waren. Der Wasserspiegel des kleinen Sees leuchtete blank in glattem Grün, von unzähligen winzigen Blättern der Wasserlinse überwuchert.

Man erzählte sich, das Grundwasser aus dem nahen Friedhof speise den See, nachdem es die Tränen von den Gesichtern der Toten gewaschen oder deren gebleichte Gebeine genetzt, die noch schweigsamer sind.

Jetzt dehnt sich an dieser Stelle eine breite Allee, die zum Prager Güterbahnhof führt. Die Friedhofsmauer, die einst den Teich vom Kirchhof trennte, hat man abgerissen. Die Häuschen am Ufer des Teichs sind ebenso verschwunden wie das gemütliche Restaurant, wo die «Funebracken», die Bediensteten der Bestattungsinstitute, nach ihren traurig-düsteren Zeremonien zu sitzen pflegten und vergnügt klirrend mit den Gläsern anstießen. Heute ist alles schon anders und mir ganz fremd. Als Bub strich ich hier fast alle Tage umher.

Einmal wollte sich sogar ein unglückliches Mädchen im Teich ertränken. Zum Glück zog man sie gleich wieder aus dem klebrigen Schlamm. Von den Algen hatte sie grüne Streifen im Haar. Der Teich wollte sie einfach nicht. Wie hatte sie es wagen dürfen, seine stinkende Ruhe wegen ihrer unglücklichen Liebe zu stören!

Hätte ich im Staub der Straße ein funkelndes Juwel gefunden, ich wäre nicht so entsetzlich überrascht gewesen wie damals, als ich in dem Teich einen Goldfisch entdeckte. Gott weiß, wie er da hingekommen war. Doch ging's ihm dort nicht schlecht. Das Wasser wimmelte von Wasserflöhen, nach denen auch die Aquarienliebhaber mit kleinen Netzen fischten. Auf diese Weise war wohl auch der kleine Goldfisch hineingelangt – vielleicht hatte jemand ihn ausgesetzt? –, der mir den Schlaf raubte.

Ein paar Schritte von dem Teich entfernt ragte damals die auch heute noch recht bekannte Olšaner Villa des Dichters St. K. Neumann. Sie stand gerade weit genug weg, daß ihren Bewohnern der üble Duft des grünen faulenden Wassers nicht in die Nase stieg, doch nah genug, um dem Abendkonzert der Frösche zu lauschen. Zu dem Zaun der Villa, durch den ich so manches Mal neugierig in den wildwuchernden Garten lugte, kam ich erst viele Jahre später. Doch zu jener Zeit pflegte ich an dem Teich vorüberzugehen, ohne ihm die geringste Aufmerksamkeit zu schenken.

In der Sexta* oder Quinta des Žižkover Gymnasiums unterrichtete uns Professor Entlicher. Er war klassischer Philologe, kannte sich aber auch gut in den fernöstlichen Philosophien aus und befaßte sich überdies, was wir damals kaum verstehen konnten, auch damit, Dreigroschen-Krimis von indiskutablem Niveau ins Tschechische zu übertragen. Für den Verleger Hynek übersetzte er auch die Abenteuerromane des (italienischen) Autors Solgari. Dieser Lateinlehrer war ein alter, ein wenig kauzig-komischer Junggeselle, der in der Nähe der Schule bei seiner Mutter lebte. Zuweilen, wenn er gut gelaunt war, klappte er das lateinische Buch zu, das wir gerade im Original durchnahmen, und schilderte uns, statt zu prüfen, recht plastisch und wohl auch wahrheitsgetreu das Leben im alten Rom. Seine Erzählungen fesselten uns immer ungemein. In seiner Jugend war Professor Entlicher mit dem Dichter Gellner befreundet gewesen, und dieser hatte über ihn folgendes Epigramm verfaßt:

In der Jugend war er ein großer Snop,
dann wurde aus ihm ein Misanthrop.

Mit dieser seiner Bekanntschaft brüstete sich unser Altphilologe gern. In unserem Gymnasium waren wir drei, die die Liebe zur Literatur verband.

---

* Anm. d. Übers.: In Böhmen der sechste bzw. fünfte Jahrgang.

Mein Freund Němec war der jüngste; Suk, der zweite im Bunde, entdeckte bei dem Žižkover Buchhändler Jirman einmal die Restauflage eines Gedichtbands von Gellner mit dem Titel «Po nás ať přijde potopa» (Nach uns mag die Sintflut kommen). Gott weiß, wie die Bücher zu dem Händler gelangt waren. Dabei entdeckten wir, daß eines der Lieder Gellners aus seinem Buch «Radosti života» (Die Freuden des Lebens), er hatte es anonym der von ihm bewunderten Schriftstellerin Marie Majerová gewidmet, eine Paraphrase auf das bekannte Volkslied «Darovalo mi děvčátko prstýnek zlacený» (Ein Mägdelein schenkt' mir ein güldnes Ringelein) war. Wir gröhlten es in allen Wirtsstuben. Noch unlängst hörte ich dieses Lied Gellners in einem Prager Weinlokal. Es ist ein Evergreen geworden. Von František Gellner war's dann nur noch ein kleiner Schritt zum Anarchismus und zu St. K. Neumann. Und so fand ich mich nach Jahren mit meinen Freunden abermals am Ufer des Olšaner Teichs und am Zaun der Neumannschen Villa wieder. Im Garten blühten noch immer die Lilien, neben denen einst die Dichter und Anarchisten Fráňa Šrámek, Jiří Mahen und Michael Kácha zu sitzen pflegten, während St. K. Neumann schon längst nach Mähren verzogen war. In der Villa wohnte nur seine (geschiedene) Frau Kamila und gab dort die Reihe «Bücher guter Autoren» (Knihy dobrých autorů) heraus, bei deren Redaktion sie von Arnošt' Procházka unterstützt wurde. Neumann hatte inzwischen wieder geheiratet und eine kleine Tochter namens Sonja. Später sollte ich sie noch kennenlernen.

Ich weiß nicht mehr, wo ich einmal eine alte Broschüre aufstöberte – mit der ersten Studie über Neumann aus der Feder Bohumir Polans. Sie war ausgezeichnet geschrieben. Später erschien sie in erweiterter und überarbeiteter Fassung mit einer bekannten Porträtzeichnung Gellners in dem Prager Verlag Borový.

War ich einmal allein zu Haus, deklamierte ich – mit übertriebenem, unangemessenem Pathos und erhobener Stimme – Neumanns «Utroby tvoje jsem prolezl mlád» (Deine Eingeweide habe ich jung «durchkrochen»), das der Dichter der «Societas» zugeeignet hatte:

Angeekelte, du! Uneheliche Kinder will ich dir zeugen,
wütende Vampire, ohne Gott, dir auf den Hochmut des
Nackens werfen,
damit sie unerbittlich und gierig den Schlamm deines
Blutes saugen,
damit die Götter selbst den Brand deiner Dome entfachen,
damit sie mit der Feldtrompete der Rache eindringen
in die Schlösser der schamlosen Bourgeoisie
und die Wappen der Freiheit sich festsetzen auf den
Kaminen und Leisten und Balken.

Das Gedicht trug ich so lange und so stürmisch vor, daß einer der Nachbarn von nebenan, oder über uns, empört an die Wand klopfte.

Wie oft sind wir später um die alte Olšaner Villa herumgeschlichen und haben sie von ferne beobachtet. Vergebens. Den Dichter gewahrten wir nie und konnten ihn auch nicht zu Gesicht bekommen. Doch ein photographisches Konterfei von ihm hatte ich daheim eingerahmt an der Wand hängen und darunter ein Bild der Jungfrau Maria.

Natürlich bekannten wir drei Dichterfreunde uns allesamt zu den Anarchisten, und damit noch offensichtlicher wurde, wie grotesk wir uns aufführten, fanden wir – so geht's nun mal in der Welt – in der sozialdemokratischen «Dělnická akademie» (Arbeiter-Akademie) gleichgesinnte Kameraden; ja, der freilich nichtsahnende Bibliothekar der Akademie, der brave, gute Genosse Weis, stellte uns dort sogar einen hübschen kleinen Raum quasi als «Anarchistennest» zur Verfügung. Doch unsere «Anarchistenzeit» nahm ein schlimmes Ende. Denn in unserer Mitte, wenn auch ohne unser Wissen, wurde die Idee geboren, ein Attentat auf den damaligen Ministerpräsidenten Dr. Křamář zu verüben. Zum Glück scheiterte dieser dilettantische Versuch.

Später verließen wir die «Arbeiter-Akademie» und suchten im Café «Union» Zuflucht – der ruhmreichen «Unionka», wie man es nannte –, über das man schon so viel geschrieben hat, daß mir nur eines nachzutragen bleibt: Das Café wurde abgerissen, und an der Stelle in der Nationalstraße (Národní třída), wo es einst stand, erhebt sich heute das gläserne «Albatros»-Gebäude, in dem ein Kinderbuchverlag residiert. Doch ich bin allzuweit abgeschweift von den Ufern des Olšaner Teichs. Im Café «Union» lernte ich dann auch zwei nette und freundliche Leute kennen, die in der Olšaner Villa verkehrten: Michael Kácha und Antonín Bouček. Und die atemberaubend schöne Luize Štychová, eine schwarzhaarige und schwarzäugige Schönheit, die geradewegs einem russischen Revolutionsroman entstiegen zu sein schien. Ja, man hätte sie für die Heldin einer Erzählung von Andrejew halten können, die hier zu nennen ich mich wegen ihres ein wenig «drastischen» Titels jetzt schäme.

Erst in den Nachkriegsjahren war es mir dank Bouček vergönnt, auch Neumanns persönliche Bekanntschaft zu machen. Ich hätte ihn zwar auch erkannt, wenn ich ihn das erste Mal nicht in Begleitung Boučeks gesehen hätte, aber dessen Anwesenheit bestätigte mir, daß ich mich nicht irrte.

Seine im Winde wehende schwarze Krawatte und sein breiter schwarzer Schlapphut waren schon Legende. Nur die ewige Pfeife zwischen des Dichters fest zusammengepreßten Lippen hatte die Stürme der Zeit seines Lebens überdauert. Ansonsten war St. K. Neumann ein angenehmer älterer Herr, auf dem – wie ich später bemerkte –, wenn er über die Nationalstraße ging, so manches Mädchenauge zumindest flüchtig voll Wohlgefallen ruhte. Als ich ihn damals zum erstenmal sah, trat er soeben aus dem Tor der Markthalle in der Ovocná ulice (Obstgasse) und trug ein Netz in der Hand. Das überraschte mich, denn damals waren es meist nicht die Männer, die mit vollen Einkaufstaschen aus der Markthalle eilten. Neumanns Tasche war voll mit Schweineschwänzchen und -öhrchen. Daran wäre freilich nichts so Besonderes gewesen, wennschon mir seine

Erscheinung nicht recht zum Lebensstil des Dichters von «Satanova sláva mezi námi» (Der Ruhm des Satans unter uns) und des «Apostrof hrdých a vášnivých» (Apostroph der Stolzen und Leidenschaftlichen) zu passen schien. Doch durch die Maschen der Tasche lugten neckisch rosig geringelte Schweineschwänzchen, und das schien mir recht komisch, ja lächerlich. Nichtsdestoweniger überholte ich den Dichter und machte vor ihm einen tiefen Diener, worauf Neumann ganz unbefangen und freundlich erwiderte: «Nazdar» (Servus). Das erhellte mir ein wenig die zivile Persönlichkeit des Dichters. Aus Schweineschwänzchen läßt sich übrigens ein ausgezeichnetes Szegediner Gulasch machen.

Bald darauf wurde ich mit Neumann auch richtig bekannt. Doch nicht etwa im Café «Union», sondern im Verlag Borový in der Stephansgasse (Štěpanská), wohin mich Neumann einlud, nachdem ich ihm einige meiner ersten Gedichte gesandt hatte.

Im Café «Union» pflegte ich übrigens oft mit ihm beisammenzusitzen. Einmal brachte er auch seine blutjunge, wunderschöne Tochter Sonja mit. Wir alle konnten kaum den Blick von ihr wenden. Als es dämmerte, vertraute er sie mir mit der Bitte an, sie heimzubegleiten. Er wollte noch ein bißchen verweilen. Seine Frau würde sonst böse, meinte er. Ich war glücklich. Damals wohnte Neumann noch auf der «Santoška» im Prager Stadtteil Smíchov. Diesen Weg ging ich später noch oft. Wir saßen dann im Park, und Sonja sang mir mährische Lieder vor – ja, sie verriet mir auch, ihres Vaters Lieblingslied sei die Volksweise «Místo svého vozu dbal jsi dívčích líček» (Statt um deinen Wagen kümmertest du dich um Mädchenwangen). Ach wie schade, daß Sonja nicht mehr bezeugen kann, wie schön unsere zärtliche, scheue und unschuldige Freundschaft war!

Wollte ich euch von meinem Verwandten erzählen, der neben dem alten Gartenrestaurant «U zeleného stromu» (Zum grünen Baum), unweit des Žižkover Eingangs zum Olšaner Friedhof ein Häuschen mit Lagerschuppen und Werkstatt hatte, worin er die Abgüsse von Jesus-Figuren vergoldete und sie an die Eisenkreuze in Sandsteinsockeln schraubte, und würde ich euch verraten, daß ich, über einem Haufen (Corpi) von Leibern des Gekreuzigten, etwas von den frommen Illusionen verlor, die mir meine Mutter mit auf den Lebensweg gegeben hatte, wäre dies zwar die reine Wahrheit, doch nicht das, was mir am Herzen liegt und was ich berichten will.

Und wollte ich meine Erzählung fortsetzen und euch schildern, wie ich wohl ein paarmal in der Woche durch den Friedhofsgarten streifte, durch den man hinter der St.-Rochus-Kapelle auf den Kirchhof gelangt, es wäre wieder nichts. Die langen Beete bunter Stiefmütterchen, «Afrikanerinnen», Tausendschönchen und Astern und all die Blumen, die man auf Gräber zu pflanzen pflegt, waren es, die mich hierherlockten. In kleinen Blumentöpfen standen sie bereit, herausgenommen und in das Erdreich eingepflanzt zu werden. Doch noch stärker lockten mich die zwei oder drei mit Wasser gefüllten Betonbassins der Gärtner.

Jemand züchtete dort schwarze Schwimmkäfer, und die tauchten von Zeit zu Zeit an die Oberfläche, um gleich wieder in dem trüben Wasser zu versinken. Doch das ist bei weitem noch nicht alles, worüber ich hier ein paar Worte verlieren möchte.

In dem Garten sah ich nämlich oft ein Mädchen umhertollen. Es hatte rotblondes Haar. In der Schule verspotteten wir Rangen damals kleine Mädchen, die «goldenes Haar» hatten. Wie dumm wir waren – wie schön sind doch rote Haare! Heute lassen die Frauen ihr Haar künstlich rostrot färben. Das Mädchen war etwa so alt wie ich. Genau kann ich sein Alter auch heute nicht schätzen. Doch die Kleine war entschieden erfahrener als ich. Sie lief barfuß im Garten umher, und zuweilen konnte ihr Vater sie dazu bewegen, ihm beim Jäten des Unkrauts zu helfen. Ich sah sie oft. Manchmal lächelte sie mir zu. Als sie einmal sah, wie ich die Schwimmkäfer beobachtete und gerade versuchte, einen zu fangen, kam sie zu mir und zwitscherte mir eifrig ins Ohr, die Käfer dürfe man nicht fangen, ihr Bruder züchte sie da, doch wenn ich nächstens ein Marmeladenglas mitbrächte, wolle sie mir einen Käfer schenken.

Wenn einem jungen Menschen plötzlich etwas wie Liebe begegnet, wird sich dies in den mannigfaltigsten Formen äußern. Die Liebe kann sich ihm in unterschiedlicher Gestalt nähern: traurig oder fröhlich, schwermütig oder grotesk. Nicht jeder hat das Glück, daß sie ihm mit einer schneeweißen Haube über der Stirn und in himmelblauem Gewand mit gefalteten Händen erscheint wie die Jungfrau Maria der heiligen Bernadette an der wundersamen Quelle in der heiligen Grotte (von Lourdes). Und oft kann man gar nicht von Liebe reden, sondern nur von einer Vorahnung oder besser gesagt vom ersten Erkennen der Frau und ihres Geheimnisses, das zwar so wohlbekannt ist, doch für Verliebte weiterhin eines bleibt, wenn auch, je länger es währt, ein desto offeneres. Doch diese Erkenntnis kann zuweilen das Vorspiel zu einer echten Liebe werden, aber es muß nicht so sein. Manchmal kann die Erkenntnis auch die Liebe verscheuchen. Doch das wißt ihr wohl alles selber nur zu gut. Ich sage hier nichts Neues.

Im übrigen schreibt man über diese Liebesprobleme, soweit ich mich erinnere, in Romanen und Gedichten schon seit Jahrtausenden.

Nun, der schwarze Schwimmkäfer aus ihrer Hand landete in meinem Marmeladenglas, dann huschte das Mädchen gleich wieder davon; im Garten wimmelte es von Leuten, die Gärtner zerschnitten das Rasengeflecht mit dem Spaten, mit dem sie dann die Gräber dekorieren wollten, und vor dem Häuschen war eine ältere Frau gerade dabei, Brennholz zu hacken. Es war wohl ihre Mama. Ich muß freilich gestehen, ich war ziemlich unbeholfen, wurde rot und bedankte mich nicht einmal bei meinem Schwarm.

Eines schönen Sommermorgens verirrte ich mich wieder in den Friedhofsgarten. Er war menschenleer. Aus der St.-Rochus-Kapelle erklang ein Sonntags-Choral, und es war schön, auf der Welt zu sein. Das Mädel hatte mich aus dem Fenster erblickt und lief zu einem langen Beet voller Sommerastern. Sie standen in voller Blüte. Sie hockte sich nieder und jätete, die Knie von mir abgewandt, zuerst das Gras zwischen den Blumentöpfen. Ich stand am andern Ende des Beets und schaute sie schüchtern an. Gewiß spürte sie meinen Blick. Ein Weilchen blieb sie in der Hocke und drehte sich dann langsam mit dem ganzen Leib zu mir, streifte ihren Rock leicht übers Knie und spreizte bequem ihre Beine. Es war ein heißer Tag.

Ich war wie vom Donner gerührt, und es verschlug mir einen Augenblick den Atem. Unter ihren Wimpern warf mir die Kleine einen langen Blick zu und weidete sich an meinem Staunen. Das Herz schlug mir bis zum Hals. Plötzlich ertönte aus dem Gartenhaus eine Stimme. Jemand rief meine Freundin: Rasch preßte sie die weißen Schenkel zusammen, erhob sich und lief davon. Unterwegs fand sie noch Zeit, mir die Zungenspitze herauszustrecken; doch nicht böse, eher spöttisch und spitzbübisch.

Zuerst wankte ich ein bißchen, meine Knie zitterten, dann lief ich auf den unteren Friedhofsweg hinaus, auf dem alleweil Trauerzüge dahinschritten, von den Klagen wehmütiger Musik geführt. Dort warf ich mich auf die erstbeste Bank und regte mich nicht, bis mein Herz sich beruhigt hatte. Die paar Sekunden hab' ich bis heute nicht vergessen.

Könnte ich nur ausdrücken, was mir auf der Bank alles durch den Sinn ging, könnte ich doch wenigstens heute Worte finden für meine erste Verwunderung und Erkenntnis!

Es ist schon über sechzig Jahre her. Nein, wahrhaftig schon länger! Doch bis heute irre ich mit dieser ersten Erscheinung in meiner Seele durch die Welt. Bis heute kann ich die süße

Orange nicht vergessen, in der Mitte wie aufgebrochen, und bis heute werfe ich mir vor, daß ich keinen Mut hatte.

Und so ist es gekommen, daß ich, wenn ich mich auch nur ein bißchen verliebe, irgendwo in der Ferne einen Trauerzug höre. Und Sommerastern mag ich noch immer gern.

Das Kirchlein, in dem meine Mutter getraut wurde

Ich weiß, niemand wird mich je danach fragen, gewiß nicht, doch sollte es doch jemand interessieren und würde er sich bei mir nach der Ehe meiner Eltern erkundigen, müßte ich diesen Ehebund mit einem ganz heutigen Terminus als das Zusammenleben zweier Individuen mit unterschiedlicher Weltanschauung bezeichnen. Mein Vater war ein überzeugter Sozialdemokrat, meine Mutter dagegen eine stille, lyrische Katholikin, die, sofern es nur anging, die göttlichen und kirchlichen Gebote achtete. Sie ging gern in die Kirche. Es war eine Ekstase, die sie dem stereotypen Alltagstrott entrückte, eine Abwechslung in der mechanischen Abfolge der tagtäglichen Fron. Es war ihre Poesie. Zum Empfang des heiligen Abendmahls ging sie aber nur selten, zumeist nur, wenn sie ein Malheur im Leben, ein «Schicksalsschlag» getroffen hatte, den sie für eine Strafe Gottes hielt; sie wollte dann den Himmel versöhnen.

So setzten sich meine Eltern, jeder auf seine Weise, mit einem Leben auseinander, das oft nicht ohne Entbehrungen war und sie im Krieg sogar wortwörtlich am Hungertuch nagen ließ. Ja, ich erinnere mich noch sehr gut, wie mir damals der Magen knurrte. Gewiß empfand meine Mutter eine gewisse Befriedigung, wenn sie sich in der Žižkover Kirche auf die kalten, feuchten Fliesen warf, und nun der Heiligen Jungfrau Maria aufrichtig ihr Leid klagen, von ihren Problemen erzählen konnte. Dabei versuchte sie, wohl vergebens, die schönen langen Hände der Madonna mit einem Rosenkranz aus ihren Tränen zu schmücken. Ich aber schwankte zwischen meinen beiden Eltern hin und her, von der Roten Fahne zum Vaterunser, und zwar zuweilen an einem einzigen Tag oder Abend.

Doch verdächtigt mich, bitte schön, nicht einer zudringlichen persönlichen Torheit. Die moderne Poesie wird oft von ganz subjektiven Positionen aus unter die Leser gestreut, um ihre Glaubwürdigkeit zu betonen und auf daß sie überzeugender wirke. Ich gestatte mir, das Recht auf solch eine Subjektivität auch für dieses weniger bedeutsame literarische Genre in Anspruch zu nehmen, das zudem häufig noch den Nachteil hat, nicht nur glaubwürdig, sondern oft sogar wahr zu sein. Ich möchte, als ihr Zeuge, die Zeit überführen, möge die Zeit es mit mir tun, wenngleich ich nicht recht weiß, wessen sie mich «überführen» könnte. Warum sollte euch, liebe Leser, sonst das Schicksal einer armen Žižkover Familie interessieren, wie es in Prag damals deren Tausende gab.

Mir geht es vor allem darum, diesen alltagsgrauen Tagen ein wenig Poesie abzugewinnen, diesen Stunden, die zuweilen versuchten, nicht so alltagsgrau zu sein, wie es ihnen bestimmt war.

Mein herrliches und vielgeliebtes Žižkov! Einmal schrieb ich ja, Žižkov sei die schönste Stadt der Welt. Und Žižkov war wirklich die schönste!

Man spricht von kleinen und großen Zeiten. Dabei ist eine Zeit stets die Schwelle zur nächsten großen, in der Soldatenstiefel grüne Äcker zertrampeln. Und die Zeiten fließen ineinander wie Bäche in den Strom. Ich war nie Soldat. Vogelsang mag ich lieber als Märsche!

Bei einem späteren Anlaß, zu einer nicht gerade erfreulichen Stunde im Leben unserer Familie, kam mir zufällig der Trauschein meiner Eltern in die Hände. Und so erfuhr ich zu meinem Erstaunen, daß meine Eltern weder in Prag, wo mein Vater wohnte, noch in Kralupy, woher meine Mutter stammte, getraut worden waren, sondern in einem kleinen Dorf bei Kralupy, da es in Kralupy zu jener Zeit wohl noch keine (katholische) Kirche gab.

Das Kirchlein in Minice, einem Dorf, das heute schon fast zu Kralupy gehört, steht verwittert auf einer sanften Landzunge am Ufer einer grünen Lache, in deren trübem Wasser sich Gänse und Enten tummeln. Wie oft nahm ich mir vor, das Kirchlein einmal zu besuchen. Doch jahrelang kam ich nicht dazu. Erst neulich.

Als meine Eltern getraut wurden, machten sich Braut und Bräutigam zur Hochzeit bescheidene Geschenke. Meine Mutter erstand für meinen Vater eine silberne Kette, an der man damals die Uhr in der Westentasche trug. Mein Vater hatte zuvor eine Uhrkette getragen, die aus dem Haar seiner seligen Mutter geflochten war, doch die löste sich schon auf, das Haar war brüchig geworden, und meiner Mutter gefiel sie einfach nicht. An diese Hochzeitskette erinnere ich mich gut. Sie war nicht allzu pompös, doch mit einem Anhänger versehen, der mich faszinierte. An diesem baumelte ein zweiseitiges Glasmedaillon. Auf dem Avers prangte das Bildnis von Karl Marx, drehte man es um, konnte man unter dem Glas das Konterfei von Friedrich Engels bewundern.

Mein Vater dagegen schenkte meiner Mutter ein kleines goldenes Kreuz an einer Goldkette. Wie man sieht, respektierten beide Eltern die Lebensanschauung ihres Gefährten. Die beiden Hochzeitsgaben wanderten, insbesondere während des Ersten Weltkriegs, so manches Mal ins Prager Pfandhaus, wie man dies staatliche «Amt» nannte. Es befand sich damals in der Rosengasse (Růžová ulice). Ich weiß nicht recht, warum gerade dort. Denn jene, die hier vorsprachen, waren natürlich nicht auf Rosen gebettet.

Wenn man die Pfänder im Leihhaus schätzte, wurde die Kette samt Uhr meist wesentlich niedriger taxiert als die massive Goldkette des Kreuzes, auf die man uns zumeist etwa fünfzig Kronen lieh. Den beiden Hochzeitsgeschenken war aber schließlich ein unrühmliches Ende beschieden. Während des Krieges war mein Vater lange ohne Arbeit, und so fehlte meinen Eltern zur gegebenen Zeit das nötige Geld, um die Pfänder auszulösen. Die beiden «Pretiosen» verfielen, wie es in der

Amtssprache heißt, und wurden dann wohl versteigert. Meine Mutter weinte ihnen lange nach.

Zu jener Zeit amtierte in der St.-Prokops-Kirche auf dem Žižkov ein junger Kaplan namens Peter Kurz. Sein Familienname ist bestimmt richtig, doch was den Taufnamen betrifft, mag ich mich irren. Der Kaplan war äußerst beliebt, besonders bei den gläubigen Frauen. In der Slowakei hätten die Mädel und Frauchen von ihm gesagt: ein Pater-Feschak. Doch er bezauberte die Leute nicht nur durch seinen persönlichen Charme – er war jung und seine Stirn von Locken umkränzt –, sondern auch, weil er ein hervorragender Prediger war. Wenn Kurz vor dem Altar stand, war die Kirche zum Bersten voll. Stieg er die Wendeltreppe zur Kanzel empor, wollte mir immer scheinen, als vernähme ich das beseligte Seufzen der Gläubigen.

Der Žižkover Pfarrer war schon recht alt, und so leitete Kaplan Kurz die regelmäßigen alljährlichen Prozessionen auf den Heiligen Berg (Svatá Hora), einen bekannten Wallfahrtsort in der weiteren Umgebung Prags. Diese Prozessionen waren eine Kundgebung der Žižkover Frauen, und dies alljährliche Spectaculum wollte sich keiner entgehen lassen. Weder die Nichtkatholiken noch die Ungläubigen, ja nicht einmal die Heiden. Es war ein einmaliges Ereignis und eine einzigartige Schau.

Die Wallfahrt zur Heiligen Jungfrau Maria vom Heiligen Berg begann mit einem Gebet in der Kirche und der Fürbitte um eine glückliche Reise. Dann setzte sich die Prozession in genau vorbestimmter Abfolge in Bewegung. Sie zog von der hohen Freitreppe der Kirche aus, und kaum waren die beiden Flügel des Tores aufgetan, läuteten alle Glocken. Zuerst erschienen die Ministranten in weißen Rochetts und roten oder schwarzen Röcken. Der erste trug das Kruzifix, die übrigen abwechselnd die Banner mit den Heiligen-Bildnissen. Hinter den Ministranten schritt der Priester in einem prächtigen Pluviale einher, und ihm folgten ältere Weiber, in einer Sänfte die Statue der heiligen Anna tragend.

Nun ja, das Bild dieser Heiligen, der Mutter Unserer Lieben Frau, war zwar prächtig gewandet, doch war die heilige Anna mit einem gewissen Ernst und einer gewissen Würde gekleidet, wie sie einer älteren Dame eben geziemt. Älter waren ja auch die Damen, die sie trugen und in mehreren Reihen hinter ihrer Patronin einherschritten.

Es waren Frauen, denen es nicht mehr anstand, der weltlichen Mode zu «frönen», meist ältere Witwen und alte Jungfern, durchweg den Freuden dieser Welt entsagend. Dann folgte eine Unzahl schneeweiß gekleideter «Kranzeljungfern» mit Blumenkränzen im Haar. Die meisten begleiteten die Pilger nur bis zum Franz-Josephs-Bahnhof, dem heutigen Prager Hauptbahnhof; anderntags kamen sie dann nochmals dorthin, um die heimkehrende Prozession zu begrüßen. Dem Zug der Mädchen folgten einige Reihen von Jünglingen; es waren Burschen in dunklen Anzügen, die eine Armbinde mit Kokarde und Schleifchen schmückte. Hinter ihnen schwebte sodann, einer weiß und goldenen Wolke gleich, die hölzerne Statue der heiligen Jungfrau Maria auf einer leichten Trage. Ihr Gewand war der Stolz ihrer Žižkover Verehrerinnen. Keine Spitze war so fein und kunstvoll geklöppelt wie jene, mit der der weite Rock der Madonna geschmückt war, über dem ein Mantel aus weißer Seide wallte. Wie hätte den Frommen auch ein gemaltes Gewand der Heiligen genügen können! Die Spitzen waren reich gefältelt und umhüllten auch unter dem Mantel den Leib der Madonna. Über die schlichte Haube, die die Heilige auf ihrem kastanienbraunen Haar trug, hatte man ihr eine hohe, schwere Krone aufgesetzt, mit einem Haufen zwar gläserner, aber prächtig funkelnder Edelsteine geziert, wie es sich für eine Himmelskönigin ziemt. Das war der schönste Teil des Umzugs, der Stolz und die Freude aller, die sich um diese Pracht verdient gemacht und weder mit Geld noch mit Zeit gespart hatten für das gottgefällige Werk. Wie hell leuchtete das große «M» auf dem Mantel der Madonna, und wie viele prächtige Schnüre aus allerlei Korallen und bunten Glasperlen waren um ihren Hals gewunden! Je mehr von diesen Juwelen sie zierten, ein Schmuck, der bei den Menschen eher als eitler Tand gegolten hätte, desto schöner und heiliger schien den Frommen das Bild der Muttergottes. All die mühsamen Vorbereitungen, all die aufopfernde Arbeit betrachteten die Frauen ja als unerläßliches Opfer ihres schlichten Glaubens, ihrer Gottesfurcht, ihrer Lieder und Gebete, mit denen sie sich an ihre Fürsprecherin wandten.

Die Zeiten, da die ganze Prozession die weite Wallfahrt per pedes unternahm, waren längst vorbei. Nun fuhr man mit dem Zug. Man hatte nicht mehr so viel Zeit wie anno dazumal, die Zeit war «schneller» und kurzlebiger geworden. Doch auch auf dem weltlichen Bahnhof gab es, bevor man in die Eisenbahnabteile stieg, noch eine feierliche Verabschiedung mit Gebet und Gesang.

Kehrten die Pilgerinnen anderntags glücklich und erschöpft heim, die Hände voll bescheidener Mitbringsel und Geschenke wie kleine Marienstatuen, Rosenkränze, Traktätchen und Heiligenbildchen, wurden die Prozessionen von den Kranzljungfern und den minder Glücklichen, die nicht hatten zum Heiligen Berg mitpilgern können, wieder feierlich willkommen geheißen. Abermals legte der Küster dem Pater Kurz das reich bestickte Chorgewand an, und der ganze Zug pilgerte singend in die Kirche zurück, vielleicht ein wenig müde und trauriger als beim Auszug, aber ebenso feierlich und würdig. Und die Glocken, die sich von den Pilgern verabschiedet hatten, läuteten ihnen nun zum Empfang. In der Kirche stellte man die Statuen vor dem Altar nieder, und die Pilger warfen sich zu Boden, um Gott für die glückliche Heimkehr zu danken. Und schon freuten sie sich auf die nächste Wallfahrt übers Jahr. Doch das war, bevor der große Krieg begann!

Als der alte Ortspfarrer dann gestorben war, oblag es der Žižkover Gemeindevertretung, darüber zu entscheiden, wer den Kirchenbehörden als neuer Pastor vorgeschlagen werden sollte. Es war ihr verbrieftes Recht.

Die ganze Angelegenheit nahm einen recht stürmischen Verlauf. Nicht so sehr im Rathaus, wo alles glatt und wie am

Schnürchen ging, sondern vor den Rathaustoren, wo sich eine nicht gerade kleine Schar Frauen zusammengerottet hatte, begierig, sogleich nach der Sitzung deren Ergebnis zu erfahren. Als man ihnen dann verkündete, die Stadtväter hätten für den vakanten Posten den Pater Kurz vorgeschlagen, ging die Menge erfreut auseinander.

Doch das Konsistorium lehnte den Vorschlag des Stadtrats ab, und es mußte eine neue Sitzung anberaumt werden. Auch diesmal verlief die Beratung, die unter dem bekannten Historienbild Liebschers «Die Hussiten-Schlacht auf dem St. Veitsberg» stattfand, glatt. Allein die neuerliche Demonstration vor den Fenstern des Rathauses war diesmal noch größer und stürmischer. Auf der Gemeinderatssitzung wurde jedoch wieder Kurz vorgeschlagen, worauf die Menge vor dem Fenster in Jubel ausbrach. Ich weiß es, denn ich war selbst dabei.

Doch das «gemeine» Konsistorium lehnte den Vorschlag abermals ab. Und das ganze Theater wiederholte sich nun zum drittenmal, nur mit dem einen Unterschied, daß die Menge vor dem Rathaus noch viel größer war als zuvor, denn die gläubigen Weiber hatten auch ihre Ehemänner zu Hilfe gerufen. Das männliche Element verlieh der Ansammlung etwas Drohendes. Auch diesmal empfahlen die Stadtväter den so beliebten Pater Kurz. Und der von Menschen wimmelnde Basler Platz (Basilejské náměstí), auf dem sich das Standbild des patriotischen Journalisten Karel Havlíček-Borovský erhob, hallte wider von streitbaren Jubelrufen.

Nun platzte den Herrn im Konsistorium aber der Kragen, und sie trafen eine energische Entscheidung. Pater Kurz wurde kurzerhand auf eine weit entfernte Dorfpfarre versetzt und für die Žižkover Pfarre ein neuer Pfarrer bestellt, ein alter, freundlich lächelnder Herr. Er hieß Procházka und machte sich unter anderem um das Prager Volkskunde-Museum verdient, dem er seine Sammlung volkstümlicher Weihnachtskrippen vermachte. Er sammelte sein Leben lang solche Krippen.

Doch ganz Žižkov, zumindest sein weiblicher Teil, hüllte sich in Trauer. Nun hieß es betrübt Abschied nehmen.

Der Abschied von Pater Kurz wäre noch trauriger ausgefallen, hätte eine seiner frommen Verehrerinnen nicht einen glücklichen Einfall gehabt. Sie schlug vor, dem beliebten Priester als Abschiedsgeschenk einen schönen Meßkelch zu widmen. Gleich begann man, Geld zu sammeln. Kronenstücke und kleinere Münzen regneten rasch in vertrauenswürdige, offene Hände, und binnen einer Woche hatte man eine recht ansehnliche Summe beisammen.

Einige Frauen kauften dann für den Pater einen schwer vergoldeten und reich dekorierten Kelch, ließen in seinen Sockel eine aufrichtige Widmung eingravieren, und nun war alles für die feierliche Übergabe bereit. Ich weiß nicht mehr genau, in welcher Weise meine Mutter an dieser Aktion beteiligt war, doch auch sie wurde auserwählt, den Kelch für einige Stunden bei sich aufzubewahren.

Das war also eine große Ehre. Mama freute sich, und Vater lächelte ironisch. So konnte auch ich dies Kleinod und Meisterwerk der Goldschmiedekunst, die heilige Schale und prächtige Votivgabe bewundern. Der Kelch war mit Edelsteinen besetzt und ruhte in einem sanften Bett aus rotem Samt. Berühren durfte ich ihn freilich nicht. Mama schloß ihn gleich wieder eilig, aber ehrfurchtsvoll weg.

Doch in der Nacht, meine Eltern waren schon eingeschlummert, schlich ich mich zu dem Schrank, in dem der Kelch ruhte. Seine Tür knarrte verräterisch. Ich mußte sie behutsam, Millimeter um Millimeter öffnen, um keinen zu wecken. Dann klappte ich das recht klobige Etui auf, nahm den Kelch heraus und trat mit ihm ans Fenster, um ihn beim schwachen Schein der Bogenlampen, der von der Straße hereinfiel, eingehend zu betrachten und mich an seiner Schönheit zu ergötzen. Ja, ich setzte den Kelch sogar an die Lippen und berührte seinen Rand, als tränke ich aus ihm. Dabei grinste mir aus seinem vergoldeten Inneren wie in einem Hohlspiegel mein zu einer Karikatur verzerrtes Gesicht entgegen.

Was trank ich damals aus dem leeren Kelch?

Ein bißchen Licht und ein bißchen schwarze Nacht. Ein

bißchen Geheimnis, einen Funken Hoffnung, einen Tropfen Glauben, Liebe? Gott weiß.

Vielleicht hab' ich das Geheimnis noch immer auf der Zunge und versuchte mein Leben lang vergebens, es auszusprechen. Ich kann's nicht sagen.

Nachdem ich den Kelch weggelegt hatte und wieder ins Bett gekrochen war, konnte ich lange nicht einschlafen. Das Herz schlug mir bis zum Hals.

Vor etwa zwanzig Jahren veröffentlichte ich einen Gedichtband, für den ich lange nach einem Titel suchte. Nachdem Ladislav Fikar das Manuskript gelesen hatte, setzte er auf das Titelblatt ein einziges schlichtes Wort: «Maminka» (Mama).

Unter diesem Titel erschien das Buch dann auch. Ich bin überzeugt: es war mehr dieser Titel als die literarische Qualität, was dem Buch zum Erfolg verhalf. Jedermann glaubte, ich hätte hier in Versen quasi ein lebensechtes Porträt meiner eigenen Mutter gezeichnet. Nun ja, gewiß! Wenn ich aber heute am Urnengrab meiner Eltern verweile, muß ich gestehen, daß ich eigentlich meinen Vater lieber mochte als meine Mutter. Mein Vater stand mir vom Charakter her näher. Nun, natürlich liebte ich meine Mama, doch ich ertappe mich in Gedanken dabei, daß es eher Mitleid mit ihrem allzu bitteren Los war, was ich für sie empfand. Ihr wißt ja, die Wege, die der Gedanke durchläuft, den wir durch ein womöglich schlichtes, allgemein verständliches und klares Gedicht ausdrücken, sind zuweilen ungeheuer kompliziert, verschlungen, unverständlich und dunkel. Ja, so ist das nun mal. Adieu.

Doch schließlich kam ich an einem sommerlichen Sonntagnachmittag endlich doch dazu, die alte, nun offensichtlich schon selten betretene Treppe zu dem Kirchlein von Minice emporzuklimmen. Aus den Ritzen in den Stufen sproß Unkraut und üppiges Gras. Das Kirchlein ist von einer niedrigen Mauer umgeben, die einst einen Kirchhof umschloß. Heute wuchert dort mannshohes Gras, und von den dem Erdboden gleichgemachten Gräbern ist nur die Stille geblieben. Die Kirche war leider geschlossen. Ich schaute durch die Glastür hinein und gewahrte nur Elend. In der Kirche gab es kaum Mobiliar. Und die Glasfenster waren verstaubt, so daß auch das Elend noch armseliger und verlassener wirkte, als es wohl in Wirklichkeit war.

Fräulein Lenkas Mocca

Nach dem ersten Sturm, den meine atemberaubende Begegnung mit Apollinaires Band «Alkohol» in meiner Seele entfacht hatte, fand ich mich, fast einem Schuljungen gleich, die Hände brav über den Knien gefaltet, im Arbeitskabinett des berühmten Literaturkritikers und «Kulturpapstes» F. X. Šalda in der Kanal-Gasse (Kanalská ulice) auf den Königlichen Weinbergen wieder, einem vornehmeren Prager Stadtteil. Er hatte mich eingeladen. Von selbst hätte ich es freilich nie gewagt, bei ihm anzuläuten. Es war nach einem Vortragsabend, wo Gedichte rezitiert wurden und zu dem wir Šalda respektvoll gebeten hatten. Wo und wann die Veranstaltung stattfand, daran erinnere ich mich nicht mehr genau. Šalda hatte sich entschuldigt, er war krank und hatte sogar seine Vorlesungen an der Universität absagen müssen. Wie ich jedoch bald merkte, war er über den literarischen Abend informiert. Und zwar recht genau. Eine Weile schaute er mich forschend an, dann rief er seine Haushälterin Fräulein Lenka (Leni) und bat sie, mir einen Mocca zu brauen.

«Das ist eine große Auszeichnung bei mir, darauf können Sie stolz sein, mein lieber Herr. Das passiert nicht jedem.»

Dann sprach Šalda über moderne Poesie. Und – in nicht ganz unmittelbarem Zusammenhang damit – auch über die Poesie Apollinaires, den er, wie sich zeigte, viel besser kannte als ich. Nachdem ich meine leidenschaftliche Apotheose dieses Dichters beendet hatte, empfahl er mir, ich möge auch die alte französische Dichtkunst nicht vergessen.

«Wie ich sie so anschau'», sagte Šalda, «sollten Sie sich ein bißchen mit Verlaine befassen. Nicht nur ihn lesen! Versuchen Sie auch, ein paar Sachen von ihm zu übersetzen. Es ist nicht so schwer, wie es auf den ersten Blick erscheinen mag. Sie müssen lernen, was dichterische Form ist. Die Übersetzungen Sekaninas von Verlaines Gedichten sind zwar nicht schlecht, im Gegenteil, für ihre Zeit sogar recht gelungen, doch noch vom ‹Parnasse› Vrchlickýs geprägt. Jede Generation sollte ihre eigene Übersetzung haben.» Dann trug mir Šalda auf seine einmalige Art die wunderbare Übersetzung von Viktor Dyk vor, dessen eigene Gedichte er sonst nicht besonders schätzte.

Ein Traum fiel auf mein Leben,
ein langer Traum voll Pein.
Schlaf ein du meine Hoffnung,
Sehnsucht du, schlaf ein.

«Ich glaube, Verlaine wird Ihnen gefallen. Sie können viel von ihm lernen. Doch an seinem Privatleben nehmen Sie sich lieber kein Beispiel, er war ein großer Herumtreiber.»

Šalda brach in ein schallendes, von Herzen kommendes Lachen aus, wie ich es später noch oft von ihm hören sollte.

Doch in dem Moment hinderte mich etwas daran, mich vor ihm damit zu rühmen, daß ich schon ein Gedicht Verlaines übersetzt hätte. Es war das berühmte «Herbstlied». Ansonsten war ich in Verlaines Gedichten nicht so bewandert, daß ich über sie hätte reden können, falls Šalda mich etwas fragte. Und Šalda verstand es, Fragen zu stellen. Er hatte darin durch seine Kolloquien schon eine große Fertigkeit erlangt. Meine Übersetzung sandte ich ihm später mit zwei weiteren von mir übersetzten Gedichten Verlaines, die mir Teige wegen ihrer wunderbaren musikalischen Harmonie im Original vorgetragen hatte.

In der französischen Buchhandlung des Monsieur Pommeret in der Prager Valentinsgasse erstand ich auch sogleich eine vierbändige Originalausgabe des lyrischen Werks von Verlaine.

Dazu noch eine Auswahl seiner Gedichte, die ich in der Buchhandlung Topič im Schaufenster gesehen hatte.

Um mich als Nachdichter Verlaines zu versuchen, waren meine Kenntnisse der Muttersprache des Dichters aber allzu dürftig. Vieles mußte ich mir von Teige erklären lassen, obgleich mir auch die holde Maid, die, damals meine leichtsinnigen Schritte durchs Leben begleitete, viel dabei half. Doch Teige unterstützte mich bei meiner Arbeit mit detaillierten Erläuterungen, beriet und belehrte mich.

Im Laufe der Zeit gelang es mir so, rund zwanzig oder fünfundzwanzig Gedichte Verlaines zu übertragen, darunter fast alle seine berühmten und am häufigsten zitierten. Ich wollte eine Auswahl von etwa vierzig Gedichten zusammenstellen.

Dann sprach Šalda nicht mehr über Verlaine. Erst später, als ich einige meiner Arbeiten veröffentlicht hatte, ließ er mir ausrichten, ich möge doch einmal bei ihm vorbeikommen und meine Übersetzungen mitbringen. Meine schon in Zeitungen etc. abgedruckten Nachdichtungen hatten ihm gefallen, und da er an der Universität gerade Vorlesungen über die neue französische Poesie hielt, bat er mich, ihm meine Übersetzungen zu leihen. Ganz beglückt eilte ich in die Kanalgasse.

«Es ist ein bißchen wenig, aber wenigstens etwas. Mach weiter mit deinen Übersetzungen.»

Indes, ich kehrte zu dieser Arbeit nie mehr zurück. Später erkrankte Šalda, und man riet ihm, aus der traurigen, düsteren Gasse ohne Sonne, in der er lebte, irgendwohin zu ziehen, wo es einen Garten gäbe. In der Villa des Dichters Lešehrad im Stadtviertel Smíchov fand man eine Wohnung für ihn. Die Wohnung gefiel ihm, Lešehrad und seine Gedichte dagegen weniger. Er bedang sich auch aus, mit dem Eigentümer der Villa nur an jedem Quartalsende reden zu müssen, und zwar nur über den Mietzins und nicht über Gedichte.

Soviel ich weiß, benahm Lešehrad sich Šalda gegenüber wirklich taktvoll und störte ihn weder durch seine Poesie noch in anderer Weise. Leider wurde Šalda dann schwer krank.

Nach der ruhigen Episode im stillen Dobřichovice kehrte er nach Smíchov zurück. Von der Villa, wo Lešehrad seine Sammlungen hütete, waren es nur ein paar Schritte zum SANOPS-Sanatorium, einem ehemaligen Smíchover Hospital. Dort sah ich Šalda zum letztenmal. Er lag im Sterben. Obwohl es die Ärzte verboten hatten, machte Fräulein Lenka mir die Tür einen Spaltbreit auf, und ich gewahrte den kranken Meister, der, das Gesicht zum Fenster gewandt, reglos im Bett lag. An diesem Tag starb er.

Nach dem Tode Šaldas gründeten wir eine «F.-X.-Šalda-Gesellschaft», die erst im Sturmhauch des Zweiten Weltkriegs unterging. Zum Vorsitzenden der Gesellschaft wurde Dr. Chalupný gewählt, der auch Šaldas Testamentsvollstrecker war. Ich bat ihn, im Nachlaß des Meisters nach dem Heft mit meinen Nachdichtungen zu fahnden. Doch Chalupný richtete sein Augenmerk natürlich vor allem auf Šaldas eigene Korrespondenz, denn dieser hatte ihn bevollmächtigt, alles zu vernichten, von dem er annähme, daß es der Öffentlichkeit verborgen bleiben beziehungsweise ihr verheimlicht werden solle. Ich hatte mit Dr. Chalupný lange Kontroversen darüber. Chalupný versuchte recht unnachgiebig, Šaldas letzten Willen durchzusetzen. Doch schließlich verbrannte er, glaube ich, nichts. Zumindest der größere Teil der Korrespondenz Šaldas mit Růžena Svobodová, und um diese Korrespondenz war es vor allem gegangen, ist unlängst im Druck erschienen. Dann wurde auch Chalupný krank und starb. Der Verleger Otta Girgal versprach, nachdem der Nachlaß Šaldas Bruder zugefallen war, darin nach meinen Versen zu forschen. Ich weiß nicht, ob er sein Versprechen hielt.

Im Februar 1945 wurde die Wohnung von Šaldas Bruder ausgebombt, wobei – wie Girgal mir sagte – ein Teil des Nachlasses verbrannte. Doch wäre nichts darunter gewesen, das man beweinen müßte. Šaldas Briefe seien gerettet worden. So ließ ich die ganze Sache auf sich beruhen. Später begann übrigens Frantisek Hrubín die Gedichte Verlaines zu übertragen. Und zwar meisterhaft und viel wortgetreuer als ich es konnte.

Nach Hrubín hat auch der jüngere Petr Kopta sich an ihnen versucht. Einige Nachdichtungen der beiden sind dem Original geradezu kongenial nachempfunden. Die wenigen meiner Übersetzungen, die ich einst veröffentlicht hatte, erschienen dann später auch in der wunderbaren Anthologie «Slova na strunách» (Worte auf den Saiten) in der Edition des «Klub přátel poezie» (Klub der Freunde der Poesie); bis auf ein einziges Gedicht, dessen Handschrift ich mit einem Veilchensträußchen auf Šaldas Sarg werfen wollte. Im letzten Moment kam ich zur Vernunft und beschloß, diese banale Torheit zu unterlassen. Das Manuskript behielt ich in der Tasche. Weil aber gerade diese Übersetzung Šalda so gefallen hatte, sei sie an dieser Stelle wiedergegeben. Das Gedicht heißt Green, und hier ist es:

Hier sind Früchte, Blumen, Blätter, Zweige voll
Verschwenden,
und hier ist auch mein Herz, es schlägt für dich allein.
Zerreiß es nicht mit deinen weißen Händen,
das dürftige Geschenk laß lieb den Augen sein.

Ich komme, eisig noch, vom frischen Tau bedeckt,
den mir der Morgenwind an meine Stirn geweht.
Laß meine Müdigkeit, zu deinem Fuß gestreckt,
vom Augenblicke träumen, in dem sie vergeht.

Auf deine junge Brust laß meinen Kopf mich legen,
der mir von deinen letzten Küssen dröhnt voll Lust.
Gib, daß er ruhig wird nach glücklichem Erregen,
und laß mich etwas schlafen, wenn du selber ruhst.

Begegnung mit einer blutjungen Dichterin

Frau Píšová möge mir verzeihen, aber die Zborower Straße (Zborovská ulice) in Smíchov ist nicht gerade die angenehmste Gasse in diesem eher proletarischen Stadtviertel. Man muß ihr aber zugute halten: Von dort aus ist's zum Kinský-Garten nur ein Katzensprung. Zur Moldau hat man's auch nicht weit, und ins Nationaltheater, wo Frau Píšová mit ihrem Mann oft den Abend verbrachte, sind es – vorbei an der unseligen Statue der «Moldau» des Bildhauers Pekárek, deren stolz erhobenes Haupt von Frühjahr zu Frühjahr vom weißen Dreck der Möwen bedeckt ist – wirklich nur ein paar Minuten. Und auch die schöne geheimnisvolle Flußinsel «Kampa» mit der Čertovka (dem «Teufelsbach») ist nicht fern. Trotzdem ist die Zborovská eine traurige Gasse. Läden gibt's dort kaum, die Geschäfte haben sich auf der parallel verlaufenden S.-M.-Kirow-Allee (Třída S. M. Kirova) niedergelassen. Die Mietshäuser sind ebenso fad wie die auf den Königlichen Weinbergen, und ihre Fenster blicken mit einer gewissen Sehnsucht in die der gegenüberliegenden Häuser.

Nun ist diese Straße für mich noch trauriger. In einem der melancholischen Mietshäuser wohnte nämlich sein Leben lang mein Freund A. M. Píša. Wie gerne eilte ich zu ihm, wobei es mir nichts ausmachte, daß er in einem der oberen Stockwerke wohnte. Ich freute mich immer schon, sein allzeit freundliches, lächelndes und ein wenig ironisches Gesicht zu sehen, von dem ich ehrlich und von Herzen sagen kann, daß ich es sehr mochte. Wir kannten uns fünfzig Jahre lang, doch erst im Krieg wurden wir enge Freunde. Auch wenn wir uns einmal längere Zeit, das heißt eine Woche oder zehn Tage, nicht sahen, wärmte uns das Bewußtsein, daß wir beide in Prag weilten, also einander nahe waren und uns jederzeit treffen oder zumindest anrufen konnten. Vernahm ich seine Stimme, lieferte ich mich gern seiner lächelnden Ironie und unverwüstlichen Freundlichkeit aus. Es gab Stunden, da er, weil er gern lachte, den Drang verspürte, mit jemandem zu plaudern, um sich gleich darauf wieder an seinen Schreibtisch zu flüchten.

Es sind schon ein paar Jahre her, seit Frau Píšová seine Asche auf den Šárka-Friedhof getragen hat. Es ist ein hübscher Gottesacker, falls man dies von einem Friedhof überhaupt sagen kann. Die alte Kirche dort bewacht ihre Toten und läßt den Blick von hoch oben über die sanften Hänge der beiden Šárka-Täler schweifen, die bei Liboc beginnen und bei Podbaba enden. Durch beide schlängelt sich ein munteres Bächlein.

An der Ostmauer des Kirchhofs zog sich mein Freund still in die ewige Finsternis zurück, bescheiden, ohne Pomp, so wie er lebte. Wir arbeiteten mehrere Jahre in der gleichen Redaktion, und zwar im Lidový dům (Volkshaus), zusammen. Es waren schwere und bittere Jahre. Unsere Fenster, die in den Hinterhof gingen, lagen einander fast gegenüber. Jeden Tag sah ich ihn an seinem Schreibtisch sitzen. Da ich öfter die Möglichkeit hatte, sein Arbeitskabinett in Augenschein zu nehmen, mit dem bis auf die Kette abgetretenen Teppich, der seinen Boden bedeckte – er hatte ihn so abgewetzt, wenn er, was oft geschah, sinnend im Zimmer auf und ab ging –, konnte ich mir seinen Arbeitstag gut vorstellen. Er pflegte bis in die späte Nacht zu arbeiten. Am Ende seines Lebens, ein paar Tage vor seinem Tod, klagte er seiner Ärztin, wieviel er in seinem Leben habe schuften müssen. Nie zuvor hatte er so von seiner Arbeit gesprochen.

Er war pünktlich und sehr penibel. Als Lektor arbeitete er fast übertrieben genau, prüfte unerbittlich jedes Wort, jedes Komma, solange er nicht überzeugt war, daß alles stimmte.

Ihr werdet vielleicht sagen, so soll es auch sein. Jawohl. Doch Píša war noch um einen Deut minuziöser als jeder andere.

Er brachte es nicht fertig, etwas dahinzuschludern; er arbeitete mit beispielhafter Redlichkeit. Kein ihm anvertrautes Manuskript war schwach genug, als daß er es nicht bis zur letzten Seite gelesen hätte.

Auch wenn ihm der Verlagsleiter, der das Manuskript schon

geprüft hatte, vertraulich mitteilte, das Buch könne wegen seiner mangelhaften Qualität nicht erscheinen, er solle sein Gutachten auf ein paar formelle Zeilen beschränken, höchstens eine halbe Seite, schrieb er doch eine mehrseitige kritische Studie.

Eines Tages, der Hochsommer war schon mit den ersten heißen Tagen ins Land gekommen und wir schickten uns gerade an, in den Urlaub zu fahren, brachte mir der Postbote ein dickes Paket. Es war ein Manuskript von mehreren hundert Seiten. Der Autor hatte sein Buch nicht nur selbst illustriert, sondern auch kunstlos gebunden. Doch es handelte sich wahrlich nicht um «echte» Kunst. Ich blätterte in dem Manuskript, überflog einige Seiten und war unumstößlich davon überzeugt, daß der Autor ein der Redaktion wohlbekannter Graphomane sei, dessen Machwerk wahrhaftig keine Aufmerksamkeit verdiene und an dem zu arbeiten nur verlorene Liebesmüh wäre. Ich weiß nicht, wen ich heute noch als Zeugen dafür anrufen könnte, daß es von mir nur als Scherz gemeint war! Ich packte das Buch wieder ein und gab es einem Hausdiener mit, den ich bat, es in die Redaktion zu bringen und Píša auszurichten, jemand habe das Buch für ihn abgegeben. Dabei freute ich mich diebisch, wie ich ihn später von dem Alptraum dieser Sisyphusarbeit wieder befreien würde. Gott ist mein Zeuge, daß ich es so plante. Doch im Eifer des Gefechts hatte ich das Manuskript vergessen, und als ich etwa eine Woche darauf an einem schwülen Sommernachmittag in Píšas Kammer trat, saß er in Hemdsärmeln vor dem Wälzer und las gerade die letzten Seiten. Er schaute mich vorwurfsvoll an und meinte: «Du hast mich ganz schön geschlaucht! In dieser Hitze sitz' ich schon die ganze Woche da und les' das Zeug.» Zu meiner Schande muß ich gestehen: Ich fand nicht den Mut, ihm zu beichten, wie es wirklich war.

Allein im Archiv des Verlags «Československý spisovatel» (Verlag der tschechoslowakischen Schriftsteller) hat Píša über fünfhundert Lektoratsgutachten hinterlassen; oft waren es echte literaturkritische Studien. Und wie viele Jahre war er dort beschäftigt gewesen? Eigentlich gar nicht so lange. Doch von diesem Zeugnis seines erstaunlichen Fleißes, diesem Beweis seiner namenlosen, aufopfernden Arbeit wußten nur wenige.

Als Theaterkritiker schrieb Píša über tausend Kritiken, das bedeutete: eintausend Abende im Theater zu verbringen. Ja es passierte sogar, daß er, wenn es um eine besonders bedeutsame Premiere ging, tags zuvor schon eine einführende Studie zu dem aufgeführten Stück veröffentlichte. Noch gar nicht erwähnt habe ich, wie viele Buchrezensionen Píša geschrieben hat und wie viele Bücher er also lesen mußte. Und zu alldem möge man noch die unzähligen literarischen Artikel und Studien, Vorworte und Nachworte zu Büchern hinzurechnen und vieles andere mehr. Für all das ist der abgetretene Teppich in seinem ein wenig düsteren, engen und langen Arbeitszimmer ein beredtes Symbol; dort stand auch ein etwas altertümliches Sofa, auf dem sich freilich nicht dessen Besitzer zur Ruhe setzte, sondern Hunderte von Büchern, die sich dort in einem fort abwechselten.

In den langen Jahren, in denen wir Freunde waren, haben wir so manche nette Stunde miteinander verlebt. Es gab viel, woran man sich erinnern kann, weiß Gott! Als Píša fünfzig wurde, schrieb ich zu seinem Jubiläum ein langes optimistisches «Loblied», das mit den Worten endete:

> So wünsch ich dir, und will wahrhaftig nicht
> das Schicksal eingrenzen um einen Tag,
> daß wir als Greise noch nach dreißig Jahren
> mit unseren Blicken wandern über Prag.

Doch wir erlebten miteinander auch viele recht bittere Stunden. An sie mag ich mich gar nicht erinnern! Einen Tag nach dem deutschen Einmarsch in Prag schlenderten wir miteinander über den Wenzelsplatz. Geschniegelte SS-Männer promenierten mit frechem Grinsen auf beiden Gehsteigen, und die verheulten Prager mußten ihnen Platz machen. Ich hoffe fest, daß zumindest die meisten von ihnen irgendwo bei Stalingrad geblieben sind. Wir waren auch am 9. Mai 1945 dort, als die Deutschen uns gerade aus den Karolinenthaler Kasernen freigelassen hatten, wo wir erschossen werden sollten, als staubbedeckte Panzer mit Rotarmisten und unseren Leuten über den Platz rollten, der ganze Platz samt dem Reiterstandbild des heiligen Wenzel noch weiß war von dem geborstenen Putz der zuvor zerbombten Häuser, und deutsche Papiere und Akten, die man aus den Kanzleien hinuntergeworfen hatte, zerflatternd das Pflaster bedeckten. Doch all das scheint mir irgendwie schon sehr, sehr lange her zu sein. Ich suche übrigens auch die schönsten Augenblicke mit Píša aus meinem Gedächtnis zu verdrängen, denn sie sind stets auch mit den traurigsten verbunden. Nie mehr möchte ich bei Zbraslav (Königssaal) am Ufer der Moldau liegen, wo ich so manches Mal mit Vladislav Vančura und einem der Helden seines Romans «Ein launiger Sommer» («Rozmarné léto») weilte, und wohin der Bademeister Šůra, der zweite der drei Protagonisten dieses Buchs, uns von der nahen Badeanstalt ein paar Fläschchen kühles Bier mitbrachte. Ebenso schwer fiel es mir später, mich am Rand des Kinský-Gartens unter den blühenden Fliederbäumen niederzulassen. Dort saß ich früher zuweilen mit meinem Freund Píša, und er war in solchen Stunden glücklich.

Doch einen Tag mit Píša werde ich nie vergessen – an ihn erinnere ich mich besonders gern! Könnte ich es nur, ich würde jedes Jahr an diesen Ort zurückkehren.

Es war im Juni zur Zeit der Heuernte. Tags zuvor hatten wir in Náchod einen literarischen Abend veranstaltet. Píša hielt einen Vortrag, und die Náchoder Schauspieler rezitierten Verse. Anderntags fuhren wir mit dem Autobus in das nahe Ratiboříker Tal. Es liegt nicht weit von Náchod, wie ihr ja wohl wißt. Ich bin ein Stadtmensch, ein Mensch der Großstadt; bin in einer Metropole geboren, habe in ihr mein ganzes Leben verbracht. Als ich einmal krank war und mich in dem winzigen Heilbad Eichwald (Dubí) am Rand des Erzgebirges auskurierte, fuhr ich fast jeden Tag mit der Tram nach Teplitz-Schönau, um dort im Café sitzend einen Mocca zu trinken. «Um den

Kaffee ging's dir wohl gar nicht», Píša lachte, «den gibt's in Eichwald auch, aber der Geruch der Kanäle hat dir gefehlt.»

Píša war ein Dörfler. In einer südböhmischen Kleinstadt geboren, war er glücklich unter grünen Bäumen und inmitten wogender Felder. Er liebte den Kinský-Park. Wenn die Bäume dort blühten, sah er zu, daß er jeden Tag wenigstens für ein paar Minuten in den Garten huschen konnte. Und hatte er nur ein bißchen Zeit, spazierte er auf der Insel Kampa umher. Den kurzen Weg über die ruhige Kampa nannte er scherzhaft den «Píša-Pfad». Ins Kaffeehaus, wo ich so manchen Frühlings- und Sommertag verbrachte, pflegte er nur manchmal zur «Nachtzeit» einzukehren, wenn er von einer abendlichen Theatervorstellung kam.

In dem nach dem «Großmütterchen» von Božena Němcová benannten «Großmütterchen-Tal» (Babinčino údolí) verlebte auch ich einige wunderbare Stunden, wie wir sie in unserem Leben anscheinend nur in unserer Heimat und in dieser Landschaft erleben können, mit der Wirklichkeit, die wir empfinden, gesegnet und durch die Legende, die wir lieben.

Schon am frühen Morgen versprach der Tag, schön zu werden, das Schlößchen von Ratibořice erstrahlte in suggestiv plastischer Farbenpracht, daß es an einen der so anmutigen Kupferstiche des Herrn Vinzenz Morstadt erinnerte, der ein Meister auch des kleinsten Details war. Fern im Tal war man bei der Heuernte, und als der warme Wind sanft wehte, spürten wir alles auf einmal: den Duft des Heus und den Duft des frisch gemähten Grases und schließlich auch den Duft der reifen Wiese, aus der die Sonne den Frühlingstau und allen verborgenen Nektar sog. Gemächlich wanderten wir über den Wiesenweg, und die Augen vermochten kaum all die bunten Farben zu schauen: das Weiß und Gelb der Wucherblumen, das Blau des Salbeis und das blutige Rot der Kuckuckslichtnelke. Und dann sproß dort noch zartrosa «Ligrusu», von all den Schattierungen eines Grüns zu schweigen, das sich ständig bewegte und im Winde wiegte.

Der Weg selbst war von niedrigem, niedergetretenem Gras bewachsen und von Quendel umsäumt und dem leisen Weinen der Kartäusernelken, tschechisch heißen sie «slzičky» (Tränchen), ohne die es keinen Sommertag gibt.

Wir schauten auch in die feuchten Kellerräume hinein, in denen die Familie Pankl – so hieß die Schriftstellerin Božena Němcová ursprünglich – gewohnt hatte, und eilten von dannen; aus der Ferne hörten wir das Pfeifen der gedengelten Sensen. In diesem Moment sehnten wir uns nach dieser lieblichen Fata Morgana.

Wir sahen ein kleines Mädchen, dessen sonnengebräunte Beine durch das hohe Gras huschten. Es läuft, hastet dahin, schon wirft es den Zopf über die Schulter, seine Augen sind von einem Leuchten erfüllt, wie man es nur in Kinderaugen findet. Die Kleine läuft an uns vorbei, mag sein, sie erzählt sich selber etwas, hastet vorüber, als wären wir gar nicht auf dem Pfad. Wie sehr war uns danach, die würzig duftende Luft zu streicheln, die ihre unverhoffte Erscheinung gekräuselt hatte, und auch den Pfad, über den die kleinen Mädchenfüße trippelten. Ja, wir sahen sie wohl, als sie an uns vorübereilten und dabei wie zufällig eine Kronwickenblüte pflückten, die zwischen den Zehen des niedlichen kleinen Mädchens hängenblieb und wie ein kostbarer Edelstein aussah, mit dem in alten Zeiten sagenhaft schöne Prinzessinnen der Vorzeit ihre große Zehe zu schmücken pflegten.

Auf dem Antlitz ein leichtes Weh

Es ist schon über ein halbes Jahrhundert her, daß ich und mein Freund Karel Teige, nicht ohne ein gewisses Mißtrauen, an der Tür des damals noch kleinen Prager Verlags «Václav Petr» anklopften und ihm das Manuskript meines dritten Buches «Auf den Wellen des TSF» anboten. Damals gab's hierzulande noch keinen Rundfunk, ja das Wort selbst war noch unbekannt; für die Erfindung der drahtlosen Telegraphie wurde bei uns allgemein die Abkürzung TSF (für «télégraphie sans fil») verwendet.

Unser Argwohn war nicht ganz unbegründet. Mein Buch war für jene Zeit wirklich exklusiv. Schon der Titel war es. Als einen der ersten jener Zeit hatten wir den Band im Geiste der – von uns begründeten – neuen Kunstrichtung gestaltet, und nicht nur ich als Autor, sondern auch Karel Teige, der das Buch graphisch und typographisch betreut hatte, waren nach Kräften bemüht gewesen, daß der Geist des – von uns kreierten – «Poetismus» sich auf seinen Seiten nicht nur laut, sondern auch provozierend apart vernehmlich machte und jedem gleich ins Auge sprang.

Poetisch war es nicht nur eine Verhohnepiepelung ernster Dinge, neben ernsteren Gedichten enthielt der Band auch Verse, die im Zeichen des «verdrehten» Mottos von Mácha standen:

> Auf dem Antlitz ein leichtes Weh,
> im Herzen ein tiefes Lachen.

Wir hofften, der Verleger werde zumindest überrascht sein, falls er sich nicht überhaupt weigern würde, ein so ungewöhnliches Buch zu drucken. Doch dann überraschte er uns! Er besah sich das Manuskript, war mit allem einverstanden, nahm die Arbeit an, und zwei oder drei Monate später erschien das Buch genau so, wie wir's uns gewünscht hatten.

Teige hatte sich mit dem Buch viel Mühe gemacht. Die seriöse Druckerei des Herrn Obzina in Vyškov mußte beim Satz fast alle Typen verwenden, die sie in ihren «Kassen» hatte, wie man im Fachjargon die Setzkästen nannte, doch mehr noch, sie mußte auch alle klassischen Regeln der Typographie über Bord werfen, wie sie seit Gutenbergs Zeiten überliefert und vervollkommnet worden sind, bis wir zu dem modernen Niveau der heutigen Buchgestaltung gelangten. Die Titel und die Gedichte waren in den verschiedensten Typen gesetzt, und zwar jedes Gedicht anders. Eine Seite war horizontal bedruckt, die andere vertikal. Der alte Herr in Vyškov, der Chef der Druckerei, schüttelte zwar den Kopf über diese Arbeitsweise, doch er erfüllte alle unsere Wünsche. Die heutige Jugend würde Teiges Bemühen wohl als «typographisches Rodeo» bezeichnen.

Am meisten amüsierte die Leser ein kurzes Gedicht, das «Počitadlo lásky» (Rechenspiel der Liebe) hieß:

Deine Brust
ist wie ein Apfel aus Australien.
Deine Brüste
sind wie zwei Äpfel aus Australien.
Wie gern hab' ich dies Rechenspiel der Liebe.

Das Gedicht – sofern man es ein Gedicht nennen kann – war typographisch so gestaltet, daß es in der Form einem Rechenspiel mit Kugeln glich, mit dem sonst Kinder rechnen. Den Versen muß ich freilich heute noch eine kleine Bemerkung beifügen. Damals verkauften die Delikatessenhändler zur Winterszeit wirklich «Äpfel aus Australien». Sie schmeckten zwar nicht besonders, denn das Obst reifte erst auf dem Schiff, doch sie waren wirklich hübsch. Jede Frucht war in hauchdünnes Seidenpapier gewickelt, und Herr Paukert, ein bekannter Delikatessenhändler, der sein Geschäft auf der Nationalstraße (Národní třída) betrieb, hatte sie auf einer Schüssel ausgebreitet im Schaufenster stehen, und jeder Apfel war *ein wenig entblättert,* damit man seine ungewöhnlich prächtige Farbe sah.

Die Äpfel waren rar – und teuer. Doch das hat mit meinen Versen nichts mehr zu tun.

Vor einiger Zeit sollte mein heute schon historisches Buch in Faksimiledruck neu erscheinen. Leider kam es dann nicht dazu. Schade!

Und so reiche ich Ihnen, lieber Herr Petr, über den Abgrund der Zeit und des Lebens heute die Hand. Beide sind wir schon alt geworden. Doch, nicht wahr, man erinnert sich gern an die Zeiten, da man jung war, sich über alles freute, an den Tod nicht dachte und sich vor nichts auf der Welt fürchtete!

Tristan Corbières Pfeife

An einem der ersten Julitage gaben wir meinem Freund Jindřich Hořejší auf dem Vyšehrader Friedhof das letzte Geleit. Auf dem Rückweg spie uns die Tram in der Myslík-Gasse (Myslíkova ulice) aus, wo wir umsteigen mußten. Wir standen eine Weile auf der Verkehrsinsel herum, da machte mir Josef Hora, der mich begleitete, den Vorschlag, auf einen Sprung in die «Tůmovka» hineinzuschauen, ein altes Café, das nicht weit von hier in der Lazarusgasse (Lazarská ulice) lag. Hořejší war dort zu Lebzeiten jeden Tag Stammgast – und wir früher auch.

An dem Fenstertisch, wo er jahrelang saß, seine Bücher und Papiere vor sich ausgebreitet, trafen wir seinen guten Freund, den Schriftsteller Karel Konrád, an. Er war allein und wohl gerade darin vertieft, im Geiste ein kleines Requiem für Solostimme zu singen, und wartete darauf, wer noch erscheinen und sich ihm anschließen würde.

Wie oft hatte ich hier in den vergangenen Jahren Hořejší bei der Arbeit angetroffen. Oft war er dabei, eilige Übersetzungsaufträge zu erledigen. Zumeist übersetzte er französische Stükke für das Prager Nationaltheater. Doch wer meint, er sei böse geworden, wenn jemand ihn störte oder sich sogar an seinen Tisch setzte, der irrt sich gewaltig. Lärm und Qualm, die typische Atmosphäre des alten, so beliebten Kaffeehauses, waren für ihn ein unerläßliches Stimulans, das er zu seiner Arbeit brauchte. Er hatte sich an dieses Café gewöhnt. Hořejší übersetzte rasch und schrieb dabei ebenso schnell, zwischendurch die Fragen seiner an den Nebentischen sitzenden Bekannten beantwortend. Nichts vermochte ihn zu stören. Er bestellte sich einen Schwarzen nach dem andern, genehmigte sich zwischendurch hin und wieder ein Glas Bier und rauchte in einem fort wie ein Schlot. An einem Nachmittag konsumierte er so im Schnitt zehn Tassen Kaffee. Abends hatte er dann kein Geld mehr fürs Abendessen.

Ganz anders verhielt er sich jedoch, wenn er Gedichte übersetzte. In solchen Stunden durfte keiner ihn stören. Dann war er reizbar und böse, und jeder ging ihm bereitwillig aus dem Weg oder machte einen großen Bogen um ihn. Er steckte sich eine Zigarette nach der andern an und dachte konzentriert nach. Ein Vers ist kein Scherz pflegte er zu sagen, das ist eine furchtbar ernste Sache. Poesie ist wichtiger als eine Brücke über das Nusler-Tal. In jenen Tagen diskutierte man nämlich in den Zeitungen – vergebens – darüber, ob man eine solche Brücke bauen sollte.

Hořejší war mit Viktor Dyk und Karel Čapek zusammen einer jener Übersetzer, die das Postulat aufgestellt hatten, die Übersetzung eines Gedichts müßte bei aller sprachlichen Eigenart mit dem Original völlig identisch sein. Der Leser, dem man den Namen des (fremdsprachigen) Autors verdecke, solle womöglich nicht erkennen, daß er eine Übersetzung läse. Nichts dürfe ihn daran erinnern, daß die Verse den Bereich ihrer Ursprache verlassen und sich – wenn auch nicht ohne Anwendung einer gewissen Gewalt, denn jede Übersetzung ist ein Gewaltakt – in einem anderen Königreich der Sprache wiedergefunden hätten. Nach solchen Kriterien beurteilte Hořejší auch die Qualität von Übersetzungen oder Nachdichtungen. Er schätzte Hanuš Jelínek – der auch viel aus dem Französischen übersetzte –, lehnte aber viele Nachdichtungen von Jaroslav Vrchlický und Vítězslav Nezval ab. Beide Dichter übersetzten seiner Meinung nach zu frei und drückten den Übersetzungen allzu stark das Siegel ihrer eigenen Persönlichkeit auf. Dabei steuerten sie aus eigenem vieles Gute, doch häufig eben manches weniger Wünschenswerte bei. Zuweilen seien die Übersetzungen auch in zu großer Hast entstanden, manchmal sogar schludrig oder oberflächlich.

«Die Franzosen können sich mit uns nicht messen!» pflegte Hořejší zu bemerken. Sofern sie sich überhaupt dazu herablassen, etwas zu übersetzen oder «nachzudichten», verdolmetschen sie fremde Dichter nur in armseliger Prosa. Selbst Baudelaire, und das war doch ein Herr, der etwas vom Dichten verstand und auch über die «Reform der Poesie» einiges wußte, übertrug den bewundernswerten E. A. Poe nur in Prosa!

Tschechisch ist eine großartige Sprache – ins Tschechische läßt sich alles übertragen, ohne daß die Form des Originals Schaden nimmt, und das ohne allzu große Mühe, selbst in der Kraft seines dichterischen Ausdrucks.

Das Tschechische meistert auch die Verse des kompliziertesten Autors. Doch es braucht «ein bißchen Nachdenken», wie Hořejší immer sagte.

Hořejší mochte keine billigen und verwaschenen Reime. Der Reim muß sich auf den Vers setzen wie der Schmetterling auf die Blume. Und das ist nicht so leicht.

Vieles ist ihm hundertprozentig gelungen.

Von den Dichtern, die er übersetzte, liebte er Jehan Rictus, doch besonders Tristan Corbière. Oft suchte er mit ein bißchen gut getarnter Koketterie Corbières literarische Pose nachzuahmen.

«Die Kunst kennt mich nicht, ich kenne die Kunst nicht», pflegte er mit Corbière zu antworten, wenn wir ihn nach seinen eigenen Versen fragten, für die ihm nur wenig Zeit blieb. Und fragte ihn der Ober, was er wünsche, so sagte er, Corbière zitierend: «Hab' viele Wünsche, doch der Franken wenig!»

Ich traf ihn einmal, als er gerade dabei war, eine Auswahl aus den «Gelben Lieben» (Amours jaunes) zusammenzustellen, die später im Prager «Melantrich»-Verlag erschienen. Er las mir einige Verse daraus vor, doch besonders gefiel ihm das Gedicht über den Dichter und seine Pfeife, das er ebenfalls übersetzte:

...Ich verwandle die Zimmerdecke
in einen Himmel für Wolken und Meere
und Wüsten und Wunder und viele Verstecke.

Er hebt sein mattes Auge hinein...
Die Seele, der Pranger in seinem Leben,
beginnt schon in anderem Frieden zu schweben.
...Ich verlösche. – Er schläft ein.

Schlaf nur. Ich halte den Falter im Zaum.
Träum du zu Ende deinen Traum,
mein Ärmster! ... Alles ist nur Rauch.

Und wenn es wahr ist, dann ist auch...

Als er die Verse zu Ende gesprochen hatte, war ich aufrichtig bezaubert. Er merkte es mir an, obwohl ich schwieg. Dann griff er in die Tasche und gab mir seine Pfeife.

«Nimm sie. Sie ist aus Paris. Hab' sie in einem Bistro am Montparnasse einem betrunkenen Matrosen abgekauft. Denk dir meinetwegen, es wär' die Pfeife Tristan Corbières.»

Die Pfeife hatte eine recht ungewöhnliche, ja etwas obszöne Form und pflegte einige Aufmerksamkeit zu erregen. Als ich sie ein paar Tage darauf im Café «Slavia» herumzeigte, geriet Vitězslav Nezval ins Schwärmen, ja in unbändige Begeisterung. Er hatte ein Faible für alles Überirdische, alles, was im Transzendenten schwebt, was metaphysisch, unsinnig und unmöglich ist, und versicherte mir, die Pfeife könne ja womöglich wirklich von Corbière stammen. Solche Dinge passieren, und nicht umsonst war auch Corbière ein Dichter des Meeres und der Matrosen! Nezval verschlang die Pfeife mit so begehrlichen Blicken, daß ich nicht zögerte und ihm – nachdem ich ihn gebeten hatte, Hořejší davon nichts zu verraten – die Pfeife schenkte.

Ich wüßte nur zu gern, wem sie heute gehört und wer sie schmaucht!

Recht viel Kopfzerbrechen bereitete Hořejší der Name des «Buckligen Seemanns», über den Corbière ein längeres, berühmtes Gedicht geschrieben hat. Der Seemann hatte nämlich einen Spitznamen – man nannte ihn wie das doppelte, geteerte

Tau, das man auf Schiffen verwendet. Vergebens versuchte er, im Tschechischen ein Pendant für diesen Spezialausdruck zu finden, bis ihm jemand den Rat gab, doch einmal in das Wirtshaus «Bei Poppey dem Sailor» (U Pepka námořníka) auf den Königlichen Weinbergen hineinzuschauen. Dort verkehrten nämlich ehemalige tschechische Matrosen von allen Meeren der Welt. Und wirklich, als er einem von ihnen, der aus Toulon heimgekehrt war, darlegte, worum es ihm ging, erfuhr er, daß dieses Tau tschechisch «dvoustráň» (doppelter Teertampen) heißt. Hocherfreut erschien er wieder in der Tůmovka. Er hatte für seinen Helden einen Namen gefunden und lobte sich heimlich selbst: Da würde selbst Corbière Augen machen!

Zuweilen geschah es, daß mein Freund, wenn er zur späten Stunde Papiere und Bücher in seiner Aktenmappe verstaute und die Füllfeder zuschraubte, dem Kellner leise zuraunen mußte: «Herr Ober, nicht zahlen!» Worauf der Herr Ober alle Moccas, Biere und Zigaretten auf einem Zettel notierte und diesen dann in einem besonderen Fach seines dicken Portefeuilles verstaute, das so umfangreich war, daß es nicht in die Brusttasche paßte und er's in der hinteren Hosentasche tragen mußte. Dann trat Hořejší aus dem verrauchten Café an die frische Luft. Allein, er kam nicht weit, sondern kehrte in der nahen Weinstube «Kumanovo» am Fuße des Neustädter Turms ein, am Ende der Wassergasse (Vodičková ulice). Von der Tůmovka waren es kaum hundert Schritt.

Auch wir, ich und meine Freunde, kehrten ziemlich oft dort ein. Als erste in Prag servierten die Wirtsleute dort ein vorzügliches Ražniči. Die Weintrinker, aber auch jene, die keinen Wein tranken, ließen sich diesen «Leckerbissen» mit Senf und Zwiebeln gern munden.

Fast unmittelbar gegenüber dem «Kumanovo» betrieb Jaroslav Bednář, Apotheker und Dichter, seine alte Apotheke. Dort mixte und fabrizierte er nicht nur seine Arzneien, sondern auch Gedichte, die, zumindest eine Zeitlang, von den geheimnisvollen Düften der alten Apotheke getränkt und erfüllt waren.

Hatte Bednář Nachtdienst, konnte es geschehen, daß Hořejší ihn herausklingelte und ein Zettelchen durch das Fensterchen im Rolladen schob – es stand für die nächtlichen Kunden offen –, auf das er in größeren gut leserlichen Buchstaben die Worte gekritzelt hatte: «Ein Schlafmittel, bitte.»

Eine Weile danach tauchte Bednářs Hand auf und schob einen Zwanzigkronenschein durch die Luke.

Als Hořejší geheiratet hatte, waren wir überzeugt, nun werde er wohl seinen Tisch im Café verlassen. Doch da kannten wir ihn schlecht! Er verließ ihn nicht! Später bekam er sogar ein Töchterlein. Doch für die Ehe war er offensichtlich nicht recht geeignet. Ich weiß es nicht so genau, doch ich hörte, seine Ehe sei weder friedlich noch allzu glücklich gewesen.

So erinnerten wir uns seiner an seinem ewigen, doch nun verlassenen Tisch. Als wir uns erhoben, klopfte mir Karel Konrád auf die Schulter und ersuchte mich feierlich, einst möge ich auch ihm die Grabrede halten, so wie ich heute auf dem Vyšehrad gesprochen hätte. «Es war wunderschön und rührend. Eine Dame, die neben mir stand, hat mir bei dem Begräbnis mit ihren Tränen den ganzen Ärmel durchnäßt.»

Um ihm den schwarzen Humor nicht zu verderben, versprach ich es ihm mit Handschlag und besorgter Miene.

Dreißig Jahre später, im Dezember 1971, habe ich dies meinem Freund Konrád einst gegebene Versprechen getreulich erfüllt.

Die Nacht auf dem Kohlenmarkt

Die zehn und mehr Jahre Altersunterschied, die zwischen Josef Hora und uns, mir, Halas und Holan, bestanden, waren wie fortgewischt, wenn wir einander – kam der verehrte Dichter in unsere Mitte – die Hände reichten. Doch diese zehn Jahre machten sich markant bemerkbar und waren lange nicht aus dem Raum zu schaffen, wenn wir Hora, was des öfteren geschah, besuchten und mit ihm über Poesie diskutierten. Er war längst ein anerkannter Dichter und hatte sich schon des Geheimnisses der Poesie bemächtigt, das uns noch durch einen Schleier verhüllt blieb. Wir schliffen damals erst unsere Dichterfedern, ich wetzte die meine an den Kantsteinen der Trottoirs, als Hora schon ein renommierter Poet war und in der modernen tschechischen Literatur einen führenden Platz einnahm.

Doch auch dieser Unterschied war beim ersten oder zweiten Schluck Wein vergessen. Stammte Hora denn nicht aus einer Gegend, wo einer der besten böhmischen Rotweine gedieh? Damals sangen uns die Nachtigallen oft:

> Du willst schon gehn? Der Tag ist ja noch fern.
> Es war die Nachtigall und nicht die Lerche,
> die an dein banges Ohr jetzt eben klang.

Ich hatte Glück. Eine Zeitlang war an meinem Arbeitsplatz Hora recht nahe; schaute ich aus dem Fenster, konnte ich ihn sogar an seinem Redaktionstischchen beobachten, wenn er seine Kulturrubrik des «Rudé právo» (Rotes Recht) redigierte.

In der Redaktion pflegte er auch Verse zu verfassen, die nicht nur für den nächsten Tag bestimmt waren, sondern auch in seinen späteren Büchern erschienen und in die Annalen der tschechischen Literatur eingegangen sind. Ich war natürlich unsäglich neugierig auf sein dichterisches Schaffen, wollte sein Gesicht bei der Arbeit erkennen, wenn unter seiner hohen Stirn sich das Licht der taufrischen Strophen entzündete. Ich war stets überzeugt, er webe die meisten seiner Strophen aus Lichtstrahlen.

Doch auch in solchen Augenblicken war Hora prosaisch «zivil», blickte durch kleine Rauchwölkchen auf das um die Walze seiner Schreibmaschine geschlungene Manuskript, und nur eine vergessene Zigarette am Rande des Aschenbechers verriet seine Passion.

Einmal traf ich Hora in nicht gerade bester Laune an. Er hatte Kopfschmerzen, schluckte Tabletten und trank Sodawasser dazu. Es war nicht schwer zu erahnen, daß er die wohlige Wärme und Gastlichkeit seiner Federbetten verschmäht hatte, auch seine von Nikotin vergilbten Finger verrieten eine durchwachte Nacht. Er gestand mir, er sei mit Hanuš Jelínek und Viktor Dyk bei «Zoufalý» gesessen, einem damals gemütlichen und vielleicht heute noch existierenden Weinlokal unweit des Jungmann-Denkmals auf dem gleichnamigen Platz, wo sich das Standbild des in einen altertümlichen Mantel mit Rockschößen gehüllten Sprachgelehrten und Volkserweckers erhebt.

Es war eine Zeit der verschärften politischen Spannungen, und man diskutierte beim Wein über viele Dinge, denn Viktor Dyk war ein meisterhafter und gefürchteter Polemiker.

Neben Hora stehend, sah ich, daß das vor ihm in die Maschine gespannte Blatt schon zur Hälfte dicht beschrieben war, doch mit einem einzigen Satz. Ich blinzelte ihm, scheinbar unbeteiligt, mit einem Auge über die Schulter und tat, als sähe ich nichts. Hora hatte in dieser Schicksalsstunde, da es schwerfiel, die Gedanken zu ordnen, sich selbst gescholten. «Josef, du bist ein Esel...», und dies hundertmal nacheinander. Als ich ein paar Schritte zur Seite trat, zog er das Blatt heraus, zerknüllte es und warf's in den Papierkorb, überzeugt, ich hätte nichts gesehn.

Als Hora die Redaktion verlassen hatte, fischte ich sein Manuskript wieder aus dem Korb. Doch gleich darauf schämte ich mich vor mir selbst und zerriß das Papier.

Zu guter Stunde vertraute uns Karel Toman einmal an, er trage die Idee eines Gedichts so lange im Kopf, bis er alle Verse fix und fertig habe. Dann setze er sich an seinen Schreibtisch und schreibe, ohne ein Wort zu streichen, das ganze Gedicht in seiner endgültigen Fassung nieder. Hora – und ich glaube, er war nicht der einzige – schrieb unter dem Druck des ersten glücklichen Verses.

Wenn ich zu schreiben beginne, weiß ich nie so recht, wie ich fortfahren soll und wie ich enden werde. Ein Vers knüpft den Knoten des nächsten, erzählte Hora einmal in einem Gespräch bei den Brüdern Čapek.

Karel Čapek dagegen gestand uns mit seinem ein wenig jungenhaften Lächeln: Wenn er die Feder eintunke und den ersten Satz niederschreibe, habe er das ganze Werk so weit im Kopf, daß er schon sagen könne, wie der letzte Satz lauten werde.

Und doch waren Horas Verse alles andere als eine zufällige Folge von Einfällen. Er sparte nicht nur mit seiner Liebe, sondern auch mit Worten. Die Poesie besteht zwar aus Worten, pflegte er zu sagen, aber es brauchen nicht viele zu sein. Hora mochte Toman und seine Gedichte. Er war mit ihm auch durch seine Herkunft vom Lande wahlverwandt. In einem unserer Gespräche erklärte er, Tomans Gedicht «Září» (September) sei das schönste moderne tschechische Poem: «Mein Bruder hat ausgepflügt und die Pferde ausgespannt...» Der Schluß des Gedichts gefällt mir nicht mehr so sehr, doch die ersten zehn Verse sind wie aus Bronze gegossen, bemerkte er oft. Und beide, er und Toman, liebten Sova.

Im Jahre 1926 weilten wir mit Hora und seiner Frau im Riesengebirge, wohnten in Pec (Petzer) und machten einen Ausflug auf die Kolíner Baude. Als wir uns der Baude näherten, meldete der krächzende Lautsprecher über dem Eingangstor soeben die Rundfunknachricht, daß Sova gestorben sei. Hora erbebte, und unter seinen Brillengläsern glitzerten Tränen. Dann rezitierte er leise, quasi nur für sich, das bekannte, wunderschöne Gedicht Sovas von den Greisen, die am Feldrain sitzen. Damals huschten mir diese Verse nur so durch den Sinn. Doch heute klingen sie mir schon irgendwie «eisig».

Hora war ein Mensch vom Lande. Er erzählte gerne über das Leben auf dem Dorfe und erinnerte sich gern an Dobřín bei Raudnitz (Roudnice), an die Elbe und an die Raudnitzer Felder am Fuße des legendären Říp.

Ich pflegte öfter nach Kralupy zu fahren und betrachtete den

Říp dann von der anderen Seite. Hora hatte zwar schlanke, samtweiche Hände, doch starke Knochen wie Leute, die schwer auf dem Felde schuften. Wir prophezeiten ihm, er werde lange leben.

Zuweilen sangen uns aber auch schon die Lerchen ihr Lied:

> Die Lerche war's, die Künderin des Morgens,
> und nicht die Nachtigall!

Der bekannte Schauspieler Vladimír Šmeral berichtet in seinen Memoiren, einmal habe er mich und Hora zu später Stunde angetroffen, wie wir, zwei einsame nächtliche Pilger, in ein leises Gespräch vertieft durch die schlafenden Straßen Prags wanderten.

Heute, da ich nur noch vor seinem Grabmal auf dem Vyšehrader Ehrenfriedhof «Slavín» meditieren kann, wenn ich mit ihm Zwiesprache halte, heute will mir scheinen, daß der auf dem steinernen Sarg thronende Genius Horas Poesie mit seinem nackten Fuß noch nicht tief genug in die Erde gestampft hat. Ich bin gewiß, sie wird einst in ihrer ganzen Schönheit noch auferstehen.

Wahrlich, noch ist es nicht so schwer, sich auf den Hosenboden zu setzen und ein paar Verse zu verfassen.

Auch ein schlechter Dichter ist ein Dichter, pflegte Jindřich Hořejší zu sagen. Doch schwerer, ja wirklich schwierig ist es, Verse zu dichten, die den Menschen den Schlaf rauben. Verse, so erregend wie ein ersehnter, doch unverhoffter Kuß, Verse, brennend wie ein Wespenstich, Verse, die einem nicht aus dem Sinn gehen, mögen sie uns bezaubern, traurig stimmen, überraschen oder erfreuen.

Der Dichter muß versuchen zu erreichen, daß seine Verse den Leser nicht mehr loslassen. Daß er sie nicht vergessen kann, daß sie ihn wenigstens ein Stück weit auf seinem Lebensweg begleiten.

Noch heute höre ich Horas Stimme, obwohl die Stimme sonst meist das erste ist, das man von einem Toten vergißt.

Horas Verse ebenso wie die Verse Jan Nerudas leben im Bewußtsein vieler Menschen unseres tschechischen Landes. Hora war gut geknetet aus dem Erdreich und der Witterung seiner Heimatlandschaft. Die Zeit hat ihn gezeichnet, und auch er drückte der Zeit sichtbar seinen Stempel auf. Er ist unvergeßlich, er ist in den illustren Kreis der großen tschechischen Dichter eingegangen.

Jaroslav Vrchlický hat zu Ende seines Lebens einmal schmerzlich geklagt:

«O Musik der Verse, die ich nicht (mehr) lesen werde!»

Ja, die Verse Horas las er nicht mehr.

Eines frühen Sommerabends warteten ich und Hora auf F. X. Šalda, der im Klementinum einen Vortrag halten sollte und versprochen hatte, hinterher für einen Moment in «Herbsts Weinstube» zu kommen, die sich damals unmittelbar gegenüber einem der Eingänge ins Klementinum – an der Ecke der Karls- und der Liliengasse in der Prager Altstadt – befand. Als er erschien, nippten wir nur gesittet an unseren Gläsern. Das gebot uns der Respekt vor dem alten Herrn. Hora und Šalda duzten einander freundschaftlich. Uns duzte Šalda auch, doch nur mit dem Lächeln eines «Herrn Lehrmeisters», einem Lächeln, das man nicht überbewerten konnte und durfte. Wir siezten ihn natürlich respektvoll, halfen ihm beflissen in den Mantel und reichten ihm den Stock. War Platz genug, legte er seinen Stock auf die Tischkante, so wie die Priester in den Anfängen des Christentums ihr Schwert auf eine Seite der Epistel legten. Von Šalda dazu ermuntert, las Hora ihm Verse aus seinem in Vorbereitung befindlichen Gedichtband «Struny ve větru» (Saiten im Wind) vor; als sie später erschienen, wurden sie von Šalda recht freundlich aufgenommen.

Hatte es zehn geschlagen, setzte Šalda sich in ein Taxi, und ich und Hora kehrten, nachdem wir uns von Šalda verabschiedet hatten, zu unseren noch nicht bis zur Neige geleerten Gläsern zurück. Machte das Lokal dann zu, es geschah meist erst nach Mitternacht, schauten wir noch in die Weinstube

«U Šupů» in der Brenntegasse (Spálená ulice), wo man immer Bekannte traf. Alsdann trennten wir uns. Hora wanderte den langen Weg nach Košíře und ich über die Nationalstraße und über den Kohlmarkt heimwärts. Es war dunkel, der Mond noch nicht aufgegangen, die Luft duftete, kurz zuvor war ein leichter Schauer niedergerieselt. Durch die Einmündung mehrerer historischer Gäßchen und ein Dreieck älterer und alter Häuser samt der Kirche St. Martin in der Mauer war in alten Zeiten ein kleiner Ring entstanden, bis heute Kohlenmarkt (Uhelný trh) genannt. Es ist ein erbaulicher Ort inmitten des geschäftigsten Zentrums von Prag, wo man auch heute noch den Sinnen ein bißchen Ruhe vergönnen kann. Jahrelang wurde an diesem Ort ein Blumenmarkt abgehalten, und aus dem Fenster in einem der Häuser dort schaute einst Mozart, wenn er abends heimkam und die ihn bedrückende Perücke ablegte, auf den freundlichen Platz hinaus. Der Puder, der aus der Perücke rieselte, scheint noch heute über den Dächern zu flirren. Welch ein Blütenmeer! Welch eine Pracht! Schade, man wird's mir wohl nicht glauben, wenn ich sage: Wann immer ich an diesen Ort kam, säuselten, rauschten, perlten und sprudelten Blumen, Farben und Düfte wie das silberne Wasser einer römischen Fontäne.

Den Markt hat man schon längst aufgehoben.

Damals aber gab's dort noch Blumenstände. Als ich auf den stillen Marktplatz trat, war ich so müde, daß ich mich in eine aufgespannte Plane setzen mußte, unter der die Verkäufer über Nacht ihre zerbrechliche, duftende Ware bargen. An diesen Augenblick entsinne ich mich genau. Ich setzte mich in eine Delle in der Plane; nach dem Frühjahrsschauer war eine kleine Wasserlache dort zurückgeblieben. Ich fühlte, wie das Wasser mich kalt umfing. Kaum hatte ich mich aber dort niedergelassen, schlief ich ein – und ich schlief tief.

Nach einer Weile wachte ich auf. Zu meinem großen Erstaunen fand ich mich aber nicht auf dem Kohlenmarkt wieder, sondern saß im Baumgarten, der «Stromovka», inmitten des Rosariums auf einer Bank. Es war ein etwas kühler Junimorgen, die Uhr auf dem Turm des alten Messegeländes schlug und läutete den Morgen ein, und die Rosenknospen schickten sich schon an, sich zu öffnen. Auch Rosen müssen nachts schlafen!

Anderntags erzählte ich Hora mein Abenteuer. Er hielt sich den Bauch vor Lachen. Nezval dagegen, der alles Phantastische und Geheimnisvolle vergötterte und anbetete, versicherte mir, der Engel, der im himmlischen Orchester die Posaune bläst, habe mich in den Baumgarten geführt. Bis heute weiß ich nicht, wie dies Instrument ausschaut, doch zuweilen höre ich nachts jemanden darauf spielen.

Wunder sind zwar eine treffliche Sache, doch leider geschehen heute keine mehr, so meint zumindest Bernhard Shaw. Deshalb bleibt mir nichts anderes übrig, als zu glauben, daß es eine ganz einfache Erklärung gibt für mein seltsames Erlebnis. Ich hatte mich vermutlich im Schlaf erhoben, war quasi als Traumwandler den bekannten Weg zur Elisabethenbrücke und ans andere Moldauufer gewankt und hatte meine Wanderung im Baumgarten beendet. Wir wohnten nicht weit von dort.

Die Elisabethenbrücke hat man schon abgerissen. Sie war so schön und majestätisch! Und von ihren Türmen wehten an glorreichen Tagen rot-weiß-blaue Fahnen.

Drei Marienbader Sequenzen

I. Vormittagskonzert

Schon vor vielen Jahren, ich war noch beneidenswert jung und gesund und huschte nur hin und wieder flüchtig durch Marienbad, ließ ich es mir nie nehmen, wenigstens zwei- oder dreimal über die Promenade bei der Kreuz-Quelle (Křižový pramen) zu flanieren.

Ich erinnerte mich auch an J. W. Goethe und versuchte, diesen seltenen Kurgast samt seiner siebzehnjährigen Geliebten unter die alten Bäume zu locken. Die heutige, einmalig anmutige Kolonnade gab es damals noch nicht; vielmehr stand dort eine andere – die ursprüngliche –, doch die Bäume, in deren grünlichem Halbdunkel wir heute promenieren, waren scheint's schon da. Ja, die Wipfel dieser Bäume säuselten wohl im Wind, als das berühmte Liebespaar sich unter ihnen erging.

Goethe, damals ein weiser, interessanter und überdies auch noch schöner Mann, dem, wenn er nur wollte, vielleicht nicht sehr weise, doch sicherlich schöne Frauen zu Füßen lagen, und an seiner Seite dieses junge Fräulein, nicht besonders anmutig, will man einem Bild von ihr glauben, und auch nicht sonderlich klug und gebildet, wie die Dame es uns in ihren Briefen selbst verrät!

Wo hat er seinen Verstand gelassen, hätte meine Mama gesagt, ohne auf seine Genialität die geringste Rücksicht zu nehmen.

Ein Glück nur, daß einer der Götter dem alten Mann, nachdem der Schmerz ihm die Sprache geraubt, die Gabe verlieh, seine Klage in so schönen Versen in die Welt zu schreien. Und so ist das unselige Klebelsberger Haus, das die späte Tragödie des Dichterherzens verschuldete, durch seine herrlichen Strophen ein wenig exkulpiert.

Doch das sind schon «Banalitäten», und ich müßte mich über mich selbst wundern, daß ich noch davon rede, wollte ich – nun schon selber ein alter Mann – in diesem Zusammenhang nicht mein Eingeständnis herausschluchzen und so von dieser schönen Welt Abschied nehmen.

Die Trauer, die Goethe an der Neige seines Lebens ertragen mußte, ist gewiß auch ein wenig von Marienbad selbst verschuldet.

Wann immer ich an diesem Ort weilte und meinen Blick zu den weißen Säulen der Brunnenkolonnade schweifen ließ, mußte ich nolens volens an etwas Wunderschönes denken. An Frauen, an den Duft ihres Haars, an das Lieben, an die Liebe. Denkt von mir, was ihr wollt. Stets bin ich bezaubert und überwältigt von dem Liebreiz dieses herrlichen Kurorts. Das ist das rechte Wort: von dem zärtlich unerbittlichen und grausamen Liebreiz, der uns in seinen Bann schlägt und verwirrt. Zärtlichkeit und Lieblichkeit – sie prägen die Atmosphäre dieses anmutigen Kurbads.

Um nichts in der Welt möchte ich das makellose Andenken des Herrn Abts und seiner Mönche beflecken, die Marienbad aufbauten und von Anfang an versuchten, es mit einem Abglanz des Heiligenscheins der heiligen Jungfrau Maria zu umgeben. Heute sprechen die Leute den Namen des Bades aus und denken dabei an hundert Dinge, nur nicht an die Jungfrau Maria. Und doch ist etwas von ihrem lieblichen Bild hier haftengeblieben. Stets will mir scheinen, es wären nicht Männer, sondern Frauen gewesen, die dabei waren, als man dieses mondäne Heilbad aufbaute. Man hat das Gefühl, die Frauen hätten entschieden, wo die Heilquellen entspringen sollten, wo dies oder jenes Haus stehen, wo sich in den kommenden Jahren die prächtige, dichte Krone des Ahorns wölben würde. Ja, gerade hier sollen sich die weißen Säulen erheben, und majestätische Tannen. Rote Eiben und schwarze Kiefern.

In Marienbad herrschen zwei Farben, weiß und gelb, und beide im Grün versunken.

Die Häuser, Bäume und Gartenpfade sind hier in solch angenehmer Abfolge über die Hänge verstreut, als hätte eine weibliche Hand mit einem Spitzentaschentuch in den zarten Fingern hier das Regiment geführt. Etwas unsäglich, unaussprechlich Anmutiges ruht hier auf allem.

Zum Beispiel dieses Haus. Sähen wir es anderswo, wir würden gewiß daran vorübergehen, ohne es zu beachten. Doch hier ist es in die Atmosphäre der anderen Häuser eingesponnen und irgendwie hübsch! Ja, die ganze Anmut des mondänen Heilbads zwingt uns, einen Zauber in ihm zu suchen, den es vielleicht gar nicht hat.

Mag sein, daß ich ein wenig übertreibe, egal.

Steigt doch hier die Natur selbst, die sich in meiner Muttersprache zum weiblichen Prinzip bekennt, freiwillig von den umliegenden Hängen herab und dringt bis ins Zentrum des

Badeorts vor, dahin, wo ansonsten Gartenschere und Spaten das Regiment führen. So schlängelt sich die Natur bis zu den Fassaden mancher Häuser und wuchert hinter ihnen bis in ihre Höfe hinein. Die Eichhörnchen springen von den Zweigen der Bäume auf die Traufen. Einmal stiebitzten sie mir ein paar Schinkenscheiben, die ich vor dem Fenster aufbewahrte.

Auch die hochfliegende, fantastisch schöne und rhythmisch dahinfließende Architektur der Kolonnade, die eher an ein hohes Palmen-Glashaus mit schwebenden Orchideen erinnert, ist zu den Baumwipfeln hin offen, und ihre eisernen Klöppelspitzen verfließen in der Ferne mit dem Grün der Bäume. Und es wimmelt auf der Kolonnade von Menschen und rauscht dort wie in einer wunderschönen Riesenmuschel. Dazu noch Musik. Und in die Musik mischt sich das leise Lachen von Frauenlippen, wie wenn eine Knospe erblüht. In Marienbad, dort war ich immer glücklich.

Menschenströme branden von den Füßen der weißen Säulenreihe bis zu den Stufen der Kreuz-Quelle hin und her. Du schlürfst das kühle Wasser, kurierst viele Leiden: Störungen des Verdauungstraktes und Trauer, Gallenblasenentzündung, Gallensteine, unglückliche Liebe und Katarrhe der Atemwege. Kaum hast du einmal aus der wundersamen Quelle getrunken, schon will dir scheinen, du seist auf dem Weg der Besserung, ja Genesung. Du wandelst wieder hin und her, fängst das ganz unschuldige Lächeln eines schönen Fräuleins auf und mußt noch einmal zurückkommen, um das Lächeln zu erwidern. Das gehört hier zur Kur!

Ich schaute auch in das Goethe-Haus hinter der Kirche. Es liegt nur ein paar Schritte von der Kolonnade entfernt. Wie hat der große Dichter nur auf solch einem kleinen, schmalen Bett schlafen können?! Ähnliche Ehebettchen sah ich auch in Havlíčeks Haus auf dem Marktplatz von Havlíčkův Brod. Offensichtlich begnügten sich die Leute damals mit weniger Komfort als heute. Nicht weit von dem stillen Plätzchen, wo sich in den stillen Winkeln noch der Duft des vergangenen Jahrhunderts versteckt hält, ertrinkt man wieder im Strom der Kurgäste, die über die Kolonnade promenieren. Das Kurorchester spielt gerade Melodien aus Flotows «Martha», und der unglückliche Lyonel weint ob seiner unglücklichen Liebe. Nein, diese Oper hat Goethe noch nicht hören können. Als er hier weilte, war sie noch längst nicht komponiert. In meiner Kindheit und Jugend lebte die Oper, ein halbes Jahrhundert nach ihrer Uraufführung, noch in vollem Glanz, und ihre Melodien waren in aller Munde. Man sang sie im Nationaltheater und spielte sie auf der Drehorgel. Nun, man höre und staune: Noch heute erklingen diese lyrischen Weisen nicht selten, und die Zuhörer spenden ihnen ganz aufrichtig Applaus. Noch heute rühren ihre alten romantischen Melodien unser einsames Herz.

Ja, ich bin wirklich gerührt. Nicht so sehr von der Melodie aus «Martha», sondern von meinen Erinnerungen daran. Ich hörte diese Oper schon, als ich, noch ein Bub, zum erstenmal das Nationaltheater betrat. Zwischen diesem längst vergangenen Abend auf der Galerie und heute liegt mein ganzes Leben. Zuweilen will mir scheinen, als wäre es vorübergerauscht wie ein kalter Schauer über den Rücken. Doch ich wäre undankbar gegenüber meinem Leben. Es war mehr als genug für einen einzigen Menschen: Dummheit und Feigheit und Enttäuschungen, Schläge und Küsse, Trostlosigkeit und Hoffnung und wieder neue Hoffnungen, wenn die ersten erloschen waren. Wie viele Gesichter von Lebenden und Toten tauchen plötzlich auf im Licht meiner Erinnerung. Sie haben Einblick in mein Leben genommen – und ich in das ihre. Manche eilten weiter und kehrten nicht mehr zurück, andere blieben. Einige für alle Zeit. Dabei suche ich mich selbst zu trösten.

Doch es ist nicht aufrichtig. Den Dorn der mordenden Garotte spürt wohl jeder im Genick.

Doch singe nur, Lyonel, du romantischer Held. Noch darf ich dir lauschen!

II. Ein Gespräch auf der Terrasse

Ein heißer Septembernachmittag. Es sind noch wenig Leute auf der Kolonnade, die Musiker kommen erst später. Ich habe Durst, ich werd' mal rasch was trinken gehen, nehme ich mir entschlossen vor, da ruft jemand vor mir begeistert aus:

«Endlich haben wir dich gefunden, wir suchen dich schon seit drei Tagen.»

«Skřivánek» schoß es mir durch den Sinn. Am Vortag hatte man mir nämlich in dem Kurhaus, wo ich wohnte, ausgerichtet, ein Herr Skřivánek habe nach mir gefragt. Ein Mitschüler und Schulkamerad. Ich konnte mich nicht erinnern. Es waren doch schon fast siebzig Jahre vergangen, seit ich eine der grünen Bänke in unserer Žižkover Schule gedrückt hatte.

Ich machte eine etwas verdutzte Miene, rief aber bereitwillig:

«Du bist doch der Skřivánek!»

Wahrhaftig, er war's. Triumphierend schaute er seine Frau an.

«Siehst du, ich hab' dir doch gesagt, er wird mich auf den ersten Blick erkennen. Wir saßen zusammen in einer Bank.»

Um die Wahrheit zu sagen, in mir stieg doch die Erinnerung hoch an einen kleinen fleißigen Buben, der damals am andern Ende meiner Bank saß. Ich verkehrte wenig mit ihm. Das war alles. An mehr konnte ich mich nicht erinnern.

Die Skřiváneks schleppten mich auf die Hotelterrasse. Mein Schulfreund bestellte seiner Frau ein Vanilleeis. Ich setzte mein Glas an den Mund, und sie beugte sich über ihren Teller, der in den Farben Marienbads und des päpstlichen Staates gehalten war, dabei bot sich mir die Gelegenheit, sie eingehender zu betrachten. Sie war sehr viel jünger als ihr Mann, sah sympathisch aus und war überdies auch noch recht hübsch.

Offensichtlich teilte sie den Enthusiasmus ihres Mannes über unser Wiedersehen nicht, und das gefiel mir.

Damit sich nicht ein peinliches Schweigen ausbreitete und ich nicht viel zu reden brauchte, fragte ich ihn, was er während der vielen Jahrzehnte gemacht habe, in denen wir uns nicht gesehen hatten. Darauf hatte er nur gewartet!

«Ich bin Jurist», begann er und warf mir einen bedeutsamen Blick zu. «Doch ich muß dir alles schön von Anfang an erzählen.» Und er berichtete mir, langsam erzählend, haarklein und mit allen Details, wie seine Familie erst von Žižkov nach Pilsen umgezogen war und dann wieder nach Prag. Nach dem Jurastudium hatte ihn sein einflußreicher Vater im Büro eines großen Unternehmens, das irgendwelche Dinge fabrizierte, untergebracht. Seine Kanzlei war groß, hatte mehrere Abteilungen. So begann er seine Laufbahn.

Ich hörte nur mit einem Ohr zu und beobachtete, ihm über die Schulter schauend, lieber das rege Treiben auf der anderen Seite der Hauptstraße. Vor dem «Tepeler Haus» dehnt sich, von Sträuchern umstanden, ein verborgener kleiner Teich, auf dem sich ein Schwanenpaar und ein paar bunte Wildenten tummelten. Die Enten stürzten sich wie wild und hungrig auf die Bissen, die ihnen die Leute zuwarfen. Die Schwäne schnappten nur gemessen und mit einer gewissen Vornehmheit und Nonchalance nach den Happen. Die Brokken, die etwas weiter entfernt von ihnen landeten, beachteten sie nicht.

Mein «Schulfreund» schilderte langatmig und ausführlich die Ereignisse seines Lebens, erzählte von seinen Chefs, von seiner Karriere und von seiner Arbeit. Als er schließlich in dem Direktionsbüro in der I. Etage gelandet war, von wo er eine schöne Aussicht hatte, war er wohl fast am Zenit seines Lebens angelangt. Er wurde Abteilungsleiter; ein Hausdiener wechselte täglich das Wasser in der Blumenvase auf seinem Schreibtisch.

Von der Hotelterrasse aus konnte ich die Gesichter der Leute noch gut beobachten. Alle hatten ihre «Kur-Sorgen», und die sind meist eher angenehm, wie es schon so zu gehen pflegt, wenn man einen Haufen Leute um sich hat, die sich um einen kümmern. Von Zeit zu Zeit ruhte mein Auge auf dem Antlitz meiner schweigsamen Nachbarin. Gleichgültig hörte sie zu.

Anscheinend kannte sie die Lebensgeschichte ihres Mannes schon auswendig.

Auch ich hörte nur mit einem Ohr zu, trotzdem erfuhr ich von seinen Schwierigkeiten, als die Deutschen uns okkupierten. Er wurde abgesetzt, und seinen Stuhl nahm nun eine dicke, bebrillte Deutsche ein. Er mußte wieder in das dunkle Büro im Parterre zurück, aus dem man nur auf den finstren Hof hinaussah. Ein Glück, daß er so gut deutsch sprach. Hin und wieder ließen ihn die deutschen Bosse rufen, damit er ihnen verschiedenes erklärte. Doch für seine Karriere bedeutete es gar nichts mehr.

Wie der Wind so über die Dächer des «Tepler Hauses» strich, trug er hin und wieder Musikfetzen von der Kolonnade an mein Ohr. Es war, als bisse man ab und zu in einen rosa Bausch aus Zuckerwatte.

Nach dem Krieg fiel dem lieben Skřivánek freilich ein Stein vom Herzen. Nun ja, nicht nur ihm. Kehrte er doch, wenn auch leider nicht für lange, auf seinen Direktionsstuhl zurück, schaute wieder aus dem Fenster auf den Fluß hinaus, und offensichtlich pflegte der Kanzleidiener wieder seine Pflanzen.

Mein Freund machte eine Pause, um sich nach dem Ober umzuschauen, und bestellte sich einen Mocca. In diesem flüchtigen Augenblick streichelte ich leicht die Hand seiner Frau, die sie in den Schoß gelegt hatte. Das ist in Marienbad ja nicht verboten. Zuerst hatte ich ein bißchen Angst. Meine Nachbarin errötete, doch gleich darauf huschte ein leichtes Lächeln über ihre Lippen, und sie schaute mir tief in die Augen.

Wir hatten bezahlt, hatten uns auch schon erhoben, da wandte sich Skřivánek nur so nebenbei an mich.

«Und was hast eigentlich *du* in all den Jahren erlebt?»

«Um die Wahrheit zu sagen – eigentlich nichts!» erwiderte ich.

«Nichts, hab's mir doch gedacht!» Und er schaute mich höchst befriedigt an.

Ich kann mich wirklich nicht mehr erinnern, wo ich die Schuh' des Fräulein Ulrike von Levetzow sah. Ich glaube, in Ellbogen bei Karlsbad war's, im dortigen Museum. Diese Mädchenschuhe von der Marienbader Kolonnade, nach so langer Zeit schon unansehnlich geworden und verkalkt, sollen die sein, denen der verliebte Goethe einst entgegeneilte. Die Leute, die sie aufbewahren und ausstellen, möchten jedenfalls, daß man glaubt, es sei so gewesen.

Na schön, von mir aus! Nach dem Abschied von Ulrike hat Goethe noch ein paar Jährchen gelebt. Ulrike vermählte sich nie. Sie blieb bis an ihr Lebensende allein und ledig. Vermutlich hätschelte sie ihr – nicht gerade kurzes – Leben lang die Erinnerung an Marienbad.

Ihre kurze Liebesromanze heiligte auch die Gefilde am Rande des Kaiserwaldes, wo die Hirsche seitdem schon unzählige Male in ihre Liebesfanfaren stießen.

Goethes «Marienbader Elegie» las ich zwar stets mit Interesse, doch ohne tieferes Mitgefühl. Lange konnte ich sein spätes Entflammen nicht verstehen. Viele Jahre mußten vergehen, vielleicht fünfzehn oder auch mehr, ehe ich ihn begriff.

Heuer werde ich so alt wie Goethe, als er sich glühend in Ulrike verliebte. Heute weiß ich's: Wenn der Mensch sich entschließt, mit allen Albernheiten für immer Schluß zu machen, mit jeglichem Sich-Sehnen und allerlei Torheiten, die der Jugend so gut anstehen, beginnt er wirklich alt zu werden. Ja, an dem Tag, da er der Zahl seiner Jahre freiwillig Tribut zollt und beginnt, seine Vernunft zu Rate zu ziehn, gibt er alles auf in diesem Jammertal. Nun lächle ich nicht mehr heimlich über Goethes große und schöne Liebe.

Der Hohenmauther Musiker F. J. Böhm – man titulierte ihn «Herr Direktor» – war der letzte Schüler des berühmten Antonín Dvořák. Er war blind, als Erwachsener erblindet, gab aber weiterhin Klavierunterricht. In seinem gemütlichen Haushalt lernte ich auch Noëmi Jirečkova kennen, die Tochter von Hermengild Jireček, einem nicht gerade fortschrittlichen Historiker der zweiten Hälfte des vorigen Jahrhunderts.

Noëmi war, als ich sie zum erstenmal sah, schon achtzig, und nur wenige ihrer Hohenmauther Mitbürger wußten, daß diese unscheinbare und unauffällige Greisin einst eine hervorragende Klaviervirtuosin gewesen war und ein unruhiges, aber glanzvolles Leben, reich an Erfolgen auf dem Konzertpodium, hinter sich hatte. Bei unserer ersten Begegnung spielte sie uns nebst Debussys «Versunkenen Kathedralen» auch die Mondscheinsonate vor. Sie betete Beethoven an und war eine der getreuesten Interpreten seiner Klavierkompositionen.

Bei weiteren Zusammenkünften baten wir sie immer wieder, sie möge uns diese Sonate noch einmal vortragen. Bereitwillig erfüllte sie stets unseren Wunsch. Sie spielte die «Mondscheinsonate» gern. Das berühmte Klavierstück hatte sie einst in den glücklichen Stunden ihres Lebens begleitet. Sie gestand es mir einmal: Sie liebte diese Sonate, pflegte sich aber, hatte sie sie uns vorgespielt, stets bei uns zu entschuldigen. Sie sei schon alt, und so manche Note fiele ihr unter das Piano. Ihre Finger, von denen man einst schrieb, sie wären blitzflink, waren von Alter und Rheumatismus ein bißchen steif geworden. Sie spielte jedoch mit aufrichtiger Innigkeit, begeistert und andächtig.

Der leutselige und freundliche Architekt Jaroslav Hošek war es, der hier das Licht der Welt erblickt hatte, der mir das altertümliche Tor von Hohenmauth auftat. Die Ereignisse des Jahres 1948 hatten ihn der Sorgen um das väterliche Unternehmen enthoben, und so hatte er Zeit genug und zugleich auch die Lust und die Fähigkeit dazu, sich um das Kulturleben seiner Vaterstadt zu kümmern. Er machte mich nicht nur mit Frau Noëmi bekannt, die er, wenn sie sich nicht wohl fühlte, rührend umsorgte, sondern veranstaltete zusammen mit den dortigen Gymnasiasten auch einen «Seifert»-Abend im Stadttheater, zu dem er mich nach Hohenmauth einlud.

Der Abend war recht gelungen. Die «Studenten», wie man bei uns auch die Oberschüler nennt, spielten und rezitierten mit Bravour, und obwohl das Abitur vor der Tür stand, waren auch die Oberprimaner sorglos und vergnügt.

An diesem Abend lernte ich auch eine attraktive und anmutige Schülerin, Fräulein K., kennen. Ach ja! Alle Mädchen dort waren hübsch, sonst täte ich ihnen Unrecht! Doch diese bezauberte mich, als sie auftrat, vom ersten Moment an. Sie hatte wunderschöne Augen. Ich war überzeugt, es wären die schönsten Augen im ganzen Königreich Böhmen. So liebreizend strahlten sie!

Über die Begegnung mit diesem lieben Geschöpf schrieb ich ein längeres Gedicht, wenn man so etwas schon so nennen mag. In Wirklichkeit war es eher ein Feuilleton in Versen. Hošek gab diese «Romance o mládí» (Romanze von der Jugend) dann als Privatdruck heraus.

Ich weiß, es ist nicht besonders geschmackvoll, wenn man sich selbst zitiert. Ich tue das sonst auch nie. Doch diesmal drängen sich mir die Verse von selber auf. In Prosa verstünde ich wohl nicht, es so auszudrücken:

Ach Gott, die Jugend! Diese Zärtlichkeit
des Runds, das mit der Oberfläche Kleid
Geheimnisse umschließt, die dauern sollen,
und die die Mädchen noch nicht wecken wollen.
Und dann die Augen! Diese Augen dann,
wenn sie sich öffnen in der Farbe Schein,
die keine Träne je verwässern kann,
sie leuchten beide wie ein Edelstein.

Dabei war ich mir der Tatsache wohl bewußt, daß ich in den nächsten Tagen vielleicht beim Abitur meiner Muse in der Prüfungskommission sitzen konnte, sogar als einer der älteren «Professoren». Doch wenn ich mich heute an jene Zeiten erinner, denke ich daran als an sorglose Jahre, da das Alter noch in weiter Ferne lag. Ach, ja!

Das Mädchen heiratete bald nach ihrem Abitur. Doch wir korrespondieren noch heute miteinander. Sie hat zwei prächtige Buben, der Ältere geht schon bald in die Tanzschule, aber ihre Augen sind noch immer voller Glanz. Und diese Zeilen schreibe ich in den Tagen, da die Leute von Hohenmauth den hundertsten Geburtstag von Noëmi Jirečková feiern, den sie freilich nicht mehr erlebte; im Jahre 1964 ist sie neunzigjährig gestorben. So könnt ihr's euch ausrechnen:

Es sind just zwanzig Jahre her, daß ich in Hohenmauth rubinroten Wein aus Kristallglas trank.

Noëmi begegnete ich bald nachdem der Hohenmauther Primarius – wie man bei uns die Chefärzte nennt – sie aus seiner Pflege entlassen hatte. Er war es gewesen, der ihr nicht nur geholfen hatte, eine arge Gesundheitskrise zu überwinden, sondern der sie auch nach vielen, vielen Jahren wieder dazu brachte, Klavier zu spielen. In dem Spital, das Dr. David leitete, gab's nämlich ein Piano. Kaum hatte sie sich daran gesetzt, sah man, wie sie auch seelisch schnell wieder genas. Seit jenen Tagen pflegte sie manchmal wieder zu spielen.

Einmal besuchte ich den Herrn Primarius auch, weil er mit einer Bekannten meiner Frau aus Gitschin (Jičín) verheiratet war. Beim Herrn Primarius dienten noch Nonnen im Krankenhaus. Es waren Schwestern, die nach dem Jahre 1948 ihre Wirkungsstätten hatten verlassen müssen und nach Hohenmauth quasi verbannt worden waren. Gehorsam gingen sie, wohin man sie schickte, und vertauschten, ebenso gehorsam, ihre Lehrbücher mit Nachtschüsseln. Sie waren mit mir ein bißchen intim. Es waren nämlich ehemalige Schulschwestern aus Břevnov, wo auch ich wohnte. Auch Vítězslav Nezval sah aus dem Fenster seiner Wohnung in ihren Garten auf der

Kajetánka hinaus. Zuweilen hatte er mir von ihnen erzählt und erwähnte sie, falls ich nicht irre, auch in seinen Gedichten oder in seinen Memoiren.

Unter den Nonnen war auch eine blutjunge Schwester. Sie hielt sich im Hintergrund, und ihre Haube überschattete ihr Antlitz. Vergebens! Sie war überaus anmutig und wurde Humilitas gerufen. Ihre Oberin ließ sie offensichtlich nicht aus den Augen. Sie wußte warum. Die schwedische Schriftstellerin Sigrid Undset klagt in einem ihrer Romane darüber, daß die Eltern immer nur ihre nicht gerade gelungenen Töchter ins Kloster schickten. Diese war entschieden keine davon.

Potztausend! Daß ich nicht fluche! Auf der Stelle könnt' ich mich in sie verlieben. Es wär' ein wunderbares mittelalterliches Mirakel! Der Herr Primarius würde nichts merken, und im Hohenmauther Hospital würden Lilien blühen.

Doch auch diese Episode nahm ein glückliches Ende: Ich sah die schöne Nonne nie wieder.

Von allen Frauen, mit denen ich in Hohenmauth verkehrte, bezauberte mich Noëmi Jirečková am meisten. Noch wand sich um ihr Haupt ein unsichtbarer Lorbeerkranz des Ruhms, und auf ihrem alten faltigen Gesicht gewahrte ich den Abglanz ihrer einstigen Schönheit. Doch auch, wenn dem nicht so gewesen wäre, sie zog mich in anderer Hinsicht an! Sie war die letzte Liebe des berühmten tschechischen Dichters Jaroslav Vrchlický, seine letzte, doch leider auch unglückliche Liebe, wie ich ihren Erzählungen bald entnahm. Der Liebesschein der Mondscheinsonate fiel nicht mehr auf seine alte Stirn.

Noëmi lud mich und Hošek in die alte Villa ein, wo sie mit ihrer kranken Schwester lebte.

Schon allein der Weg bis an den Rand von Hohenmauth, an einem verödeten Dorf vorbei, ließ uns die ganze Bürde der Zeit erahnen. Auch Karel Havlíček-Borovský war diesen Weg einst gewandert, als er einmal Hermenegild Jireček besuchte. Knorrige Reste von verkrümmten Rebstöcken, tot oder sterbend, riefen schon selbst nach ihrem eigenen endgültigen Untergang. Ebenso schien auch die Villa der Jirečeks, einst einer ganz gut betuchten Familie, samt ihren beiden Bewohnerinnen in ihrer Trauer und Stille allmählich nach dem Tod zu rufen.

Trat ich in die muffige Atmosphäre, die dort aus der ersten Hälfte unseres Jahrhunderts hängengeblieben zu sein schien, konnte ich nicht umhin, an Hrubíns Gedicht «Úpění rozpadávajících se věcí» (Das Stöhnen der zerfallenden Dinge) zu denken! Zwischen den alten, verblichenen Möbeln, dem aus dem Leim gegangenen und bereits stummen Klavier und allerlei einfach unbegreiflichem Kram lebten zwei gebeugte Greisinnen, von denen nur eine leuchtende Augen bekam, wenn wir sie anbettelten, uns aus ihrem Leben zu erzählen. Wie traurig muß das Alter sein, wenn alle Bekannten, Freunde und Feinde die Welt schon verlassen haben, tot sind und der Mensch hinieden allein bleibt mit einem kranken und verkrümmten Leib, so krumm wie die Äste der alten Reben. In der Villa war es bedrückend. Doch zu der Zeit, als wir zu Noëmi kamen, hatten auf Hošeks Alarmruf hin gewisse Leute schon dafür gesorgt, daß der damalige Kulturminister von Noëmis Not erfuhr und ihr eine kleine Pension aussetzte, die wenigstens Hunger und Kälte aus den verstaubten Winkeln vertrieb, wenn sie auch die Schatten der Einsamkeit, des Alters und des Siechtums nicht bannen konnte. Noch kurz zuvor pflegte Hošek oft mit einer Blechkanne voll Suppe und einem Happen Essen bei den alten Damen hereinzuschauen, da diese sich – schon ein bißchen kauzig – auch in prekärster Lage nicht entschließen konnten oder wollten, von einem Teil ihres Familienschmucks Abschied zu nehmen, wovon sie nicht wenig hatten und den sie sorgsam hüteten. Weder von ihren Ringen, noch von ihrer goldenen Kette, an der ein Ritterkreuz hing, mochten sie sich trennen. Sie hätten es als eine Sünde und eine Entehrung dieser Andenken betrachtet.

Noëmi Jirečková, über unseren Besuch erfreut, empfing uns liebenswürdig und mit freundschaftlicher Leutseligkeit.

Es gab nicht viele, die in guter Absicht und mit offenem Herzen zu ihr kamen und nach jenen fragten, die in verflossenen Zeiten durch ihr Leben gegangen waren, um es mit Freude und Lächeln, doch auch mit Trauer und Tränen zu erfüllen. Was hat man schon von traurigen Selbstgesprächen?

Sie war gerade achtzig Jahre alt geworden. In das Knäuel eines fadenscheinigen, von silbernen Litzen durchwirkten Schals gehüllt, erzählte sie uns aus ihrem Leben.

Schon früher einmal hatte sie Hošek gegenüber geseufzt: «Die Leute neideten mir, daß ich brillierte. Doch keiner ahnte, mit welchen Opfern es erkauft war.» Sie erzählte uns von der Jugend eines jungen Mädchens aus nicht eben reicher, doch recht vermögender Familie. Ihr Vater war Erzieher des österreichischen Kronprinzen Rudolf gewesen und hatte, trotz seines aufrichtigen Tschechentums, dem Habsburger-Thron sein Lebtag die Treue bewahrt. Darin stand er im Gegensatz zu Karel Havlíček-Borovský. Noëmi erlebte die Jugend eines Wunderkinds, dessen Talent zum Klavierspielen ihre Eltern schon bald erahnten. Und so pflegte sie, statt die Freuden zu genießen, die anderen Kindern in ihrem Alter vergönnt sind, täglich mehrere Stunden am Klavier zu sitzen. Sie spielte gern und fleißig, wenn nicht gerade eine der Krankheiten ihr Spiel unterbrach, von denen sie häufig und zuweilen auch recht schwer heimgesucht wurde, so daß der Deckel des Pianos geschlossen bleiben mußte. Die Namen der Wiener Musikpädagogen, die sie ausbildeten, sagen uns wohl heut nicht mehr viel. Ihre musikalische Ausbildung vollendete sie aber bei dem Weimarer Professor Bernard Stavenhagen, einem Schüler Liszts; bei ihm lernte sie auch den Virtuosen Eduard Riesler kennen, der schon damals einen klangvollen Namen besaß. Die schönste Zeit ihres Lebens lag aber noch vor ihr, und die kam, als sie die Bekanntschaft des berühmten Geigenvirtuosen František Ondříček machte. Die Bewunderung und Hochachtung, die sie für seine Person und seine Kunst empfand, verwandelte sich bald in eine vertrauliche und zärtliche Freundschaft. Leider endete sie an der Neige des vorigen Jahrhunderts damit, daß die Liebenden sich trennten; doch diese Beziehung zeichnete Noëmi für ihr ganzes Leben. Mit Ondříček gab sie damals an vielen Orten unseres Landes herrliche Konzerte.

«Griegs Sonate in c-moll hat bisher niemand auf der Welt so gespielt wie Sie», sagte Ondříček einmal zu ihr.

Später eilte sie von Erfolg zu Erfolg. Sie spielte mit der Tschechischen Philharmonie, wurde mit Antonín Dvořák und J. B. Foerster bekannt. Beide bewunderten ihre Kunst. Dann lernt sie in einer Gesellschaft den Dichter Jaroslav Vrchlický kennen. Auch hier wird aus Freundschaft und Sympathie bald Liebe. Doch leider verliebt sich nur Vrchlický in sie, überhäuft sie plötzlich mit Briefen, reist ihr nach Opatija (Abbazia) nach. Doch Noëmi erhört Vrchlický nicht. Wie sie mir gestand, blieb sie ihrem Ondříček treu. Vrchlický kehrt, schon ernstlich krank, heim und stirbt im folgenden Jahr kläglich in Domažlice.

Noëmi widmete mir ein verblichenes Photo, auf dem sie mit Vrchlický verewigt ist. Das Antlitz des Dichters ist schon merklich vom nahen Tod gezeichnet. Ich fragte sie auch nach Vrchlickýs Briefen. Noëmi sagte mir, sie habe sie gleich nach Vrchlickýs Tod verbrannt. Wir konnten es ihr glauben. Sie war in einem Alter, da der Mensch nicht mehr lügt. Später sandte sie mir durch Hošek zwei Briefe des Dichters – aus früherer Zeit. Beide sind herzlich, aber nur konventionell.

Noëmi ist fast neunzigjährig aus der Welt gegangen. Ein Jahr später starb auch ihre Schwester. Sie war zuletzt nicht mehr ganz klar im Kopf.

Bald nach dem Tod der Schwester wurde die Villa der Jirečeks ausgeraubt, und alle Familienjuwelen wurden gestohlen. Die schimmligen und modrigen Bücher wurden von den Einbrechern auf dem Boden verstreut. Auch Teile des ungeordneten Archivs verschwanden. Sogar Noëmis kostbares Konzertbuch, von dessen Existenz man wußte. Vergebens forschte Hošek im örtlichen Museum nach ihm, wo ihr Nachlaß aufbewahrt wurde. Der Dieb wurde nie ermittelt.

Die Fenster der Villa hatte man bei dem Raub herausgebrochen und ein Loch in das Dach gebohrt.

Russische Blinis

Zuerst muß ich euch gestehen – ich bin eigentlich ein Sybarit. Ich esse gern, und zwar mit Riesenappetit. Ich gesteh's bereitwillig, es ist wohl nicht so schlimm. Ein Feinschmecker bin ich beileibe nicht, das nicht! Ich esse alles, betrachte aber nur Fleisch als «echte Speise» und verabscheue von Herzen gedünstete Möhren. Um Gottes willen, erinnert mich hier nicht an die Konzentrationslager. Den Geschmack und Duft von Speisen, ob von berühmten Männern in hohen weißen Kochmützen zubereitet oder von der Mutter oder der eigenen Frau daheim, vergesse ich aber meist. So wie die Weisen von Liedern, die ich nur einmal vernahm. Vergebens versuche ich, sie mir im Geiste wieder vorzustellen, vergebens sucht meine Zunge sich zu erinnern – und zwingt dazu, nervös, auch die vergeßlichen Lippen. Schade!

Doch an eine Speise erinnere ich mich lebhaft, und ihr Geschmack liegt mir auf der Zunge, wann immer es mir beliebt. Vermutlich weil es ein Gericht ist, daß mir ungewöhnlich mundet und weil sich daran eine stürmische Episode (aus meinem Leben) knüpft; und die ist mit der Erinnerung an einen hervorragenden Mann verbunden.

Dieses Gericht sind russische Blinis, und der Mann ist der berühmte Slawist Roman Jakobson; die Geschichte will ich euch jetzt erzählen.

Habt ihr schon mal russische Blinis versucht? Nein? Egal – ich verrat' euch das Rezept. Es ist ganz einfach, wenn auch nicht gerade billig. Doch schließlich und endlich kann man zur Not auf den Kaviar verzichten.

Blinis oder Plinzen ähneln eigentlich unseren böhmischen Liwanzen. In Rußland bäckt man sie aber aus Gerstenmehl, ungesalzen und tellergroß. Nach dem Backen schichtet man die Blinis übereinander, damit sie lange warm bleiben. Das ist alles. Und hat man ihrer schon genug gebacken, machen wir uns gleich daran, sie zu verschmausen. Doch, obacht, nun kommt das Wichtigste. Haben wir uns einen Blini auf den Teller gelegt, tüpfeln wir als Garnitur ein bißchen Kaviar drauf, ein Scheibchen Räucherlachs, ein Häppchen Matjes in Öl, ein Sardellenauge, eine entsteinte Olive, ein paar Stückchen «Kapija» oder eine andere Ingredienz dieser (Ton-)Art. Das wikkelt man alles in den Blini ein und übergießt ihn mit zerlassener Butter und dicker süßer Sahne.

Kosten wir dann davon, so jubeln alle Geschmackszellen in unserem Mund. Und du läßt sie jubeln, bis du nicht mindestens fünf von diesen delikaten Blinis verdrückt hast. Beim ersten Mal verputzte ich an die sieben, doch das ist zuviel!

Blinis schreien geradezu nach Wodka. Sträubt euch nicht dagegen, ihr wärt euer eigener Feind. In gewissen Momenten will einem scheinen, als wären die Blinis erfunden worden, damit man sie mit reichlich Wodka begießen kann. Jeder Blintschik verlangt, und zwar recht drängend und streng, daß man ihn gleich mit einer Stupotschka, einem Stamperl Wodka, hinunterspüle. Doch lieber noch einen «Stakan», mit zweihundert Gramm ..., wohl bekomm's!

Ich nehme an, ich hab' euch nun, was Blinis sind und auch ihre Zubereitung ausführlich und verständlich genug erklärt, doch wie Roman Jakobson nach Prag kam, weiß ich so genau nicht mehr. Ich vermute, er ist mit der ersten sowjetischen diplomatischen Mission nach Prag gekommen, die sich nach ihrer Ankunft in der alten Villa «Theresa» auf dem Žižkov einquartierte, an der Markscheide zwischen dem Paradiesgarten (Rajská zahrada) und dem Rieger-Park (Riegrovi sady). Bei einem der ersten Empfänge, wie die Mission sie von Zeit zu Zeit gab, sah ich Jakobsons sympathisches Gesicht wohl zum ersten Mal. Die – nur aus festlichem Anlaß – veranstalteten, großen Empfänge in der Villa «Theresa», das waren wirklich nicht nur Tische voll edler und exotischer Speisen! Doch ich kann nicht anders, als mich an die Schüsseln mit Bergen zartrosa Schinkens zu erinnern, die zumeist den Tisch dominierten, an die sattrosa Waben von Räucherlachs, an die freundlichen Fäßchen voll Kaviar, an die Platten mit diversen Fischen, bunt wie frisch geschnittene Blumen, Hügel verschiedener exotischer Früchte, darunter Riesentrauben, die man «Damenfinger» nennt, weil ihre Kerne auffällig länglich sind. Doch vor allem traf man dort eine Menge netter, angenehmer und interessanter Leute, unter denen die blendende Persönlichkeit des charmanten, charismatischen Gesandten Antonow-Owssejenko herausragte, den wir gleich ins Herz schlossen. Auch Roman Jakobson war da. Er kam zu uns und gleich wie ein Freund. Und auch wir nahmen ihn – auf den ersten Blick – in unseren Freundeskreis auf, als einen der Unsern.

Er war nur ein paar Jahre älter als wir und hatte seine eigene, besondere Art, unser Herz zu gewinnen und sich bei uns beliebt zu machen. Er war still und unprätentiös freundlich, ja herzlich. Der Ernst, mit dem er sich uns vorstellte, wich bald hundertfachem Lächeln. Auffällig an ihm war auch sein Blick ... Er war sozusagen ein wenig «indirekt». Ich glaube, es war durch die Hornhaut seines linken Auges bedingt, die ein wenig «verrutscht» schien. Er schaute dir ins Gesicht und sprach mit dir, doch mit ein wenig abgewandtem Kopf, so daß du meintest, er schaue an dir vorbei und rede mit jemand anderem. Doch das störte ihn offensichtlich nicht im geringsten, uns freilich noch weniger.

Nach ein paar Tagen hockte er mit uns im Café, als wäre er dort schon jahrelang Stammgast. Dort saßen viele ferne Dichter und Maler mit uns am Marmortisch, die wir im Geiste durch unsere endlosen Debatten und Kontroversen «angelockt» hatten. Am häufigsten freilich Apollinaire mit verbundenem Kopf, wie Picasso ihn gezeichnet hat. Und es saßen bei uns auch der unfeierlich lärmende Majakowski und der geheimnisvolle und bewundernswerte Chlebnikow, den Jakobson besonders liebte und über den er sogar ein Buch schrieb. Jakobson konnte sich bei uns überall mühelos verständigen. Er sprach schon bald gut Tschechisch. Er erlernte es in drei Wochen.

Als ich Roman Jakobson zum zweiten- oder zum drittenmal traf, zog er das Original von Blocks Poem «Die Zwölf» aus der

Tasche und schlug mir vor, es zu übersetzen. Er diktierte mir dann einen Vers nach dem andern, und ich übertrug seinen Text sogleich in schlechte Verse. Ich muß gestehen, daß mich das Gedicht, als ich es zum erstenmal hörte, nicht besonders fesselte, doch in der Sowjetunion maß man ihm damals außerordentliche Bedeutung bei. Ich übersetzte es ziemlich kunstlos und holprig dazu. Später gab der Verleger Antonín Bouček meine Übersetzung in seiner Edition «Aktuality a kuriozity» (Aktualitäten und Kuriositäten) heraus. Ein Separatdruck meiner Nachdichtung geistert noch immer in meiner Bibliothek herum. Nach kurzer Zeit inszenierte Jindřich Honzl «meine» «Zwölf» auf der Bühne des ehemaligen Prager «Švanda»-Theaters. Damals passierte etwas, worüber Jakobson noch dreißig oder mehr Jahre später lachte, als er mich in Prag besuchte. In dem Gedicht gibt es eine Stelle, wo die Dirnen auf der Gasse den vorüberflanierenden Männern ihre abendlichen erotischen Offerten zuraunen. Dank meiner miserablen Übersetzung verstand Honzl diese Verse nicht und legte sie einem Rotarmisten in den Mund, der mit Flinte und Bajonett und in einem alten russischen Helm dort Wache schob. Zum Glück hat es keiner gemerkt. Den unglückseligen Soldaten spielte der künftige Buchverleger Jan Fromek.

Dieses Histörchen habe ich aber nur mit Kreide an die Wandtafel gemalt. Bitte, Schwamm drüber! Jindřich Honzl war ein trefflicher Mann und ein ausgezeichneter Theatermacher.

In der «Národní kavárna», im Café «National», wohin wir nach einiger Zeit aus dem Café «Slavia» übergesiedelt waren, pflegten wir Roman als seltenen Gast zu begrüßen.

Er besuchte das Café nicht so oft wie wir. Wir waren dort nämlich tagtägliche Gäste. Jakobson rezitierte uns gern Verse verschiedener Dichter. Über dem Marmortischchen dröhnten Trommelschläge, wenn er die revolutionären Verse Majakowskis skandierte. Und noch bevor uns aus Moskau gesandte Bücher sowjetischer Dichter erreichten, lernten wir durch Roman auch Jesenin kennen, seine Gedichte, zuweilen leise und wehmütig wie fallendes Birkenlaub im Herbst, dann wieder bitter wie das harsch gewordene Schwarzbrot der Revolution, und auch die Gedichte Boris Pasternaks, von denen viele noch schöner sind als die Verse Puschkins.

Ebenso rasch wie er sich die tschechische Sprache aneignete, wurde Jakobson auch mit den Problemen des tschechischen Verses vertraut. Natürlich bot es sich für ihn an, den tschechischen Vers mit dem russischen zu vergleichen, und schon 1926 gab er bei Fromek ein Buch über den tschechischen Vers heraus. Als der hervorragende tschechische Linguist Vilém Mathesius den «Prazšký lingvisticky kroužek» (Prager linguistischer Zirkel) gründete, eine Vereinigung, die sich in der Welt einen guten Ruf erwarb, der noch heute besteht, gehörte Jakobson zu seinen ersten Mitgliedern und wurde zweiter Vorsitzender. Ich glaube, ich tue den übrigen Mitgliedern nicht weh, wenn ich Jakobson bescheinige, sich bahnbrechend und initiativ für die Belange des Vereins eingesetzt zu haben. Jakobson gestattete den Leuten um ihn nie, die Hände in den Schoß zu legen, und er selbst engagierte sich, ohne lange zu zögern, bei der Lösung aller auftauchenden Probleme. Er tat dies auch noch, nachdem er sein mit fleißiger Arbeit erfülltes, aber bohemienhaft unstetes Leben in Prag mit einem Lehrstuhl an der Brünner Universität vertauscht hatte. Jakobson eröffnete der tschechischen Literaturwissenschaft eine die Dinge durchdringende analytische Methode zur Untersuchung und Erforschung des Verses. Sein Verfahren unterschied sich diametral von den in der schwankenden Praxis angewandten Methoden und trug dazu bei, die tschechische Sprach- und Literaturkritik auf ein festeres Fundament zu stellen. Es war ein Meilenstein, von dem man die Anwendung fundierter ästhetischer Kriterien verzeichnen kann, eine größere Aufmerksamkeit für die Problematik des sprachlichen Aufbaus eines Werks, seinen Stil, seine Wirkung in der Zeit und im gesellschaftlichen Geschehen.

Was hat dieser Mensch in den paar Jahren, da er in unserem Lande wirkte, alles geschaffen und uns hinterlassen! Er lehrte uns, literarische Altertümer als echte Kunstwerke zu betrachten, und entdeckte in alten tschechischen Liedern Spuren der alten slawisch-religiösen und kirchlichen Kultur.

Doch ich schlittre hier auf dünnem Eis! Auf die Fachleute wartet noch die Aufgabe, das wissenschaftliche Werk, das Jakobson bei uns zulande schuf, eingehend zu würdigen. Es wird ein reichhaltiges und herrliches Kapitel der tschechischen Literaturgeschichte sein. An mir ist es, vor allem an die flüchtigen und doch so schönen Stunden mit ihm zu erinnern.

Solange Jakobson in Prag lebte, hinderte ihn auch die intensivste wissenschaftliche Arbeit nicht daran, sich von Zeit zu Zeit mit uns zu einem Glas Wein zusammenzusetzen. Und er leerte nicht nur eines. Wenn viele von uns schon vor der Müdigkeit und der späten Nacht kapitulierten, blieb er frisch und munter und war ebenso temperamentvoll wie in dem Augenblick, da er ins Lokal getreten war. Keiner konnte ihn unterkriegen, nichts ihn überwinden.

Auch darin war er unübertrefflich. Er konnte trinken – ich beneidete ihn darum.

Bei einem unserer Besuche bei Vladislav Vančura in Zbraslav (Königssaal) wettete er mit einem der Anwesenden, er könne auf einen Sitz eine Flasche Wodka leeren. Er trank sie aus und gewann die Wette. Es war fast eine kleine Zeremonie. Jakobson legte die volle Flasche auf den Tischrand, kniete neben dem Tisch nieder, entkorkte die Flasche und setzte sie an den Mund. Dann verschränkte er die Hände über dem Rücken und trank die ganze Flasche langsam und in langen Zügen wirklich bis zur Neige leer. Nun erhob er sich und ging fort. Nach einer geraumen Weile machte man sich auf die Suche nach ihm – vergebens. Nach etwa einer Stunde erschien er wieder in der Gesellschaft, frisch und munter und scheinbar nüchtern. Erst später gestand er uns, er habe in einem Bett, das im Nebenzimmer stand, seinen Rausch ausgeschlafen. Man hatte ihn auch dort vergeblich gesucht, denn er war so behutsam unter das Oberbett gekrochen, daß die Kissen und Federbetten nicht verrutscht waren. Von oben konnte man an dem gemachten Bett nicht einmal eine Falte erkennen.

Während des Zweiten Weltkriegs lebte Jakobson, soweit ich mich entsinne, zuerst in den skandinavischen Ländern, zog aber bald nach Amerika. In den USA erreichte sein sprachwissenschaftliches Werk den Zenit, insbesondere da es ihm gelang, die Anregungen der modernen Informationstheorie und ihrer theoretischen Grundlagen für seine Arbeit zu nutzen. Seine philologischen Arbeiten wurden von Fachleuten auf der ganzen Welt hochgeschätzt.

Während des Krieges und in all den Jahren seines Lebens in den USA war Jakobson ein eifriger Propagandist der tschechischen Kunst und vor allem der tschechischen Literatur – und ist es bis heute geblieben. Er machte schon allein dadurch auf die tschechische (und auch slowakische) Literatur aufmerksam, daß er in einer Reihe seiner wissenschaftlichen Werke Übersetzungen aus Werken tschechischer und slowakischer Autoren zitierte; so mancher ausländische Wissenschaftler lernte so zum erstenmal unsere Literatur kennen. Sein umfangreiches wissenschaftliches Werk enthält nicht nur bemerkenswerte Entdeckungen auf dem Gebiet der Sprachwissenschaft, Semantik, Poetik und der Literaturwissenschaft, sondern hat auch andere Disziplinen der Wissenschaft bedeutsam beeinflußt.

Besonders die Ethnologie schöpft aus diesen Erkenntnissen Jakobsons. In den Vereinigten Staaten wurde Jakobson jedoch Opfer eines schrecklichen, ja gräßlichen Unfalls. Er wollte gerade das dicke Manuskript seines neuen Buches zu seinem Verleger bringen, als ihn ein Auto überfuhr. Er fiel zwar mit dem Kopf auf das Manuskript, was ihm vermutlich das Leben rettete, doch die Räder des Wagens zermalmten seine beiden Beine. Doch Roman erzählt die Geschichte seines Unfalls mit Humor. Als ein anderer Autofahrer den Schwerverletzten auf der Straße liegen sah, eilte er ihm zur Hilfe. Er zog eine Reiseflasche voll Whisky aus der Tasche und gab Roman zu trinken.

«Was sind Sie?» fragte der besorgte Fahrer den Verletzten.

«Ein Russe», erwiderte Jakobson.

«Ein Russe? Na, dann saufen Sie man weiter!»

Zum Glück gelang es auch, seine gebrochenen Haxen zusammenzuflicken, so daß er heute wieder in Ordnung ist.

Doch, herrjemineh, daß eure russischen Blinis nicht kalt werden!

Wir kannten uns noch nicht lange, da lud uns Jakobson einmal zum Abendessen ein – Teige, Nezval und mich. Es gibt Blinis! Als wir bei ihm eintrudelten, war die ganze Wohnung vom Duft dieser Delikatesse erfüllt, die wir bisher noch nie gekostet hatten. Auf einer Platte türmte sich ein Haufen dieser leckeren Fladen, und neben der Schüssel standen ein paar Flaschen Wodka auf dem Tisch. Mit dem hatten wir schon in der Villa «Theresa» Bekanntschaft geschlossen. Die Flaschen mit dem kristallklaren Naß schauten uns ganz harmlos an! Und auf den kleineren Schüsseln, die sie umgaben, lockte ein Haufen diverser Leckerbissen.

Jakobson wohnte damals im Stadtteil Holeschowitz (Holešovice), an der Ecke der (heutigen) Allee der Helden von der Dukla (Třída Dukelských hrdinů) und des Strossmayer-Platzes (Strossmayerovo náměstí). In dem Haus befand sich damals eine große Buchhandlung. Die anmutige Frau Jakobson war gerade dabei, die letzten Blinis zu backen. Sie studierte in Prag Medizin und lebt, glaube ich, noch immer in Brünn. Sie arbeitet dort als Kinderärztin auf der pädiatrischen Station eines Krankenhauses.

Sie bat uns herzlich zu Tisch. Die Wohnung, die die Jakobsons möbliert gemietet hatten, war zwar ziemlich vornehm, doch mit dem üblichen kleinbürgerlichen Geschmack eingerichtet. Was soll's! Bald erfüllten die beiden sie freilich mit einer anheimelnden Unordnung, die von zwei unkonventionellen Bohemienseelen zeugte. Überall Bücher und beschriebene Blätter. Suchte jemand ein sauberes Taschentuch, hätte er vergeblich die Schubladen des Wäscheschrankes durchwühlt – und die Taschentücher ganz gewiß auf einem Regal der Bibliothek entdeckt. Wie gesagt: Jakobson war und ist ein Wissenschaftler besonderer Art. Seine Arbeiten zeigen ein hohes wissenschaftliches Niveau, seine dichterische Imagination weist aber eher auf ein poetisches Verhältnis zur Realität hin. Diese Bipolarität – hie der akademische Wissenschaftler, dort der Dichter – war ein nicht wegzudenkender Teil des Zaubers seiner Persönlichkeit. So lernte ich ihn kennen. Darum fand er auch bei uns so viele Freunde und wurde von allen geliebt.

Bei seinem Souper machten wir uns, zu Tisch gegangen, auch gleich ans Schmausen, und der Blini-Berg schmolz rasch dahin. Immer wieder mahnte uns Jakobson, wir müßten jeden Blintschik, der uns – am Herzen vorbei – in den Bauch rutschte – wollten wir ihn richtig genießen und auskosten – mit einem Stamperl Wodka «anfeuchten»: Je größer das Glas, desto besser. So wie man eine schön erblühte Rose mit Tau netzt.

Ich verdrückte von den Blinis etwa sieben, Nezval noch mehr, aber ich hab' sie ihm nicht vom Mund abgezählt, er hat es selbst gestanden. Auch die Flasche Wodka, die vor seinem Teller stand, half beim Zählen mit. Jakobson schenkte uns eifrig ein. Er trank zwar auch, doch der Wodka war ganz machtlos gegen ihn. Er lächelte nur und war offensichtlich erfreut, daß seine Gastfreundschaft solchen Anklang gefunden hatte.

Gegen Mitternacht erhoben wir uns.

Jakobson schloß uns unten die Haustür auf, und als erster schoß Nezval aus dem Tor. Das war ein Fehler. Wir hätten ihn nicht laufen lassen sollen. Während wir uns noch verabschiedeten, hörten wir vom Gehsteig ein Geschrei.

Nezval war mit einem Schutzmann zusammengestoßen, der vor dem Haus stand. Polizeimänner verabscheute er von Herzen.

Wir liefen rasch hinaus, hielten aber ratlos inne.

Das unaufhaltsame, empörte Gezeter hallte durch die stille, leere Gasse. Als der Schupo versuchte, Nezval ein Bußgeld zu verpassen, weil er durch sein Geschrei die Nachtruhe gestört hatte, und ein dickes Notizbuch aus der Rocktasche zog, schlug Nezval ihm das Büchel aus der Hand. Die Blätter aus dem Block flatterten um die beiden herum. Doch nun hatte der

Schutzmann bereits zur Trillerpfeife gegriffen, und aus einer nahen Gasse kam ein zweiter Bulle in schweren Stiefeln angetrabt. Nachdem sie die Papiere aufgesammelt hatten, packten sie Nezval unterm Arm und führten ihn, während er stürmisch protestierte, auf die Wache ab, die sich in der Maschinistengasse (Strojnická ulice) nahe des Messegeländes befand.

Sagen wir – es war eine schöne laue Maiennacht: geheimnisvoll, voller Sterne und Stille. Aus dem Königlichen Baumgarten wehte der süße Duft blühender Bäume, die Schwäne auf dem kleinen Teich schlummerten schon, die Liebenden küßten sich, und auf dem Turm des Průmyslový palác, des Industriepalastes, schlug die Uhr ein wenig knarrend die Stunde.

Wir folgten natürlich unserem Kameraden. Vergebens suchten wir die Schutzleute davon zu überzeugen, daß Nezval ein berühmter Dichter sei. Sie waren hart und unnachgiebig, gaben absolut nichts auf Nezvals Ruhm. Seine Gedichte imponierten ihnen nicht, sie hatten sie offensichtlich auch gar nicht gelesen. Mit einem Wort, sie pfiffen auf die Poesie. Als wir in die Wachstube eindringen wollten, schlugen sie uns die Tür vor der Nase zu, und Nezval entschwand für diese Nacht unseren Blicken.

Einige Wochen später stand Nezval in Prag vor Gericht. Man brummte ihm drei Monate mit Bewährung auf. Wir versuchten, alle mögliche Protektion für ihn aufzutreiben, doch, soviel ich mich entsinne, vergebens. Aber die Strafe wurde zur Bewährung ausgesetzt, weil Nezval bisher unbescholten war.

Als Zeuge versuchte ich, ihn reinzuwaschen, und als der Richter mich fragte, wie betrunken Nezval gewesen sei, sagte ich, er sei sternhagelvoll gewesen.

Tschechisch sagt man «do němoty», «bis zur Stummheit». Das ist so eine Redensart! Doch der Richter bemerkte dazu, Nezval sei ja keineswegs «stumm» gewesen, denn er habe herumgegrölt, daß man es in ganz Holeschowitz habe hören können. Damals galt Trunkenheit nämlich als mildernder Umstand.

Noch am gleichen Tag gingen wir das Urteil feiern. Als wir

ausgefeiert hatten, stand wie zum Trotz wieder ein Polizist vor der Weinstube. Nezval legte den Finger auf die Lippen, zum Zeichen, daß er schweigen müsse, und drehte sich hinter dessen Rücken zu dem Polizisten um, um seine verhaßte Uniform ein wenig anzunässen, wie Wölfe es tun, wenn sie ihre Jagdgründe abstecken. Karel Teige riß ihn im letzten Moment zurück und rettete ihn so.

Als Jakobson als Nichtarier im Jahre 1938, einer schon kritischen Zeit, ins Ausland flüchtete, traf ich ihn zufällig auf dem Bahnsteig wieder. Ich glaube, wir beide freuten uns gleichermaßen über die unverhoffte Begegnung. Es war ein recht kurzes, rasches, doch wehmütiges Abschiednehmen.

«Ich war gern in diesem Land – und war hier auch glücklich», sagte Jakobson. «Und falls es dich freut, sag' ich dir, daß ich mich als Tscheche fühle und mir traurig ums Herz ist.»

In dem Moment glitzerten in seinen Augen zwei kleine, versprengte Tränen. Er schaute mir ins Gesicht, und es schien, als schaue er an mir vorbei und rede mit jemand anderem. Doch außer mir war niemand da.

Auf der Karlsbader Promenade

Einen Porzellanbecher mit dem Bild eines auf einem Fels stehenden Gamsbocks in der Hand, spazierte ich ausdauernd auf der Karlsbader Promenade auf und ab, die sich, obwohl der Architekt des Prager Nationaltheaters höchstselbst sie entworfen, mit der luftigen Kolonnade in Marienbad nicht messen kann. Dem Rat des Arztes folgend, schlürfte ich das laue, bitter schmeckende Heilwasser, abwechselnd «Mühlquelle», «Rusalka» und «Karl IV.», wenn mir diese Verschreibung auch etwas kapriziös erschien. Die Quellen sind vermutlich alle gleich, entspringen am gleichen Ort, sind nur unterschiedlich warm. Doch was versteh' ich schon davon!

Ich muß gestehen, die damals in Karlsbad gerade lebhaft diskutierte Frage, ob die dortigen Heilquellen «juvenil» seien und tief aus den Regionen des Magmas zu uns emporsprudelten, oder ob es sich um Grundwasser handle, das von oben in die Tiefe gesickert sei, war mir damals, offen gesagt, ganz egal. Meine Galle machte mir zu schaffen, und ich war hierher zur Kur gefahren, meine Gesundheit wiederherzustellen. Nichtsdestoweniger ist die Vorstellung, daß wir die Milch der Mutter Erde direkt aus ihren Brüsten saugen, ein wenig verlockender als die – wohl eher der Wahrheit entsprechende – Tatsache, daß es sich um Wasser handelt, das schon einmal Kot und Dreck von den Wegen unseres traurigen Lebens gespült hat.

Gern schau' ich dem tagtäglichen regen Treiben und Gewimmel der Kurgäste zu, die mit Oblatendosen unter dem Arm vorbeihasten, und beobachte ihre Gesichter, die alle Tage dieselben sind. «Je älter ich werde» – sagt André Gide – «desto weniger bin ich darauf aus, neue Landschaften kennenzulernen, und seien es auch die schönsten, doch ich werde immer neugieriger auf Menschen.» Der gelehrte Jean Jaens versichert uns zwar aufrichtig, wir wären nur «der Schimmel der Erde», doch was bringt solch ein Schimmelpilz nicht alles fertig, zu was ist er fähig! Nachdem ich das Wasser ausgeschlürft hatte, setzte ich mich auf eine feuchte Bank vor der Quelle und lauschte im Regen der winzigen umhersprühenden Tröpfchen ihrem heißen Rauschen. Bei dem eintönigen Klang des sprudelnden Wassers kann man gut Erinnerungen nachhängen, träumen und sinnieren. So traf ich dort einmal auch Vitězslav Nezval. Wir hatten uns lange nicht gesehen, und ich war froh, daß wir uns begegneten. Dabei erinnerte ich mich an ein gemeinsames Erlebnis. Bald nach dem Krieg kam der Maler Josef Šíma, ein guter Kamerad von uns, der in Frankreich lebte, einmal nach Prag. Wir nahmen ihn mit offenen Armen auf und waren erpicht, von ihm Neuigkeiten aus dem Paris der Kriegs- und Nachkriegszeit zu hören, aus der herrlichen Stadt an der Seine, die wir liebten und die ihm zweite Heimat war. Šíma hatte während des Kriegs mit den Leuten des Maquis zusammengearbeitet. Doch von seiner Tätigkeit dort sprach er mit einer gewissen Geringschätzigkeit.

Bei einer unserer Zusammenkünfte in dem einstigen Café «National» fragte er mit seidenweicher Ironie, ob Nezval nun, da er ein hohes Amt bekleide, etwa mit seinem Balzac-Stöckchen ins Büro stolziere. Nezval war damals nämlich als Sektionschef ins Prager Informationsministerium berufen worden. Sein kurioses Stöckchen hatten wir schon fast vergessen. Noch lange vor dem Zweiten Weltkrieg war Nezval eines Nachmittags in unser Stammcafé gestürmt und hatte triumphierend einen größeren Stock geschwenkt, der, mit einem Riemen festgemacht, an seinem Handgelenk baumelte und eher einer kleinen Keule glich. Der Stock war gerade, und sein Knauf bestand aus einem geschliffenen Glasedelstein. Von Nezval darum gebeten, hatte Šíma ihm damals skizziert, wie Balzacs legendärer Spazierstock wohl ausgesehen hatte.

Doch das Bild vermochte Nezval nur einen schmerzlichen Seufzer zu entlocken. Während der stets bis über beide Ohren verschuldete Balzac seinen Stock mit einem echten Edelstein geziert hatte, glitzerte bei Nezval nur wertloses Glas. So sah es wohl damals noch mit unserer Literatur aus in der Welt.

Nezval pflegte seine Begeisterung darüber, daß er mir oder einem andern Freund begegnet war, meist recht lautstark zum Ausdruck zu bringen. Das war so seine Art. Was die Intensität seiner Gefühlsausbrüche betraf, neigte er stets ein bißchen zum Übertreiben, doch so kannten wir ihn schon von alters her.

Er war ebenfalls mit einer lädierten Gallenblase nach Karlsbad gekommen. Wie er mir jedoch vertraulich verriet, hatte er's auch dringend nötig, ein paar Kilo abzuspecken. Er war ziemlich «kompakt», und das war nicht gut für ihn, denn er hatte gerade einen Infarkt erlitten.

Bald war Karlsbad von ihm erfüllt. Er hatte eine Unmenge Interessen. Dabei achtete er auch darauf, stets elegant aufzutreten. Mit größtem Leichtsinn ging er mit seiner Gesundheit um, wenn er sich überhaupt um sie kümmerte. Er hörte zwar mit dem Rauchen auf, doch das war scheinbar das einzige, was er konsequent befolgte. Zündete ich mir eine Zigarette an, nahm er sie mir aus dem Mund und zertrat sie, laut stampfend, auf dem Boden. So zwang er mich, nur zu rauchen, wenn er mich nicht sah. Die radikale Abmagerungsdiät, die man ihm im Sanatorium verordnet hatte, hielt Nezval einfach nicht ein. Als einziger durfte er mit dem Auto durch die Straßen des Kurviertels kurven. Wenn er im Speisesaal des Sanatoriums, wo er «kurte», das Besteck hinlegte, nachdem er sich, sagen wir mal, an gedünsteten Möhren gelabt hatte, fuhr er ins Restaurant gegenüber der Kolonnade, bestellte sich ein Riesenschnitzel, das den ganzen Teller füllte, oder eine doppelte Portion Svíčková, wie man den speziellen böhmischen Lungenbraten mit «Schmettensoße» (Sahnesoße), Semmelknödeln und Preiselbeeren nennt. Die Ärzte wußten wohl, daß er solche schwerwiegenden Diätfehler machte, konnten aber nichts dagegen ausrichten. Die zweifelhafte Gewißheit und Überzeugung, daß er sich, wenn er die Wässer tränke und Tabletten nehme, schon hinreichend kuriere, versetzte ihn in eine gewisse brutale Euphorie, und sein unbändiges Temperament ließ ihn nicht rasten noch ruhen.

In jenem Jahr – es war 1956 – weilte auch der legendäre Sowjetmarschall Budjonnyj in Karlsbad zur Kur.

Nezval pflegte ihn stets stürmisch zu begrüßen. Einmal brach er sogar in Hochrufe auf ihn aus. Budjonnyj nahm Nezvals enthusiastische Sympathiebezeugungen mit freundschaftlichem Lächeln hin.

Schlimmer erging es da den Mädchen auf der Kolonnade, die Nezvals Aufmerksamkeit erregt hatten. Er blieb oft mit ihnen stehen und flüsterte ihnen manche Vertraulichkeit ins Ohr. Die eine mußte lachen, die andere wurde rot bis über beide Ohren und versuchte, ihm zu entkommen. Erst als die jungen Damen erfuhren, daß es sich bei ihrem Verehrer um den großen Nezval handelte, duldeten sie, nun etwas weniger peinlich berührt und verlegen, seine Courschneiderei, und manche fühlten sich offenbar sogar geschmeichelt. Ich weiß nicht, wie das heute ist, doch damals liebten die Frauen und Mädchen nicht nur die

Poesie, sondern womöglich auch den Dichter. Bei meiner Seele, es war nett!

Ich stand wie jeden Tag in der kurzen Schlange vor dem Mühlbrunnen, als ich den dahineilenden Nezval erblickte. Er befand sich im Zustand hochgradiger Erregung – das erkannte ich schon von weitem. Nezval zog mich am Rockärmel aus der Schlange heraus, um mir jubelnd mitzuteilen, er werde demnächst nach Indien fahren.

Der tschechoslowakische Schriftstellerverband entsandte ja von Zeit zu Zeit einige seiner Mitglieder ins Ausland. Nezval war überrascht, daß man gerade ihn ausgewählt hatte, und verheimlichte keineswegs, daß er sich auf die Reise schon riesig freue. Längst hatte er sich gewünscht, dies geheimnisvoll schöne Land einmal kennenzulernen. Schon malte er sich seine Rendezvous mit zierlichen Inderinnen in sahnegelben Saris aus, und schon nahm er sich vor, von Delhi aus bestimmt die alten Tempel von Khajuraho zu besichtigen.

Als wir in jüngeren Jahren Karel Teige in der Schwarzen Gasse (Černá ulice) zu besuchen pflegten und in der riesigen Bibliothek seines alten Herrn schmökerten und herumkramten, in der auch ein Haufen Reisebeschreibungen standen, besahen wir uns stets mit Vorliebe eine alte deutsche Monographie über Indien, und darin vor allem ein paar Seiten mit Abbildungen dieser uralten indischen Gotteshäuser. Die Fassaden des Tempels von Khajuraho waren mit Statuen bedeckt wie die Brust eines Generals mit Orden! Es wimmelte nur so von ihnen. Gewiß waren es einige Hundert, wenn nicht mehr: Statuen von Liebenden, Tänzern und Tänzerinnen. Die Liebespaare hielten sich eng umschlungen und schmückten den Tempel in den vertraulichsten und intimsten Liebespositionen. Dabei erinnerten sie jedoch eher an die akrobatischen Trapezkunststücke der «Blondinis» im Zirkus des Herrn Kludský, der dann und wann bei uns gastierte. Und die Tänzerinnen neben ihnen prahlten mit Brüsten, die so rund waren, daß sie Billardkugeln glichen.

Hierzulande versuchen die Liebenden bekanntlich meist,

sich mit ihrer Liebe in ein geeignetes heimliches Nest zurückzuziehen. In Krč bei Prag zum Beispiel pflegten sie sich im Inneren einer alten ausgehöhlten Eiche zu verbergen, in die sie sich von den niedrighängenden Ästen hinabgleiten ließen. So weiß ich wahrlich nicht, warum sie in Khajuraho die Tempelfassade als Schauplatz für ihre Liebesspiele wählten. Im übrigen produzieren sie sich dort schon seit dem zehnten Jahrhundert so, doch was soll's!

Natürlich haben uns diese Bilder damals interessiert! Wir waren jung, holprige Übersetzungen aus dem «Kamasutra» kannten wir schon lange, und wir waren neugierig, endlich die Liebe kennenzulernen, versteht sich. Das ist doch ganz natürlich. So blätterten wir von Zeit zu Zeit mit Lust und Wonne in dem Buche.

Nebst dieser erotischen Erinnerung spürte Nezval gleich den Geschmack exotischer Speisen auf der Zunge, roch ihren würzigen Duft, der über den Tellern schwebte, und die ungewohnten Geschmäcker und Düfte von Früchten, die ihn bei seinem Besuch Indiens überall umgeben würden.

Aus diesen plötzlichen Träumen von indischer Küche und indischen Früchten scheuchte ich ihn gleich auf. Vor einigen Wochen sei eine Bekannte meiner Frau aus Vietnam und China heimgekommen und habe eine unangenehme Krankheit mitgebracht: Parasiten namens «Lamblien». Sie liege noch heute im Krčer Krankenhaus, wo man Tropenkrankheiten behandelt, und sie sei dort nicht die einzige. Fast alle, die aus diesen asiatischen Gefilden heimgekehrt waren, mußten ihre gastronomische Neugier mit einer Tropenkrankheit bezahlen. Vor allem hatten sie Darmparasiten bekommen.

Es war mir so herausgerutscht, indes bereute ich's sogleich. Mußte denn gerade ich es sein, der Nezval auf diese ihm womöglich drohenden Gefahren aufmerksam machte? Ich hätt's ruhig den Herren Doktoren überlassen können. Nezval welkte dahin. Seine Freude war getrübt. Trotz seines etwas leichtfertigen Lebens und der ungesunden Lebensweise war Nezval ein echter Hypochonder.

Anderntags verkündete er mir an der Mühlenquelle, er fahre nirgends hin! Er habe mit den Ärzten gesprochen, und sie hätten ihm meine Worte bestätigt. So rief Nezval in Prag an und sagte die Reise ab.

Adieu, ihr Liebenden von Khajuraho! Statt seiner fuhr Marie Pujmanová nach Indien.

Trotz dieser seiner Enttäuschung verbrachte ich mit Nezval in Karlsbad noch ein paar angenehme Stunden. Wir pflegten in die Verkaufsstelle von «Supraphon» hineinzuschauen und uns neue Schallplatten anzuhören. Nezval lud nach Karlsbad auch sein Söhnchen Robert samt Mama ein – und konnte es kaum erwarten, sie wiederzusehen.

Mit dem Stolz eines glücklichen Vaters zeigte er mir das Photo seines Kleinen. Nezval hielt mit seiner väterlichen Liebe nicht hinterm Berg. Der Bub sah ihm auffallend ähnlich. Frau O., die Mutter des Kindes, lernte ich noch in Karlsbad kennen, doch ihr Söhnchen bekam ich damals nicht zu Gesicht. Ich entsinne mich nicht mehr genau, mag sein, es war gar nicht mitgekommen.

Einmal saß ich in der Konditorei «Elefant» und schlürfte einen Mocca, da sah ich dort den ungarischen Arzt und Dichter Fuchs. Er und Nezval kannten sich gut, doch war einer dem andern mehr Feind als Freund. Nezval machte bewußt einen Bogen um ihn. Fuchs dagegen sprach trotzdem mit Herzlichkeit von Nezval, und als er einmal einen Arzt traf, der über Nezvals Gesundheitszustand im Bilde war, erfuhr er traurige Neuigkeiten von ihm. Die behandelnden Ärzte gaben Nezval leider nicht mehr viel Zeit zu leben. Er sei zu dick und zu schwer für sein schwaches Herz. Das Herz könne ihn nicht mehr ertragen. Er habe vielleicht noch anderthalb Jahre zu leben – leider irrten sie sich kaum.

Ich sagte Karlsbad ade. Lebt wohl, ihr heilenden Wässer! Möge der Sprudel schäumen und quellen in künftige glückliche Jahre! Kostja Biebl hat über ihn ein hübsches Gedicht geschrieben. Wenn wir von den kommenden Jahren sprechen, denken wir stets an ein künftiges Glück. Doch es kommt selten zu uns.

Als man die neue Kunstuhr auf dem Turm des St.-Veits-Doms einweihte, wünschte ihr der Monsignore, der sie segnete, sie möge in künftige glückliche Jahre gehen. Doch bald darauf besetzten die deutschen Armeen unser Land.

Im Keller unter dem Sprudel werden seltsame Rosen gezüchtet. Man nimmt eine herrliche frische Rose und taucht sie in das Wasser, das aus der Schale des Sprudels in das nahe Flüßchen Tepl (Teplá) fließt.

Binnen kurzer Zeit bedeckt sich die Rose mit den braunen und grünen im Wasser enthaltenen Mineralstoffen und versteinert. Es ist eigentlich die traurige Totenmaske dieser so anmutigen Blume.

Nein, dies merkwürdige Souvenir bringe ich den Meinen nicht aus Karlsbad mit.

Zwei Jahre später, im Frühjahr 1958, lag ich für längere Zeit im Motoler Spital. Der Frühling ist dort traurig. Ein paar uralte Bäume verleihen einem nur wenig Lebensmut. Im April jenes Jahres ist Nezval von uns gegangen. Nach all seinen Aventüren starb er in den Armen seiner Frau Fáfinka, die ihn aufrichtig liebte. Er starb, wie er es sich in seinem Horoskop selbst prophezeit hatte, zu Ostern. Sechs Wochen nach ihm starb auch Marie Pujmanová, die damals statt seiner nach Indien gereist war.

In der Krankenstube neben mir lag die kranke Tochter von Professor Dr. Vratislav Jonáš, der am Weinberger Krankenhaus amtierte. Sie war noch ein Teenager, und ihr Vater besuchte sie jeden Tag. Der Herr Professor war kein stummer Fisch, wir wurden näher bekannt, und ich erfuhr allerlei Interessantes von ihm. Er pflegte immer zu warten, bis sein Kollege Professor Niederle erschien, und wir saßen zusammen auf der Bank vor dem Saal, wo man versuchte, schwere Fälle wieder zum Leben zu erwecken. Er erzählte mir auch von Frau Pujmanová, die man seinerzeit im Weinberger Krankenhaus behandelt hatte.

Als sie aus Indien zurückkam, war sie – nach den Symptomen zu schließen – an einem Tropenleiden erkrankt. Man vermutete, es könnten Parasiten im Verdauungstrakt sein. Nachdem man sich vergeblich bemüht hatte, sie zu kurieren, beschloß man zu operieren. Doch man fand nichts! Die Symptome der Krankheit verschwanden für einige Zeit, machten sich dann aber erneut bemerkbar. Frau Pujmanová ließ sich noch einmal operieren, doch die Ärzte konnten wieder keine Parasiten finden. Nach einiger Zeit starb die Patientin. Bei der Obduktion entdeckte man bei ihr ein kleines Geschwür im Zwölffingerdarm. Es war ein banales, leicht blutendes Geschwür. Die panische Angst vor Tropenkrankheiten hatte die Ärzte in eine Psychose versetzt und auch die hervorragenden Mediziner genarrt.

Ich weiß nicht, womit Nezval die Sterne bestach und was er ihnen versprach, um ihnen ein günstiges Horoskop für sein Söhnchen zu entlocken. Das Horoskop, das er selbst berechnet und ausgearbeitet hatte, zeigte er mir auch einmal. Er glaubte daran – und: Es war ungewöhnlich günstig! Das Leben des kleinen Robert indes war alles andere als glücklich. Die seltsamen Geschicke, die Nezval in seinen Prosaerzählungen zusammenspann, ereilten auch seinen Buben. Eines Tages fand ihn seine Mutter, wie er mit aufgeschnittenen Pulsadern am Klavier saß und eine Sonate spielte. In letzter Minute konnte man ihn retten. Doch nicht für lange. Bald darauf beschloß er erneut, seinem jungen Leben ein Ende zu bereiten. Und diesmal gelang es ihm! Er sprang aus dem Fenster und nahm sich so das Leben.

Er starb, ohne noch viel vom Leben gekostet zu haben, von dem Leben, das sein Vater mit allen Sinnen so auszukosten verstand. Und doch sah er im Gesicht seinem Vater so ähnlich!

Die fünf Tropfen Vladimír Holans

Anfang der fünfziger Jahre, es war mitten im Herbst, unternahmen wir, ich und Vladimír Holan, einen Ausflug nach Frenštát pod Radhoštem. Wir hatten da Bekannte, Freunde, und Vladimír Holan schwärmte schon immer von diesem Ort. Die Leute dort hatten ein Faible für Poesie.

Doch man muß zuweilen auf der Hut sein und ständig Obacht geben. Es fehlte wahrlich nicht viel, und wir hätten uns beide in die blutjunge Mahulenka P. verliebt. Holan erwies sich jedoch als weise und kam zu dem Schluß, sie sei für uns zu verheiratet, und so sagten wir am dritten Tag dem gastlichen Vlčina Valet, boten den lieben Leuten dort Lebwohl und eilten davon ins nahe Fryčovice, ein kleines Bergmannsdorf in der Nähe Mährisch-Ostraus, wo unser Freund František Martínek gottesfürchtig eine an Pfründen recht arme Pfarre administrierte.

Pater František war ein uns aufrichtig umsorgender Gastgeber und überhaupt ein herzensguter Mensch. Er hatte uns schon früher mehrmals eingeladen, und als wir endlich in Fryčovice eintrafen, hieß er uns, im wahrsten Sinne des Wortes, mit offenen Armen willkommen. Kaum waren wir über die hohe Schwelle der alten Pfarre gestolpert, umwehte uns ein Hauch von Geselchtem.

Denkt von mir, was ihr wollt, doch wenn die Geschmackszellen auf meiner Zunge zu jubilieren beginnen, bin ich ganz gern auf dieser Welt.

František stammte aus Haná bei Olmütz (Olomouc). Auf seinem Herd stand schon ein riesiger Topf, in dem er zwei mächtige Stücke Selchfleisch sott, die man ihm von daheim geschickt hatte; auf dem Tisch standen leckere und anmutige Hanaker Kolatschen, die er sorgfältig mit Puderzucker bestreute. Obwohl es nirgends geschrieben stand, konnte man es ihm von den Augen ablesen: Sei gegrüßt, der du arglosen Herzens hier eintrittst! Kaum hatten wir uns zu Tisch gesetzt, gleich trug František triumphierend das bebende Rauchfleisch auf, dazu hervorragenden Apfelkren und einen Laib Landbrot. Es war goldgelb, denn man hatte ihn in einem alten Ziegelofen gebacken. Ich versteh' was davon – meine Frau stammt nämlich aus einer Bäckerfamilie. Nun, es lebe unser Pater František! Die Pfarre war schlicht und wirkte irgendwie traurig. Eine Frau fehlte dort. Alles andere war tipptopp und denkwürdig – das Fleisch einmalig, die Kolatschen unvergeßlich. Kaum hatten wir uns ans Futtern gemacht, verschwand František und kam bald wieder mit zwei Flaschen Weißwein zurück, die er uns mit kindlicher Freude kredenzte. Es war Meßwein!

Anfang der fünfziger Jahre herrschte bei uns noch ein gewisser Mangel an Wein, im Jahr zuvor waren die im Krieg verwahrlosten Weinberge zu allem Unglück noch vom Frost heimgesucht worden, es war ein schlechter Jahrgang.

Mein Freund Goldi als Kenner hätte vielleicht konstatiert, daß dieser Wein im «Körper» etwas mager sei, ziemlich viel Säure und wenig Zucker habe, doch ein Kalbssteak mit Spargel hätte sich vielleicht mit ihm befreunden können. Auf Goldis Urteil hätten wir aber in diesem Augenblick wenig gegeben – der Wein war gut gekühlt, und das Selchfleisch dampfte und duftete appetitlich.

Es gab nichts Angenehmeres, als sich kommod im Sessel zurückzulehnen, die Füße unter dem Tisch auszustrecken, freundschaftlich zu plauschen und in herzlicher Atmosphäre und in guter Laune dem Wein zuzusprechen.

Es war schon Oktober, des Morgens fuhr einem schon der Frost in die Glieder, doch der alte Kachelofen knisterte friedlich und schnurrte. Uns war wohl! Über uns hing ein großes Kruzifix, eine traditionelle volkstümliche Schnitzarbeit, und der Heiland – es war seltsam – lächelte am Kreuz. Wer weiß, vielleicht lächelte er nur uns zu.

Bei dieser Gelegenheit sei erwähnt: Als ich das Licht der Welt erblickte, standen drei Nornen an meiner Wiege. Die erste sprach: Er wird dem Wein zusprechen. Darauf die zweite: mit Liebe! Doch die dritte fügte hinzu: aber nur dem roten!

Mein alter Freund Professor J. Brumlík pflegte, wenn er uns – ich meine Nezval, Halas, Holan und mich – behandelte, immer warnend zu sagen, auf den Etiketten von Weißweinen sollte eigentlich der bekannte «Totenschädel mit zwei gekreuzten Gebeinen» prangen. Und der Pawlowitzer Bürgermeister, Herr Stambacher, der mich einst ins örtliche Wirtshaus einlud, wies einmal eine Flasche Weißwein von sich, die man ihm offeriert hatte und rief: «Geht's mir mit diesem Essig!»

Ich bemerke dies nur, auf daß nur der kleinere Teil der Schuld auf mich falle. Ich trank den Meßwein langsamer und ein wenig zögernd.

Pater František wirtschaftete allein in der Pfarre. Die alte Küchenuhr tickte ein wenig gereizt ins Leere, und in einer Ecke des Fensters wucherte eine verstaubte Spinnwebe. Nur hin und wieder kam eine ältere Frau aus der Nachbarschaft, um bei ihm sauberzumachen, und am Sonntag, an dem er zwei Messen lesen mußte, kochte sie ihm was. Ansonsten besorgte er sich alles allein. Es machte ihm zwar Arbeit genug, doch er beklagte sich nie darüber, war geduldig und bescheiden. Nur die Einsamkeit bedrückte ihn. Besonders im Winter. Und am meisten des Abends. Im Sommer pflegte er mit den Rangen Fußball zu spielen. So kamen wir schließlich auch auf das Zölibat zu sprechen. Wir hatten schon die dritte Flasche geleert, und František machte gleich noch eine vierte auf.

Die Frau – dies ewige Thema von Männergesprächen! –, manchmal regiert sie weise und fast unmerklich: klug, leise und quasi von fern. Der Pater hätte hier wirklich eine Frau gebraucht. Doch ich bezweifle heftig, daß sie hätte still und leise den stürmischen Rhythmus dieses Abends dämpfen können.

Beim Gespräch über das strikte Keuschheitsgebot der Kirche fiel František ein hübsches Histörchen ein. Er hatte die Geschichte nicht selbst erlebt, sondern sie in jungen Jahren aus zweiter Hand vernommen.

Nach dem Ersten Weltkrieg, als die katholische Kirche, die bis zuletzt den Habsburger-Thron gestützt und mit den Kaiserlichen kollaboriert hatte, in ihrer Position im neuen Staate dadurch etwas erschüttert war – auch hatte sich damals die sogenannte Tschechoslowakische Kirche von ihr abgespalten –, ertönte, und zwar nicht nur in meiner Heimat, sondern wohl auch anderswo in der Welt, der laute Ruf nach Abschaffung des Zölibats. Bei uns waren es besonders die jungen katholischen Priester, die sich dafür einsetzten. Auf dem Stuhl des Erzbischofs von Mähren saß damals Monsignore Dr. Antonín Stojan, der sein Amt mit viel Liebe zu den Menschen versah und viel Veständnis für die Sorgen und Nöte seiner Nächsten, vor allem der Armen, zeigte. Eigentlich hätte man ihn, so meinte Pater František, schon längst selig sprechen müssen. In Rom sei darüber auch schon beraten worden. Dr. Stojan lächelte den Menschen zu, wann immer es nur anging, und half, wo es nötig war. Er war ein Engel, der statt Flügel einen Bischofsstab trug. Als die jungen mährischen Priester erfahren hatten, daß er sich anschickte, nach Rom zu reisen, baten sie ihn, dort ihre dringlichste Bitte vorzutragen. Dr. Stojan versprach es bereitwillig.

Auf dem damals in Kremsier (Kroměříž) tagenden Kongreß der katholischen Priester harrten sie ungeduldig der Nachrichten, die Stojan aus Rom mitgebracht hatte. Doch Dr. Stojan schwieg. Da fragte ihn einer der Geistlichen rundheraus danach.

Dr. Stojan erhob sich, stieg schweigend vom Podium, und als er bis zu dem Fragesteller gekommen war, nahm er sein an einer goldenen Kette hängendes Bischofskreuz, das Zeichen seines Priesteramtes, vom Hals, hängte es dem jungen Priester um und unterstrich seine Geste gutmütig mit den Worten: «Bruder, geh nun selbst nach Rom und verhandle dort.» Wie oft mußte ich mich dieser alten Geschichte erinnern und darüber lachen, als ich im Jahr 1968 und besonders nach dem «August», einige Monate lang als Vorsitzender des tschechoslowakischen Schriftstellerverbandes wirken mußte. Viele unserer Mitglieder verlangten von uns immer wieder, ihre Forderung an «höchster Stelle» vorzubringen.

Doch leider war ich kein hochrangiger Priester, es ging auch nicht ums Zölibat, und vor allem besaß ich leider kein Kreuz an güldener Kette! – Inzwischen hatten wir schon die dritte und vierte Flasche geleert. Bis auf die Neige ausgetrunken, standen sie mit ihren Vorgängern neben der Tür. Doch Františeks Gastfreundlichkeit nahm noch kein Ende. Er holte eine fünfte herauf. Während er sie entkorkte, verriet er uns unbedacht, er habe nur noch zwei Flaschen Meßwein im Keller. Hätt' er's lieber nicht gesagt. Nach einer Weile bat Holan ihn, eine sechste Flasche zu öffnen. František brachte auch sie, schien nun aber doch schon wesentlich weniger begeistert.

Es kam ein Moment, den ich gut kannte. Es war der schicksalsschwere Augenblick, da in dem kleinen Häusel, das Holan auf der Prager Kampa-Insel bewohnte, nächtliche Gäste einzutrudeln begannen. Das Häuschen war früher im Besitz des Adelsgeschlechts derer von Nostitz gewesen, und einer von ihnen, Friedrich, hatte es dem tschechischen Volkserwecker Josef Dobrovský geschenkt. Der «blaue Abbé» war einer dieser Nachtschatten und kehrte (aus dem Jenseits) gern hin und wieder in seine Behausung zurück; doch erst als Holan dort eingezogen war. Solange der bekannte Schauspieler Jiří Voskovec die Parterre-Wohnung in dem alten Haus bewohnte, hatte dort immer Ruhe geherrscht. Auch sein Freund und Kollege Jan Werich, der später Hausherr war da, hat mir aber nie etwas von einer solchen nächtlichen Erscheinung erzählt. Doch bei Holan gaben sich die Geister der Nacht oft ein Stelldichein, und vor allem Dobrovský erschien ihm des öfteren. Zuweilen vertrat ihn auch der tote František Halas.

Was Holan und Dobrovský sich erzählten, das weiß ich nicht, was aber Holan und Halas einander zuraunten, das ahn' ich wohl. Sie mochten sich gern, und Halas war um die Erfahrung des Sterbens reicher.

Holan pflegte die ganze Nacht zu schreiben. Zuweilen konnte man ihn hinter dem hohen Fenster im Erdgeschoß arbeiten sehen. Erst wenn der Morgen graute, ging Holan zu Bett. Zuweilen klopften auch andere Dichter an sein Fenster, die in der Nacht noch keine Lust verspürten, heimzugehen. Soviel ich weiß, ward ihnen stets aufgetan.

Als František die sechste Flasche entkorkte, runzelte er schon ein wenig die Stirn.

Auch den Meßwein gab's damals nur auf Karten, und den kirchlichen Vorschriften entsprechend durfte man bei der Messe keinen anderen Wein verwenden. Es war ein ungeschwefelter, naturbelassener Riesling ohne jegliche Zusätze. Der Wein durfte auch mit keinem Metall in Berührung kommen, so lautete die kirchliche Regel, und František hegte anscheinend auch nicht die Absicht, sie zu verletzen.

Als wir auch die sechste Flasche geleert hatten, harrte ich gespannt der Dinge, die da kommen sollten. Was wird passieren? Es geschah, was ich geahnt hatte. Holan bat den Pfarrer, noch eine siebente Flasche zu spendieren. Ihr meint, es sei rücksichtslos von ihm gewesen? Mitnichten! Pater František brachte sie lächelnd und machte sie auch mit Vergnügen auf.

Wenn es unter den Dichtern der zwanziger Jahre einen gab, der ein wahrhaftiges «Dichter-Antlitz» hatte, so war's weder Nezval noch Halas. Von Nezval sagte einst – seine Frau Lída verriet es mir einmal – Vladislav Vančura, der ihn gut leiden konnte: Er sieht wie ein Teufel aus, doch er singt wie ein Engel. Ein Dichter-Profil hatten dagegen unbestritten Biebl und Holan. Biebls Gesicht strahlte stille Freundlichkeit und fast mädchenhafte Zärtlichkeit aus. Holan hatte – und hat – das ein wenig dämonische, doch schön geschnittene Gesicht eines Eroberers. Sein Blick verrät noch heute, daß er ungern Kompromisse eingeht. Seiner Feinde versteht er sich rasch zu erwehren, ja zu entledigen. Doch auch seine Freunde schafft er sich vom Hals, wenn er in seiner Einsamkeit verschwinden will. Er weist ihnen einfach die Tür! Holan ist ein Abenteurer, auch wenn er sich nicht von seinem Schreibtisch erhebt.

In jungen Jahren brachte er sich durch sein gar zu resolutes Auftreten um einen, freilich nicht arg lukrativen Posten in der Prager Pensionsanstalt. Sein Chef hatte ihn nämlich beleidigt, und Holan ertrug die «Schmach» einfach nicht. Soweit ich mich entsinne, kostete es die Gebrüder Čapek und vielleicht auch Josef Hora damals einige Mühe, dem talentierten jungen

Dichter ein bescheidenes Auskommen zu sichern, das er bis heute hat. Holan war unerbittlich und unversöhnlich und beschloß, lieber selbstbewußt in Armut zu leben. War er einmal gezwungen, einen SOS-Ruf auszusenden, so klang sein Rufen nie verzweifelt – eher stolz. Holan befestigte seine Einsamkeit durch den nie erlahmenden Glauben an seine dichterische Mission, und aus dieser Festung loderten herrliche Gedichte wie glühende Flammen. Er fand sich ungern mit Enttäuschungen ab. In seinem Wesen lag wirklich etwas Befehlendes. Als er nun seine beredten dunklen Augen auf den armen František richtete, erhob der sich wortlos und opferte frohen Herzens auch noch die letzte Flasche, die er für die Kirche hatte retten wollen. Er raunte mir nur zu, in der Sakristei habe er noch eine halbe Flasche, dabei überlegte er schon, zu welcher Nachbarpfarre er auf seinem alten Motorrad betteln fahren solle.

Als die Vorräte des ärmlichen Pfarrkellers völlig erschöpft waren und wir auch die letzte Flasche in aller Gemütlichkeit und gut gelaunt geleert hatten, krähte auf den Brettern eines Dachbodens der erste Hahn. Der Morgen graute!

Zum Abschied nahm Holan eine Zeremonie vor, die er im Krieg ersonnen hatte, als der Wein so rar war. Er legte die soeben geleerte Flasche flach auf den Tisch und wartete eine Weile, bis noch ein paar Tropfen herausrannen. Meist waren es fünf!

«Holans fünf Tropfen!» nannten wir diese traurige Zeremonie zum Abschluß unseres Gelages.

Am späten Nachmittag machten wir uns nach Hukvaldy auf den Weg.

Es war ein noch lauer Herbsttag, und die Sonne übergoß die Landschaft mit lichter Trauer. Heute ist für mich der Herbst die schönste Zeit des Jahres. Nein, ich will euch meine Ansicht gar nicht aufdrängen. Meinetwegen könnt ihr mehr den Frühling lieben. Auch ich hatte meinen Lenz. Ich liebe die Farben Braun, Samtgrün und Gelb. Wenn ich im Frühling einen Zitronenfalter sehe, bin ich noch heute ganz behext. Ich liebe ein jauchzendes Gelb. Und die laue Sonne. Dann saßen wir auf einer Bank am Fuße der schwarzen Ruinen der Burg Hukvaldy. Vor uns schimmerte ein Birkenhain, und über ihm erschien schwarz die Babí Hůra. Wenn der Wind blies, regnete es gelbes Laub. Solch ein Anblick bietet sich einem nur einmal im Jahr.

Den niedrigen Hügel kannte ich schon. Nezval hatte mir von ihm erzählt als dem Ort, wo Leoš Janáček einst mit der von ihm angebeteten, schönen Mme. Stösslová verliebt lustwandelt war. Wenn Nezval diese Spaziergänge erwähnte, machte er stets eine geheimnisvolle Miene und blinzelte mir vielsagend und bedeutungsvoll zu. Bei dem letzten Rendezvous erkrankte Janáček an einer Lungenentzündung und starb bald darauf in Mährisch-Ostrau. Er war damals vierundsiebzig.

Wieviel Lenze zählte er?

Vierundsiebzig!

Na also!

Ich war damals noch kaum fünfzig, Holan war gerade ein paar Tage zuvor fünfundvierzig geworden. Welch ein schönes Stück herrlichen Lebens lag noch vor uns!

O weh!

Ein Röslein aus unserem Garten

Ich hatte geglaubt, die Frage, ob die Photographie eine Kunst sei oder nicht, wäre schon längst beantwortet, mitnichten! Ich selbst war zwar der Meinung, die Photographie sei eine Kunst, und setzte mich auch dafür ein. Doch viele versuchen noch heute, uns davon zu überzeugen, daß nicht einmal die Photographie, die man im Stil unserer Tage «Klasse» nennt, nichts mit Kunst gemein habe. Diese Leute lehnen die Photographie als Kunst entschieden ab, und auch den Schutzpatron der Maler, den heiligen Lukas, der bekanntlich die Jungfrau Maria sehr gelungen porträtierte und so die altehrwürdige Malerzunft begründete. Mögen sich also auch die Photographen zu dieser Zunft bekennen, falls sie es für nötig halten. Nie würde ich jemand daran hindern, der im Himmel einen Schutzpatron haben möchte. Soll er ihn haben! Meinetwegen kann er auch zu ihm beten. Da sage wer will, was er mag, etwas Künstlerisches ist an der Photographie vermutlich allemal dran!

Doch hier geht's mir nicht darum. Ich sitze auf einer Bank im St.-Laurenzi-Garten und harre ungeduldig des «Kunst»-Photographen Josef Sudek. Es sind schon hübsch ein paar Jährchen her! Doch er erschien erst nach einer wirklich geraumen Weile. Vormittags schlafe er gern länger, wie er mir einmal gestand.

In jenen Tagen erwog ein führender Prager Verlag, eine größere Monographie über die böhmische Metropole herauszugeben. Sudek sollte die Bilder liefern, und mir wollte man die Einleitung und die eventuellen Texte zu den Photos anvertrauen. Obwohl noch nichts fest vereinbart war, freute ich mich riesig auf die Arbeit mit Sudek. Später wurde der Plan aufgegeben. Im Verlag hatte man sich vorgestellt, Sudek würde die Photographien binnen zwei oder drei Monaten liefern. Er lachte sie aus. Frühestens in zwei Jahren! Nicht, daß er so langsam gearbeitet hätte, nein, er war eben so penibel, gründlich und arbeitete stets mit Vorbedacht. Husch-husch-Pfusch konnte er nicht leiden. Da möge man lieber Photoreportern von der Zeitung den Auftrag erteilen. Sudek photographierte Prag zwar schon seit etlichen Jahren, doch das wird er offenbar sein Leben lang tun! Und wird noch immer nicht fertig sein.

Als wir uns damals auf dem Laurenziberg trafen, rechneten wir aber mit «Prag», und ich rüstete mich, Sudek zu unterstützen. Aha, da kommt er schon! Er hatte die Kamera bereits aufs Stativ geschraubt und trug beides auf der linken Schulter, von der, an einem Riemen, noch eine schwere Tasche baumelte. Darin trug er einige weitere Objektive und Arbeitsutensilien. Für einen einzigen Arm war es genug. Sein Photoapparat war schon alt und unmodern, doch *er* war mit ihm höchst zufrieden und blieb ihm jahrelang treu. Mit diesem Apparat schuf er die meisten seiner Arbeiten.

Prag glänzte an jenem Tag in seiner ganzen wehrhaften

Schönheit. Es war voller Frühlingslicht und strahlte feiertäglich. Auf der Kleinseite hatte jemand alle Fenster geputzt und die altertümlichen Simse abgestaubt. Die blühenden Hänge des Strahover- und des Seminar-Gartens glichen einem überschäumenden Wasserfall, der vom hohen Strahov langsam in die Kleinseitner Gasse stürzte. Doch der Fall war still, ganz leise. Hoch über ihm kreiste ein Schwarm grauer Tauben, die mit ihren Flügeln präzise elegante Kurven an den blauen Himmel zeichneten, jenen «Paragraphen» gleichend, die ein mir bekanntes Fräulein einst mit ihren Schlittschuhen in das Eis am Fuße der Elisabethenbrücke malte.

Wo ist das Eis des Vorjahrs geblieben!

Wo das anmutige Fräulein mit den kaninchenfellverbrämten Stiefeletten!

Der Teufel hat sie geholt!

Und nach Jahren – wo ist die herrliche Brücke, die über dem Strom schwebte und in der Mitte ein wenig wankte wie eine Schöne, die sich zum Tanze rüstet! Von Zeit zu Zeit pflegte ich mit František Hrubín zur Nachtzeit über diese Brücke zu flanieren, dann sangen wir leise vor uns hin und hielten uns freundschaftlich umschlungen. Ach, ich darf nicht unnütz wehmütigen Erinnerungen nachhängen! Sudek hatte indessen das Stativ schon in den Sand des Parkwegs gesteckt, sah sich eine Weile um, dann trug er die Kamera etwa dreimal wieder an einen anderen Platz. All das tat er mit seiner Linken. Denn an der rechten Seite seines Rocks baumelte ein leerer Ärmel. Der Erste Weltkrieg hatte ihm ein Stück seiner Schulter und den rechten Arm weggerissen. Er sprach nie davon. Bevor er zum Militär einrückte, war er gelernter Buchbinder gewesen. Als er heimkehrte, war er – nichts. Von arger Not gezwungen, erlernte er die Photographie, schloß dies Handwerk ins Herz, und wurde ein Meister darin.

Wenn er seinen Apparat justierte, behalf er sich dabei mit den Zähnen. Nun hält er gerade ein Stück schmuddligen Cloths zwischen den Zähnen, und mit seiner zerzausten Mähne sieht er aus wie ein Löwe, der einen Brocken Fleisch heranschleppt. Ich wollte ihm helfen. Ich solle ihm die Tasche aufmachen und ihm die Kassette Nr. 1 reichen. Dann formte er aus Fingern und Handfläche eine Art Fernrohr und hielt es sich vors Auge. Lange und aufmerksam betrachtete er das ewig anmutige Gewirr der Kleinseitner Dächer und Türme unter uns. Ich bat ihn, auch den Donjon über der Alten Schloßstiege aufzunehmen. Ich hatte dazu schon passende Verse im Kopf und eine lächelnde Erinnerung.

Lange wartete Sudek auf günstiges Licht. Mag sein, eine halbe, vielleicht auch eine ganze Stunde. Erschien das Licht nicht, nahm er seine Kamera, und wir stiegen einen Pfad höher.

Oben warteten wir wieder. Mit dem Licht rang er wie Jakob mit dem Engel.

Abermals, nun wohl schon zum zehntenmal, verschwand Sudek unter dem schwarzen Tuch. Ganz auf seine Arbeit konzentriert, sagte er kaum ein Wort, nur ab und zu murmelte er seinen beliebten Heureka-Ruf: «Die Musik spielt!» vor sich hin. Im entscheidenden Moment, er wollte gerade die Kassette öffnen, befahl er mir, mal sein klappriges Stativ zu halten. Diese ganze Zeremonie vollzog sich zwar langsam, war aber streng und genau vorbedacht. Als er am Abend dann die fünf oder sechs an dem Morgen belichteten Platten entwickelt hatte, legte er sie mißmutig wieder weg. Das Licht war nicht gut gewesen! Keine von ihnen entsprach seinen Vorstellungen und künstlerischen Zielen, und anderntags gingen wir an denselben Ort, und das Ganze wiederholte sich. Die Aufnahme der Burgmauer mit dem Donjon war leider auch nicht gelungen. So vergaß ich im Laufe der Zeit meine Verse, und die schöne Erinnerung in meinem Herzen verblaßte und verlor sich in dem alten Dunkel, in dem unsere Erinnerungen meist mit der Zeit erlöschen.

Eines schönen Sommermorgens eilte ich über den Moldau-Kai zur Karlsbrücke. Am Ufer sah ich einen Maler, der eine große Leinwand bepinselte, und auf der Brücke noch weitere zwei. Ich weiß nicht, was die Maler sich bei ihrer Arbeit dachten, na ja, vielleicht ist auch ein schlechter Maler ein Maler, oder sie dachten sich überhaupt nichts und tauchten ihre Pinsel nur so in die Farben. Am Montmartre kann man Dutzende dieser «Künstler» sehen. In solch einem Moment muß man sich der Schönheit der Photographie erinnern.

Sie lebe hoch! Sie ist noch jung, doch sie wird ewig währen. Ich betrachte ein einziges von vielen Bildern Prags, die Sudek aufgenommen hat. Welche Herrlichkeit des dunklen Samts, diese Tiefe des anmutigen Schwarz!

Wie reichhaltig ist doch die Palette des Graus, bis zu den Stellen, von denen jubilierendes Licht ausgeht. Und welch ein Register zarter und zärtlicher Schatten, an die Schattenumrisse auf einem durchscheinenden Damen-Dessous erinnernd.

Einmal war ich mit Sudek in den Beskiden. Wir wanderten kreuz und quer durch das Bergland, wohin uns unsere Augen führten und wohin uns die Füße trugen. Mit stolzer Verachtung ließen wir die Seilbahn links liegen und kraxelten vergnügt den steilen und unwegsamen Hang zum Berg Radhošt hinauf, kletterten über Findlinge und sprangen über die Wurzeln der Bäume, die die Frühlingsfluten entblößt und blank gewaschen, da blieb Sudek plötzlich stehen und rief: «Halt, die Musik spielt!» Er rief mir zu, ich möge ihm das Stativ reichen. Seine Kamera trug er stets lieber allein und gab sie nie aus der Hand. Nun stieß er das Stativ ins Moos und betrachtete aufmerksam die knorrige rötliche Wurzel der Kiefer, an der ich vorübergeschlendert war, ohne ihr Aufmerksamkeit zu widmen. Er blieb vor der Wurzel stehen, trat dann ein wenig zurück und widmete sich wieder seiner Kamera. Die Wurzeln schienen fest einen zermalmten Felsblock zu umarmen.

Als ich bei Sudeks in Prag später dies Bild einmal sah, mochte ich meinen Augen nicht trauen. Auf dem Bild war die Wurzel so schön wie eine Statue Michelangelos! Und dann sage einer, die Photographie sei keine Kunst. Sudek war auch eine Art Prager Original. Dies ist keineswegs spöttisch gemeint. Die jungen Photographen nannten ihn, sprachen sie von ihm, immer höchst respektvoll «Herr» Sudek!

Das kulturbeflissene Prager Publikum kannte ihn gut. Er war ein getreuer und vermutlich auch der häufigste Besucher der Prager Ausstellungssäle und Konzerte. Es gab keine nur irgendwie bedeutende Ausstellung, auf der man Sudek nicht angetroffen hätte. Zuweilen besuchte er solche Ausstellungen auch mehrmals. Stets pflegte er allein durch die Galerien zu streifen, pilgerte von einem Bild zum andern – schweigend und andächtig in seinen Anblick versunken. Von bildender Kunst verstand er viel. Davon zeugen nicht nur seine eigenen Arbeiten, sondern auch sein Interesse an der Welt der Plastiken und Bilder. Er war Kamerad, ja Freund vieler bedeutender Künstler. Er photographierte ihre Arbeiten für sie, und sie honorierten ihn mit ihren Bildern.

Schon seit seinen jungen Jahren verfolgte er aufmerksam das künstlerische Schaffen des Malers František Tichý. Doch er liebte Tichýs Bilder nicht nur platonisch. Als Tichý ohne einen roten Heller in der Tasche durch Paris und Prag irrte und am Hungertuch nagte, kaufte Sudek ihm bereitwillig seine Zeichnungen und Bilder ab. Es waren zwar keine Phantasiepreise, die Tichý von Sudek verlangte, doch Sudek zahlte stets sogleich in bar und sandte das Geld auch immer postwendend nach Paris. Es war oft das einzige Einkommen, von dem Tichý und seine Frau – vor allem in Paris – ihr Leben fristeten. Als dann die Preise für Tichýs Bilder auf das Zehn- und Zwanzigfache oder noch höher stiegen, erinnerte sich Tichý freilich traurig an den Schatz, den Sudek in den Jahren der Not aufgekauft hatte. Sudek hatte die Bilder sorgfältig versteckt und hütete sie. Nicht einmal für Ausstellungen lieh er sie her. Er wußte warum.

Nach Sudeks Tod wurden Tichýs Bilder in Sudeks Zweitwohnung gefunden, die ihm die Gemeinde Prag zu Ende seines Lebens, für ein paar Jahre nur, auf dem Úvoz auf der Kleinseite günstig vermietet hatte. Zusammengerollt lagen die Bilder in einer leicht feuchten Zimmerecke unter seinem Bett.

In diese Wohnung lud Sudek kaum jemand ein. Dort bewahrte er die Geschenke der Maler und Bildhauer auf, deren

Arbeiten er für sie aufgenommen hatte. Schade, daß es noch nie jemandem einfiel, ein Verzeichnis und eine Ausstellung von Sudeks Bildnissen zusammenzustellen. Es gäbe genug davon. Und da rede ich noch gar nicht von den Porträts jener, die den Meister im Laufe vieler Jahre photographierten. Es gab deren unzählige.

Sein ganzes Leben lang, das er in Prag verbrachte, war er auch ein ständiger und wirklich treuer Besucher sowie unermüdlicher Zuhörer bei allen bedeutenderen Konzerten. Ich weiß nicht, ob er so viel von Musik verstand, um darüber fachsimpeln zu können, doch er liebte Musik und verstand es, ihr zuzuhören. Bei einem seiner Besuche bei uns spielte ich ihm von Platten Fragmente von etwa zwanzig verschiedenen Kompositionen vor: klassische und moderne Musik. Fast alle Komponisten konnte er mit Sicherheit nennen.

Wann immer im «Smetana-Saal» oder im «Haus der Künstler», dem früheren «Rudolfinum», ein interessantes Konzert stattfand, sah man seinen leeren Ärmel, der ihm meist aus der Rocktasche gerutscht war, irgendwo auf den Stufen vor der Orgel baumeln. Ansonsten pflegte Sudek – zwischen den stehenden Zuhörern – auf dem Balkon am Boden zu sitzen, schenkte keinem die geringste Beachtung, ließ sich von niemandem stören und lauschte, in die Musik versunken, dem Programm. Anfangs waren die Platzanweiser in den Konzertsälen recht verlegen, wenn er dort aufkreuzte. Sein auffälliges Äußeres gefiel ihnen wenig, doch mit der Zeit gewöhnten sie sich an diesen ausdauernden und zähen Konzertgast, und ihre Türen standen ihm stets offen. In den Pausen promenierte er mit stoischer Ruhe in den lichtdurchfluteten Couloirs zwischen den eleganten Musikliebhabern umher, Herren im Smoking und Damen in langen Abendroben mit prächtigen Frisuren.

Ich würde sagen: Sie störten ihn nicht.

Wenn der Mensch allein auf der Welt ist, noch dazu mit nur einer Hand, und noch dazu der Linken, fällt es ihm ziemlich schwer, elegant gekleidet aufzutreten. Sudek lebte zwar mit seiner Schwester zusammen, doch die war scheint's gleichgültig und interessierte sich für den Aufzug ihres Bruders ebensowenig wie für ihren eigenen. Vielleicht band sie ihm am Morgen die Schnürsenkel zu, das war auch alles. Doch es kam auch vor, daß der Meister mit offenen Schnürbändeln über die Straße tippelte. Mit einem Wort, Sudek war es ganz schnurzegal, wie er in Gesellschaft aussah. So schuf er sich aus seiner körperlichen Miserabilität, und wohl auch ein wenig aus Trotz gegen die feinen Manieren der Gesellschaft, eine eigenwillige Selbststilisierung, die eines mittelalterlichen Vaganten. Seinen Bart ließ er wochenlang nicht rasieren oder scheren, auch nicht die Haare, die ja im allgemeinen weniger auffällig sprießen. Seine zerknitterten Anzüge zu bügeln und zu reparieren, wenn sie zerrissen waren, hielt er für völlig blöd. Von seinen abgerissenen Knöpfen nähte er nur die nötigsten an: Er war auch kaum imstande, sie sich anzunähen. Sein Äußeres betrachtete er jedenfalls als das Unwichtigste von der Welt.

Wie so mancher Dichter, sagte auch er sich, die Welt sei ein einziger großer Maskenball, und er schlendere, als Bettler verkleidet, sorglos durch die Menge. Falls jemand ihn, wenn auch nur schonend, wegen seines Aufzugs rügte, war er tödlich beleidigt. Vielleicht zurecht. Darin war er einmalig und ganz er selbst. Er arbeitete und wohnte viele Jahre lang in einer kleinen baufälligen Hütte mit einem Dach aus Teerpappe, die in der Straße Újezd auf dem Hof eines Kleinseitner Zinshauses stand, nahe dem Eingang zur Seilbahn auf den Laurenziberg und nur ein paar Schritte von dem prächtigen Michna-Palais. Den winzigen Raum dieses Hauses, das schon früher einem Photographen als Atelier diente, hatte er, doch sozusagen nur durch einen Wink mit der Hand, in drei noch winzigere Stuben aufgeteilt. Am komfortabelsten war noch die Dunkelkammer, in der eine steinerne Wanne mit fließendem Wasser stand, über der eine rote Glühbirne hing. Das war alles. Was es sonst noch in der Wohnung gab, war ein Haufen von kaum zu entwirrendem Gerümpel. Der hintere Teil der Hütte diente Sudek als eine Art Speisezimmer. Dort stand ein Tisch mit zwei Stühlen.

Der Tisch war von allerlei Gerät übersät, von Küchengeschirr und Photo-Utensilien. Dort pflegte er mit seiner Schwester zu sitzen und zu Abend zu essen. Der übrige Raum war der Empfangssalon; vor allem aber wurde er als Magazin für belichtete Platten benutzt – und auch als Musikzimmer. Das dazu erforderliche Grammophon stand auf dem Fußboden. Abends wurde der Raum durch Auseinanderziehen zweier Klappbetten in ein armseliges Schlafzimmer umfunktioniert, es war fast «zum Weinen». Doch nichts von diesem Elend bekümmerte den Hausherrn, und es konnte ihm auch nicht die Laune verderben. Sudek selbst schien diese Not nicht zu sehen und achtete ihrer auch nicht. Er war auf seine Façon glücklich. Es war freilich ein Glück, das nur eine Hand hatte.

Ja, fast hätt' ich's noch vergessen: Sudek besaß eine reichhaltige Plattensammlung. Wo er sie aufbewahrte, weiß ich nicht mehr. Er nannte gewiß Dutzende, ja Hunderte seltener Platten sein eigen, im Laufe mehrerer Jahrzehnte zusammengetragen.

Mit einem Wort: Es herrschte ein phantastisches Durcheinander bei ihm.

Bretons Surrealismus wäre dort auf seine Kosten gekommen. Eine Zeichnung Jan Zrzavýs lag zusammengerollt neben einer Flasche Salpetersäure auf einem Teller, auf dem auch eine Brotrinde und eine angebissene Knackwurst Platz fanden. Darüber baumelte der Flügel eines Barockengels, an dem Sudeks Barett hing, so schäbig, daß es am Ende seiner Erdenwanderung angekommen zu sein schien.

All dem sah Sudeks Schwester mit beneidenswertem Gleichmut zu. Ihr war klar: Jeglicher Eingriff im Namen von Ordnung und Sauberkeit hätte die «Ordnung» der Dinge gestört. In all dem kannte Sudek sich nämlich phantastisch aus. Wie ein Organist im Gewirr von Tasten und Pedalen. Brauchte er etwas, griff er, ohne lange zu überlegen, stets an den richtigen Ort.

Erinnerte er sich zum Beispiel an eine vierzig Jahre alte Platte, die er sich aus seiner Jugendzeit in dem Landstädtchen Kolín aufgehoben hatte, griff er tief hinein in seinen Kram, bis auf den Grund der Dinge, und förderte die gesuchte Platte ans Licht. Wunderbarerweise war sie sogar heil. Diese einzigartige Unordnung war so pittoresk, so unerschöpflich und so reich an Überraschungen, daß sie fast schon eine gewisse Ähnlichkeit mit einem seltsamen, doch überaus raffinierten Kunstwerk hatte. Es genügt, wenn man ein Detail aus seinem Stilleben betrachtet, wie Sudek es auf einem Bild festhielt, das er selbst in seine im Prager Verlag erschienene Monographie (über Prag) aufnahm.

Das Fenster seines Ateliers ging auf einen kleinen Garten hinaus. Wenn wir «Garten» sagen, sehen wir ein Stückchen Land vor uns, voller Farben, Düfte, Anmut und Lächeln. Doch dieses Gärtchen vor Sudeks Fenster war vielleicht das traurigste «Gärtlein» in ganz Prag. Dort wuchs fast nichts! Nur ein paar Sträucher, ein krummes Bäumchen, und auf allem lag fingerdick ein Haufen Kleinseitner Ruß. Und doch entstanden in diesem Fenster und in diesem armseligen Stückchen Natur einige der schönsten Bilder Sudeks, Bilder von seltsamer Klarheit, voll poetischen Zaubers und berückender Schönheit.

Einmal in der Woche trafen sich in diesem Atelier, in diesem doch so grotesken Milieu, Sudeks Freunde, zuweilen waren es zehn oder fünfzehn. Einer von ihnen erzählte mir einmal, bei Sudeks «Jours fixes» habe er meist auf dem Porträtkopf Bedřich Smetanas von Josef Wagner gesessen. Die übrigen machten sich's auf dem Fußboden bequem oder standen in der Runde. Sudek veranstaltete auch einmalige Konzerte: Er kniete vor seinem «Instrument», und in seinem armseligen Atelier erklangen die berühmtesten und herrlichsten Arien, Serenaden, Sonaten und Sinfonien aus mehreren Jahrhunderten. Von Bach und Vivaldi bis zu Strawinski und Webern. Sudek besaß in seiner Schallplattensammlung eine Auswahl seltenster und kostbarster Musikproben. Erschwingliche Platten kaufte er sich selbst, unerschwingliche oder solche, die für ihn unerreichbar waren, sandten ihm Professor Brumlík, einst sein Nachbar auf der Kleinseite, und andere Freunde aus den USA. Besonders liebte Sudek Vivaldi.

Der Name Josef Sudek hatte in der ganzen Welt einen guten Klang, ja war womöglich sogar berühmt. So geriet mir einmal ein amerikanisches Photomagazin in die Hände, in dem Sudek als einer der Begründer der modernen Photographie und ihr künstlerischer Schöpfer gepriesen wurde. Er war einer von jenen, die aus der Photographie – und nun sag ichs rundheraus – eine *Kunst* machten. Es gab bei uns einige weitere, ähnlich originelle Persönlichkeiten. Doch er als einziger verwirklichte konsequent die Metamorphose der Photographie vom Dokument zum Kunstwerk, von der Dokumentation der Welt zur Kunst. Dabei blieb sie immer Photographie, das mechanische Produkt einer Kamera.

Die weiblichen Besucher und Zuhörerinnen seiner Konzerte pflegten ihm oft Proben ihrer Kochkunst mitzubringen, zumeist Mehlspeisen und am liebsten Gugelhupf. «Kaiser-Gugelhupf» sogar, den man bei festlichen Anlässen mit Schlagsahne füllt. Der Kaiser-Kuchen ist der vornehmste! Das Wort «Gugelhupf», tschechisch «Bábovka» hat einen ein bißchen pejorativen Klang, doch wenn die «Bábovka» einen Plisseerock aus Zucker, Mandeln und Vanille trägt, ist sie eine Sünde wert. Ich meine natürlich – eine Sünde wider die schlanke Linie. In unserer Phantasie sehen wir dabei das idyllische Bild schöner Damen vor uns, in Krinolinen aus der Biedermeierzeit. Sie sitzen um einen Filigrantisch, auf dem zwischen Kaffeetäßchen und -kännchen eine «Bábovka» thront. Auch aus dem Biedermeier. Oh, was waren das für schöne und friedliche Zeiten!

Einmal traf ich meinen Freund, wie er sich gerade an solch einer Bábovka gütlich tat. Doch ohne Täßchen und mit Röslein bemalten Kännchen. Nein, er saß an seinem Katzentisch im Hintergrund des Ateliers. War das ein Anblick! Was heißt «Anblick»! Ein Konzert!

Der Duft der Bábovka überwand siegreich den Gestank von Fäulnis und Schimmel des zerfallenden Ateliers und des alten Gerümpels.

Wären diese Mitbringsel nicht gewesen, hin und wieder von

Besuchern, Besucherinnen und Freunden gespendet, die ihn auch öfter zum Essen einluden, hätte Sudek sich die meiste Zeit mehr schlecht als recht ernährt. Meist kehrte er dort, wo er gerade arbeitete, in einem Automatenbüffet ein.

Als er einmal eine Bekannte von mir besuchte, bewirtete sie ihn mit Kuttelflecksuppe, die Sudek besonders gern aß. Er verdrückte damals sechs Teller davon, den ganzen Topf, samt einigen Kipferln. Zum Beweis, daß er wunschlos glücklich sei, machte er die nötigen Knöpfe auf und seufzte selig. Ansonsten sprach er nie vom Essen, verschmähte regelmäßige Mahlzeiten, und die Auswahl der Speisen war ihm ebenso «Wurst» wie ihre Qualität. An diesem Morgen, ich hatte mir gerade ein paar Bogen Papier zurechtgelegt und meinen Federhalter gefüllt, um diese Erinnerung an Sudek niederzuschreiben, klingelte an unserer Tür die Postbotin und brachte mir einen Brief von dem Malerehepaar Šrůtek aus Leitmeritz. Die Šrůteks waren Sudeks Freunde gewesen. In dem Schreiben standen auch ein paar warme Worte über Sudek: Wie er durch ihre Gegend streifte und mit großem Enthusiasmus das Mittelgebirge photographierte. Er hatte sich zu dieser Arbeit entschlossen, nachdem er in Peruce Fillas letzte Landschaftsbilder aus dieser Gegend gesehen hatte. Humorvoll erzählten sie, wie Sudek die auf dem Feld arbeitenden Weiber erschreckte, als er im Chausseegraben in einen schwarzen Sack kroch, um die Platten in den Kassetten zu wechseln. Später, bei ihnen eingekehrt, habe er seine Aufnahme einer weißen Rose am Fenster an der Wand hängen gesehen und dazu bemerkt:

«Das ist Seiferts Röschen. Ich muß mal bei ihm vorbeischauen, war schon lange nicht da.»

Doch er kam nicht mehr. Er erkrankte schwer, litt große Schmerzen und starb.

Zu den Röslein aus unserem Garten, die Sudek einst selbst zum Sujet wählte, bekenne ich mich gern. Es ist eines seiner herrlichen Photos, die er an dem verstaubten Fenster zu dem kleinen Gärtchen auf dem Hof eines Kleinseitner Mietshauses schuf.

Ich muß gestehen, damals war mir ein wenig traurig zumute. Ich unterhielt mich mit einem jungen tschechischen Erzähler, einem gebildeten, aufgeschlossenen und erfolgreichen Mann. Er liest mein Manuskript, plötzlich fragt er mich mit aufrichtigem Staunen:

«Ich bitt' Sie, wer war Bohumil Polan?»

Er hatte nie von ihm gehört, nie auch nur ein Wort von ihm gelesen. So rächen sich, wenn man das so sagen kann, Schüchternheit und noble Bescheidenheit, die freilich mit Selbststilisierung nichts zu tun haben, sondern so natürlich und angeboren sind wie unsere Haar- und Augenfarbe.

Und so rächte sich auch sein hohes Alter. Polan überlebte seinen achtzigsten Geburtstag um etliche Jahre. Das ist wohl schon zu viel, zumal der Autor bereits lang zuvor beschlossen hatte, nichts mehr zu schreiben; keineswegs, weil er dazu nicht mehr fähig gewesen wäre. Er wollte einfach nicht mehr! Als er jung war, hatte er schon nicht allzuviel geschrieben, warum sollte er es nun tun, da sich keiner mehr für seine Ansichten zu interessieren schien und er selbst das Gefühl hatte, er gehöre nicht mehr in diese Zeit. Doch er gehörte hinein. Schade, daß seine Stimme verstummte. Als Polan seinen Achtzigsten beging, wurde dies Jubiläum nur mäßig gefeiert. Eine Auswahl seiner Studien und Aufsätze erschien, zwar sorgsam ediert, doch – wie es bei uns so geht – ohne, daß man ihr die gebührende Aufmerksamkeit schenkte. Ja, das Buch fand kaum Leser. Eine Auswahl seiner Studien und Theaterkritiken, die außerhalb Prags herauskam, erschien sozusagen unter Ausschluß der Öffentlichkeit. Das war alles.

Obwohl Polan viele Jahre lang die Schaubühne des Pilsner Theaters kritisch begleitete, ihr Hüter und oft auch Initiator ihres Repertoires gewesen war, hatte man ihn dort völlig vergessen. Als er starb, war er den Leuten dort nicht einmal mehr einen Streifen schwarzen Kalikos, einen Trauerflor, wert, den man sonst auch nur, damit die Leute nicht reden, vom Dach flattern läßt, ohne Seufzer und Tränen. Er starb und wurde vergessen. Allzu rasch. Mag sein, daß von den heutigen Pilsner Theatermachern keiner mehr etwas von ihm wußte. Vielleicht hatte er auch das Manifest der «2000 Worte» mitunterzeichnet. Ich weiß es nicht mehr so genau.

Und doch begleitete Bohumil Polan über ein halbes Jahrhundert lang kritisch die tschechische Literatur. Er war der erste, der eine vortreffliche Studie über den jungen St. K. Neumann verfaßte. Die Urteile, die er damals fällte, gelten auch heute noch.

Er berichtete über Šrámek und Toman. Er war einer von denen, die sich auch in der bildenden Kunst auskannten, und verstand es, so kompetent darüber zu schreiben wie Šalda.

Von unserer Generation wurde Polan geliebt. Wir hatten einen eingeweihten Deuter unserer Werke in ihm. Holan, Konrád und auch Biebl sahen in Polan ihren treuen älteren Freund. Polan war auch ein Weggefährte Píšas. Selbst schon ein fertiger Mann, hatte er unsere Generation in ihren Anfängen angetroffen und sie fast bis an ihr Ende begleitet.

Er war kein alltäglicher Kritiker. Auch darin Šalda ähnlich, befaßte er sich vor allem mit Problemen und Autoren, die ihn interessierten. Die übrigen überging er. Dagegen suchte er, zum Unterschied von Šalda, nicht die streitbare Auseinandersetzung und führte keine polemischen Dispute, während Šalda mit unverhüllter Wonne polemisierte. Er beachtete auch jene nicht, die ihn womöglich provozierten und deren Ansichten er lebhaft ablehnte.

Šalda hatte sich unserer Generation eher über unsere literarischen Äußerungen genähert, hatte ziemlich eingehend unsere ersten Werke verfolgt. Erst dann entdeckte er ein paar Leute unter uns, die ihm freundschaftlich verbunden waren und ihm nahestanden. Es waren dies vor allem Hora und Halas.

Polan fand sich aber nicht als Kritiker, sondern zugleich auch als Freund in unserem Kreis wieder. Ich denke, er fühlte sich bei uns wohl. Von seinen Altersgenossen hatte er in Prag nur einen einzigen Freund, den er, wann immer er hierherkam, nie zu besuchen versäumte: Es war der Historiker Werstadt.

Polan war einer der letzten, die die Kunst des Briefes pflegten und auch beherrschten. Seine Briefe – sie sind nicht hastige Improvisationen, sondern jeder ein wohldurchdachter Schöpfungsakt. Sie sind als literarische Genrebilder konzipiert, in ihrer Form wohlüberlegt, wunderschön stilisiert; sie zu lesen ist eine wahre Lust. Ich denke da an berühmte Namen aus einer Zeit, als das Briefeschreiben noch eine Kunst war. Heute dagegen! Man kritzelt eilig ein paar Zeilen hin oder wählt eine Telephonnummer. Heute hat, außer Liebenden natürlich, kaum einer mehr Zeit und Geduld, sich vor einen Briefbogen zu setzen und einen längeren Brief zu schreiben.

In den Tagen, da man aus dem nahen Deutschland immer öfter unverhüllte Drohungen vernahm, pflegte Polan häufiger nach Prag zu kommen. Er sagte immer, in Pilsen sei ihm zuweilen bange. Nein, es war keine persönliche Angst. Ich kannte niemand, der ruhiger über seinen eigenen Tod gesprochen hätte. Vielleicht drang das Gebrüll aus den Münchener Bierkellern lauter nach Pilsen; vielleicht sah er auch klarer den schwarzen Rauch, der Tag und Nacht aus den Schloten der Pilsner Škoda-Werke – einer renommierten Waffenschmiede – quoll; vielleicht verstand er es besser, die Panzer und Haubitzen zu zählen, die aus den Toren der Pilsner Mammutfabrik rollten. In jener unerfreulichen Zeit spazierten wir an einem sonnigen Morgen über den Kai ins Café «National», da ertönte plötzlich von der nahen Sophien-Insel die einschmeichelnde Musik von Dvořáks «Slawischen Tänzen». So beschlossen wir, eine Weile unter den alten Bäumen der Insel zu lustwandeln.

Wir wußten wohl: es ging nicht nur um das Regime und die Republik, nein, alles stand auf dem Spiel – unsere Sprache, unsere Kultur, ja, es ging wirklich um das, was man als «Tschechentum» bezeichnen kann, wir wußten auch, daß es für Hitler kein Problem wäre, unser Volk vom Antlitz der Erde zu tilgen, es auszuradieren.

In diesen Stunden der Not und der Bedrängnis war uns gerade Antonín Dvořák ungewöhnlich nahe. Ihm fehlte zwar die stolze schöpferische Geste Wagners oder die aristokratische Noblesse Liszts, er war nicht so elegisch anmutig wie Chopin und trug auch keine geblümte Weste wie Mister Händel, ja er hatte nicht einmal ein heroisches Gesicht; er glich eher einem Meister der ehrbaren Schuhmacherzunft.

Dvořák war ein schlichter, quasi proletarischer Mensch, der – wie der Bildhauer Josef Wagner feststellte, als er an Dvořáks Statue arbeitete, die jetzt vor dem Rudolfinum steht – auch ganz gut in seinem Heimatdorf Nelahozeves hätte Flickschuster sein können, wäre nicht die genial vorgewölbte Stirn gewesen. Doch gerade in dieser Schlichtheit und Einfachheit lag soviel in heimischer Erde verwurzeltes Tschechentum, daß ihn keine, auch nicht die größten ausländischen Erfolge aus diesem Grund herausreißen konnten.

Leider bin ich in der Musik wenig bewandert, doch ohne Musik wäre mein Leben viel ärmer. Ich brauche sie, muß ihr täglich lauschen und höre mich fast nie satt an ihr. Die Slawischen Tänze! Kein Tag, an dem nicht wenigstens einer erklänge. Wir hören daraus allen Reichtum der Musikalität, die ein Erbe unseres Volkes ist, seine Sangesfreude und seine unbändige Lust am Tanzen. Es scheint, als wäre in den «Tänzen» dank einer einzigen schöpferischen Geste der Jubel dieser Musik aus allen Melodien zugleich hervorgesprudelt.

Als wir unter die alten Bäume der Sophien-Insel traten, spielte man schon den letzten Tanz. Es ist jener, in dem die frische und nimmermüde Schönheit im Tanze einhält, sich ins Gras setzt und zum Himmel emporschaut:

Das Laub der Bäume bebte leicht im Wind, und das Wasser der Moldau war rosig wie die Wangen eines hübschen Mädchens, dem du etwas ganz Allerliebstes ins Ohr flüsterst. Auch die Wipfel über dem Strom haben süße Worte vernommen. Das ist kein Tanz mehr, das ist ein Ruhen, ein rhythmisches Heben und Senken in dieser Stille des sommerlichen Sonnenuntergangs.

Ich erinnerte mich an eine wunderschöne Erzählung von Vilém Mrštík. Ein alter Pfarrer geht am Abend in den Feldern vor dem Dorf spazieren. Die Sonne überflutet die Landschaft mit ihrem abendlichen Dämmerschein, und alles ringsum ist so überraschend und herrlich, daß dem alten Priester beim Anblick seiner geliebten Landschaft nichts anderes in den Sinn kommt, als vor dieser Schönheit auf die Knie zu sinken.

Wir gingen dahin, und ganz Prag war in diesem Augenblick des Untergangs auch so überraschend und blendend schön. Wie sollte man seinem Zauber nicht erliegen? Ein paar Schritte vor uns glitzerte das Nationaltheater, und auf der anderen Seite ruhte der Hradschin wie ein Kronjuwel dieses Landes, das jemand, nur für einen Augenblick, unseren Augen enthüllt hat.

Im Sinn und im Herzen fühlten wir klar und deutlich die Nähe und das Grauen des kommenden Krieges, so wie Gichtkranke den nahenden Regen in den Knochen spüren. Und nun stelle man sich vor, daß all das nicht mehr sein würde. Anstelle des Theaters stünden versengte, verrußte Ruinen, und dort, wo sich noch heute der Hradschin erhebt, ragte nur ein kläglicher Trümmerhaufen. Leise, leise verklang der Sechzehnte Tanz, und es lief uns kalt über den Rücken.

Wenn ich mich deiner erinnere, lieber und geliebter Bohumil Polan, kommt mir stets diese schwere Stunde in den Sinn, die wir an jenem sommerlichen Junitag 1937 miteinander erlebten.

Möge Karel Leger uns verzeihen, daß wir unsere Epistel mit seinen Versen beenden. Doch brauchte ich mich dafür eigentlich gar nicht zu entschuldigen, denn sie sind hübsch. Aber ich begehe eine andere Sünde. Seine gewiß geliebte Vaterstadt Kolín aus der poetischen Erzählung «Zur goldenen Sonne» ersetze ich für diesen Augenblick durch «Prag».

«Doch steht Prag?»
«Es steht», sage ich.
«Es steht!» –
«Es steht?» –
«Ja, es steht.»

Schon an der Wand des düsteren Korridors der Arbeiter-Akademie im «Volkshaus» hatte ich ihr verblichenes und verstaubtes Porträt von Nasek gesehen, das für das Abendblatt «Večerník Práva lidu» bestimmt war. Lang, lang ist's her. Es zeigte das Antlitz einer schönen jungen Frau mit der Jakobinermütze auf dem Haar. Die hübsch geformte, kaum merklich stupsige Nase, die dunklen Augen und der dichte Haarschopf gehörten der Schriftstellerin Marie Majerová, die dem Maler vor Jahren Modell gestanden hatte.

In der Pförtnerloge des «Volkshauses» pflegte ein alter Mann seines Amts zu walten. Das ist meine Stieftochter Mařka – sagte er einmal zu mir, als Marie gerade über den Hof ging. Er hieß Majer.

In ihrer Erscheinung verkörperte sie den Typ einer westslawischen Schönheit, und mit ihrem anmutigen Gesichtchen erinnerte sie an Frauenbildnisse von Josef Mánes. Soweit ich mich erinner', schaute sie manch ein Mann überrascht und voll Bewunderung an. Sie war wirklich atemberaubend schön. Zusammen mit der Schriftstellerin Helena Malířová, der Schwester Naseks und somit Schwägerin des Malers, bildete sie ein anmutiges Zweigespann moderner Frauen ihrer Zeit und Generation.

Marie Majerová imponierte mir – Helena Malířová stand mir menschlich nahe. Mit Marie kam ich aber später viel öfter zusammen. In dem kommunistischen Verlag, wo ich beschäftigt war, redigierte sie die Kinderzeitschrift «Kohoutek» (Hähnchen). Ich schrieb für sie von Zeit zu Zeit Verslein, für die ich mich heute aufrichtig schäme. Nur eines entschuldigt mich: Ich schrieb sie in der Druckerei auf dem Setzerpult, als Marie schon dabei war, den Umbruch zu besorgen, also in letzter Minute!

Marie Majerová schenkte mir einmal ein Angorakätzchen. Damals wohnte sie bereits in der Zuckerfabrik-Gasse (Cukrovarnická ulice) in Prag-Střešovice. Nun durfte ich sie schon – so dachte ich jedenfalls ein bißchen eitel – vertraulich «Mařenka» (Mariechen) nennen. Sie war um zwanzig Jahre älter als ich, und alle ihre Freunde und guten Bekannten nannten sie nie anders als Mařka.

Sie hatte einen riesigen Angorakater, der war ständiger Liebhaber aller Angorakatzen in der Umgebung, deren Besitzer es für ihre Pflicht hielten, ihr jedes Mal ein oder zwei reinrassige Kätzchen zu verehren. Zuweilen wußte sie nicht, was sie mit ihnen anfangen sollte.

Das Kätzchen, das sie mir geschenkt hatte, brachte ich zu meinen Eltern nach Haus. Zuerst sträubten sie sich ein wenig, es aufzunehmen. Die Wohnung war klein, und nun noch eine Katze! Doch es dauerte kaum eine Stunde, und sie hatten die Katze ins Herz geschlossen. Das Kätzchen schloß sich, o Wunder, am engsten an meinen Vater an, der am wenigsten zu Hause war und am seltensten mit ihm spielte. Am Abend stand es stets an der Tür und erwartete ihn, und zwar mit erstaunlicher Pünktlichkeit. Wo es sein Katzenührchen hatte, weiß ich nicht. Es war ein kleines Katzenfräulein, seidig, blitzsauber und äußerst zärtlich. Nachts pflegte es bei meinem Vater zu schlafen. Natürlich im Bett und wie die Palasthunde «Tschin-Tschin», die den Schlaf des Kaisers von China bewachten, schlummerte es neben seinem Kopf.

Kam ich zuweilen zu Marie nach Střesovice, fragte sie mich oft: «Gelt, es stinkt hier nicht nach Kater?» Dabei räkelte sich der Kater mitten im Zimmer auf dem Teppich, wie der grausame Kaiser Nero einst auf seinem Diwan im Zirkus, und hatte auch Smaragde vor den Augen. Ich versicherte ihr, man spüre nichts in der Wohnung, rein gar nichts!

Doch es roch. Penetrant.

Die Erinnerungen an diese Dichterin verbinden sich bei mir für immer mit dem Bild von Paris vor fünfzig Jahren. Die heutigen Menschen sagen, damals wär' Paris noch schöner gewesen. Ratlos irrte ich damals mit meiner Frau durch die Seine-Stadt, als wir – unmittelbar unter dem Eiffelturm – Marie

Majerová begegneten. Sie hatte dort ein Rendezvous mit Viktor Dyk und Hásková. Am nächsten Tag nahm sie uns unter ihre Fittiche. Ich kam aus dem Staunen gar nicht heraus, wie gut sie sich in Paris auskannte. Sie bewegte sich dort wie eine geborene Französin, dazu mit echtem Pariser Charme. Marie besorgte uns ein hübsches und preiswertes Hotel, ging mit uns in die Comédie Française, wo man Molières «Tartuffe» gab, und führte uns auch in die Folies-Bergère aus.

Ach du mein Gott, wie wohl mir dort war! Ich saß zwischen zwei Damen, die, ich wage es zu behaupten, beide recht hübsch waren, und vor meinen Augen entfaltete sich eine pompöse Folge schöner Frauen. Ein paar Dutzend nackter Schönheiten – das war damals wie eine Erscheinung aus der Pariser Welt der Liebe. Alle schienen mir wunderschön, und vermutlich waren's die meisten auch. In dieser betörend duftenden Atmosphäre schöner Weiblichkeit war ich völlig verloren. Maupassant hat recht!

«Violetera», dieses herrliche Chanson, erklang in jener Saison zum erstenmal. Von dieser Bühne brauste es durch Paris und ging um die ganze Welt. Damals war es nicht so wie heute, wo die Welt mit Liedern überfüttert ist und eines weniger taugt als das andere. Damals wurden auch noch Shimmy und Java getanzt. Wer erinnert sich heute noch an diese Melodien? Die geliebte «Violetera» dagegen begleitet mich bis zum heutigen Tag. Wann immer sie ertönt, es geschieht nicht allzuoft, muß ich lächeln, so wie wir es immer tun, wenn wir uns eines Augenblicks voll unverhofften Glücks erinnern.

Nach dem Jahre 1948 eilte Marie Majerová von Erfolg zu Erfolg. Ihr Traum ging in Erfüllung. Auch ihre Lebensbahn erreichte ihren Zenit in Glanz und Ruhm. Welch ruhmreichen und zuweilen schwindelerregenden Weg hatte das hübsche kleine Dienstmädchen aus Budapest zurückgelegt.

Ich verzog mich etwas aus ihrer Nähe, doch ich bin überzeugt, sie registrierte es nicht mit Mißfallen. Sie war immer viel mit sich selbst beschäftigt, mit ihrem Erfolg und dem Glück, das ihr gebührte. Nie scheute sie Mühen noch Arbeit.

Als sie achtzig wurde, konnte ich nicht anders, als ihr eine freundschaftliche Gratulation zu senden, in der ich an alte Zeiten erinnerte. Sie bedankte sich mit herzlichen Worten.

Sie war nun eine alte, doch noch ansehnliche und elegante Dame. Die älteste lebende tschechische Dichterin. Sie versuchte, so langsam wie möglich alt zu werden, und ich glaube, es gelang ihr auch. Unter ihrem Hütchen hing ihr mädchenhaft ein kokettes Löckchen in die Stirn, das sie offensichtlich sorgsam pflegte.

Seit jenem Tag, als ich ihr geschrieben hatte, rief sie mich wieder öfter an. Noch am Vorabend ihres Todes traf ich mit ihr zusammen. Das war recht traurig.

Im Laufe der Jahre waren ihre Alters- und Zeitgenossen aus der Welt gegangen, ihre Bekannten und Freunde. Sie hat alle ihre Gefährten überlebt. Helena Malířová war tot. Nach Kriegsende starben Hora und Neumann, in den fünfziger Jahren auch Ivan Olbracht, ihr alter Freund aus Wien. Inmitten eines tätigen Lebens stand sie schließlich doch allein. Die Jungen wandten sich anderswohin. Von den älteren Freunden war da noch A. M. Píša, der mit unsäglicher Sorgfalt und geistiger Präzision ihre Schriften edierte. Sie verstand seine Arbeit zu würdigen und schätzte Píša sehr. Als Píša gestorben war, hörte ich am Telephon ihre traurige Stimme.

Früher war sie von Zeit zu Zeit mit den Píšas nach Mělník gefahren. Píša liebte den Ausblick in die mittelböhmische Landschaft, der sich dem Betrachter bot, wenn er aus den Fenstern der Schloß-Weinstube schaute. Zu dieser einmaligen Aussicht schlürfte er dann rosigen Crément rosé, den er wegen seiner perlenden Frische und seines angenehmen Geschmacks liebte. Marie rief mich an und sagte, sie würde gern mit uns nach Mělník fahren, um dort A. M. Píšas zu gedenken. Ich versprach es, und so fuhr ich mit Marie und meiner Frau hin. Warum Frau Píša damals nicht mitkam, weiß ich nicht mehr. Zu unserem Pech waren an jenem Tag Weinstube und Schloß-Restaurant geschlossen. Die Leute dort hatten ihren «Hygiene»-Tag, und so fuhren wir weiter nach Liběchov, wo wir in einem hübschen, auf einem Hügel gelegenen Weinlokal einkehrten. In der Weinstube erkannte man die populäre Schriftstellerin gleich, und noch ehe wir uns gesetzt hatten, bruzzelten Forellen in brauner Butter, und eine Flasche Crément rosé wurde kaltgestellt. Zur Erinnerung an Píša.

Marie Majerová seufzte von Zeit zu Zeit. Weil sie den plötzlichen Abgang ihres lieben Freundes A. M. Píša «beweinte», doch auch, weil Schmerzen sie plagten. Ihre Arthrose setzte ihr an jenem Tag mehr zu als sonst. Das Barometer sank, und das machte sich gleich in den Gelenken bemerkbar.

Den Wein schenkte man in Liběchov in hohe Pokale ein, aus denen sich's gut trank. Ich leerte den ersten und bat um einen zweiten, wobei ich gar nicht wagte, Marie zu animieren, es mir nachzutun. Plötzlich schaut sie mich an und sagt:

«Du bist jetzt eigentlich mein letzter Bekannter aus den zwanziger Jahren. Ich würde sagen, mein letzter Kamerad, doch vielleicht bist du mir jetzt böse! Ich sollte's mir verkneifen, morgen früh wird mir das Herz weh tun, doch ich genehmige mir auch noch einen.»

Ich schaute ihr ins Gesicht. Sie war noch immer sie selbst, meine Freundin Marie Majerová. Ihr Teint war zwar nicht mehr so zart mit Flaum bedeckt wie früher, und das Blut rötete auch nicht mehr die straffe Haut, ihre Augen strahlten nicht mehr so, doch immer noch war sie es, wenngleich von ihrer einstigen Schönheit nur winzige Spuren übriggeblieben waren, die nur der entdeckte, der sie gut gekannt.

«Auch heute noch würde dir die rote Mütze der Revolution gut stehen!»

Sie lächelte, warf mir einen dankbaren Blick zu und strich mir über die Hand auf dem Tisch.

«I wo! Mit mir ist's schon aus.»

Eine Weile hing sie ihren Gedanken nach und ließ sich dann leise vernehmen. Nie zuvor hatte ich sie so reden hören. Sie sprach nie über den Tod; ging auch fast nie zu einem Begräbnis.

«Ich möchte, man soll aus dem großen Zimmer im Erdgeschoß *mein* Zimmer machen. Und den Bücherschrank, der oben in meiner Kammer steht, und alle Bilder dort ausstellen. Frau Běhounková bleibt in meinem Häuschen und wird Haus und Garten betreuen. Ich hab's mit ihr schon abgemacht. Ich denke ungern an den Tod, doch, wie du siehst, muß ich's doch.»

Wie so oft kam alles ganz anders.

Auf dem Heimweg waren wir wortkarg. Marie schwieg. Sie hatte Schmerzen und griff sich von Zeit zu Zeit ans Herz. Als wir bei ihr zu Hause ankamen, mußte Frau Běhounková, Maries Freundin, Sekretärin und Pflegerin, sie fast aus dem Auto tragen.

Am nächsten Tag wurde Marie bettlägerig und starb bald darauf im Krankenhaus.

Von Zeit zu Zeit rufe ich mir die Gesichter der beiden Frauen ins Gedächtnis und sehe sie wie lebendig vor mir. Der ersten, jüngeren steht die phrygische Mütze famos, doch Helenka Malířova ist barhaupt entzückend, besonders wenn sie lächelt.

Ein seiden Tüchelein

Nach längerer Zeit schlug ich wieder einmal den Band mit Shakespeares Sonetten auf. Die Sonette kannte ich schon, ich las, wo ich das Buch zufällig aufgeblättert hatte. Diesmal öffnete sich mir die Seite mit dem zweiten Sonett, und gleich die ersten beiden Verse schlugen mich in ihren Bann.

> Wenn vierzig Winter deine Stirn bestürmten
> und tief durchfurchten deiner Schönheit Feld...

Mag sein, daß diese Verse in meiner Jugend noch irgendwie «stimmten». Doch würde ihr berühmter Autor heute zufällig auf dem Prager Wenzelsplatz erscheinen, so manche Leserin seiner Verse, im zarten Alter von vierzig Jahren, zöge ihm wohl am liebsten mit ihrem Regenschirm eins über. Gestehen wir den Frauen doch zu, daß sie sich heute mit vierzig Jahren wirklich ganz zu Recht auf dem Gipfel ihrer Weiblichkeit fühlen, ja auch auf dem Höhepunkt ihrer Schönheit, und noch keineswegs mit einer Zäsur in ihrem Liebesleben rechnen müssen. Und wenn zur Zeit von Monsieur François Arouet Voltaire die schöne Ninon de Lenclos bis zu ihrem sechzigsten Geburtstag die Männer durch ihre Reize zu berücken vermochte und in diesem Alter noch von vielen Verehrern und Liebhabern umschwärmt war, um als ein Weltwunder in die Geschichte einzugehen, könnte ich auch heute nicht nur eine, sondern gleich mehrere Damen nennen, die es ihr in dieser Hinsicht gleichtun. Wenn man nur an Marlene Dietrich denkt, so hat sie die schöne Ninon noch übertroffen. Ihr könnt mir glauben, manche dieser älteren Schönheiten habe ich mit eigenen Augen gesehen. Und waren sie auch nicht gerade Urheberinnen geistreicher Aphorismen wie Ninon, so waren sie gewiß nicht dumm. Mit der Verlängerung des menschlichen Lebens hat sich die weibliche Schönheit in «die Jahre» verschoben. Doch das ist wohl nicht das einzige, worin sich die Frauen seit den Zeiten ihrer Mütter und Großmütter wesentlich gewandelt haben.

Die heutigen Frauen öffnen der Liebe nicht nur viel früher ihr Herz als zur Zeit unserer Jugend, zugleich bedeutet ein Alter von fünfundzwanzig noch keineswegs drohende Altjüngferlichkeit, wie man bis vor kurzem dachte. Und sie liebten vom zarten Mädchenalter an.

Eine junge Frauenärztin erzählte mir einmal, sie betreue zuweilen sechzehnjährige Mütter, die es um keinen Preis sein wollten. Und sie sei auch schon einer Vierzehnjährigen begegnet, die ganz «realistisch» über ihre Lage sprach.

Doch das ist noch nicht alles. Auch sonst haben sich die Frauen gewandelt.

Unlängst besuchte mich ein junger Künstler, ein Photograph. Zuerst zeigte er Aufnahmen von überraschender Licht- und Schattenwirkung und angelte schließlich aus der Tiefe seiner bauchigen Aktentasche ein Päckchen Photos hervor, das er mit gewissem Zögern auspackte; die Bilder breitete er auf dem Tisch aus. Es waren weibliche Akte und wahrlich wunderschön. Schön waren freilich auch die Mädchen, die vor seiner Linse, stehend oder sitzend, posiert hatten. Ich konnte mir nicht verkneifen, ihn zu fragen, ob es sich dabei um Striptease-girls oder etwas noch Pikanteres handle. Er schaute mich ein wenig verdutzt an. Ach wo! Eine dieser Damen sei Lehrerin, die zweite Angestellte und die dritte Studentin. Mit einem Wort: ganz normale junge Frauen, die – wie er mich gleich belehrte – im Geist unserer Zeit alle Vorurteile abgeworfen und sich von allen Hemmungen befreit hatten. Ich beneidete sie ein wenig. Während ich die Photos, ich gestehe es, ziemlich lange betrachtete, erinnerte ich mich an ein kleines Erlebnis aus den Tagen meiner Jugend. Es passierte in einem dunklen Raum des «Právo lidu» (Volksrechts), in den nie ein Sonnenstrahl fiel und wo A. M. Píša den Kulturteil des Blatts redigierte.

Wenn dies auch mit dem Erlebnis, von dem ich berichten will und das mit einer einzigen Person zusammenhängt, nur wenig zu tun hat, kann ich es mir in diesem Zusammenhang doch nicht verkneifen, ein paar Worte über meinen teuren Freund zu verlieren, dem ich aufrichtig zugetan war.

Er redigierte die Kulturrubrik sorgsam und ungewöhnlich fleißig. Am strengsten war er freilich mit sich selbst. War die Ferienzeit gekommen und fuhr er in Urlaub, so hatte ich die Ehre, ihn zu vertreten. Er reiste regelmäßig nach Bad Luhačovic, wo er sich wohl fühlte; trotzdem schien er nervös zu sein und fast ungern abzureisen. Er hegte Befürchtungen; ich war ihm zu nachlässig und zu leichtsinnig! Deshalb bereitete er mir stets alles bis aufs letzte I-Tüpfelchen vor. Zuweilen schenkte ich seinen Belehrungen und Ratschlägen nicht die gebotene Aufmerksamkeit, und das verdüsterte ihm seine Urlaubstage. Einmal wollte er seinen Aufenthalt in Luhačovic sogar abbrechen und schnell mal nach Prag kommen, weil er mit meiner Redaktion unzufrieden war. Ein Glück, daß seine kluge Frau bei ihm war. Vielleicht hatte er ein bißchen recht. Ich war wirklich bei weitem nicht so sorgsam, wie er sich's gewünscht hätte, doch meiner Meinung nach übertrieb er die journalistische Wachsamkeit. Heute herrschen da schon ganz andere Verhältnisse. Doch die Sache tat mir dann leid, und ich gestand mir meine Schuld ein.

A. M. Píša schrieb mit Dr. J. Träger zusammen auch die Theaterkritiken. Damals wurden sie gleich nach der Premiere verfaßt. Für die Abendausgaben sogar noch in der Nacht, da die Abendblätter schon in der Früh' erschienen. In der Tagesausgabe mußte die Kritik tags darauf erscheinen. Handelte es sich um eine bedeutsame Premiere, pflegte Píša vor der Aufführung eine «Vorbesprechung» zu schreiben, um die Leser noch vor der Premiere ins Bild zu setzen. Die alten Mimen erinnern sich noch mit Wehmut daran. Ungeduldig pflegten sie damals nach der Zeitung zu greifen.

Bücher rezensierte Píša mit Dr. K. Polák zusammen. Über Kunstausstellungen berichtete der Maler und Kritiker Jiří Krejčí, Sohn des Schriftstellers F. C. Krejčí. Und für Musik, Konzerte und andere musikalische Ereignisse war ein Herr R. J. zuständig.

Ich möchte ihn hier nicht beim Namen nennen. Wir riefen ihn «Herr Rat» und spielten damit auf seine Beamtenkarriere in einem Ministerium an. Er war ein quicklebendiger, vifer und entzückender Mann, der uns in der Redaktion stets amüsierte und durch seinen Lebensoptimismus ein wenig aufheiterte. Píša hieß ihn immer herzlich willkommen, wenngleich er mit seinen Manuskripten etwas mehr Arbeit hatte als sonst.

R. J. verstand es zu erzählen. Er saß bei uns und kramte in seinen Erinnerungen. Und es gab vieles, was die Erinnerung wert war! Er war ein Freund Oskar Nedbals gewesen, hatte mit ihm ein Stück seines menschlichen und künstlerischen Weges geteilt und war in sein Lebensschicksal eingeweiht, das durch einen Sprung aus dem Fenster ein tragisches Ende fand.

Die Frauen haben sich wirklich gewandelt. Ich weigere mich, ein Urteil darüber zu fällen, ob zum Guten oder zum

Schlechten. Jede Zeit hat ihre Sitten, und die jungen Leute blicken staunend in die Vergangenheit. Natürlich wird auf ihrem heutigen Treiben später der gleichsam erstaunte Blick ihrer Kinder ruhen. Drum – warum die einen verurteilen und die andern loben! So ist das Leben!

Einmal fand sich der liebe Herr Rat bei uns ein und machte eine vergnügtere Miene als sonst, schaute aber auch irgendwie feierlich drein. Er hatte etwas auf dem Herzen. So begann er. Er pflegte uns mitunter «Kinder» zu titulieren:

«Kinder, ich bin schon ein alter Mann.»

Er war um die Sechzig, doch damals war das schon ein «Alter».

«Unlängst hat mir von Nedbal geträumt, er lud mich zu seinem Konzert ein. Ich ahne wohin. Ich möchte euch etwas anvertrauen und Dr. Píša bitten, das Geheimnis zu hüten. Er mag später damit verfahren, wie ihm beliebt. Es ist nichts Wichtiges, auch nichts Geheimes, nichts wofür ich mich nach meinem Tod besonders zu schämen brauchte. Ich selbst möchte es nicht wegwerfen. Doch ich wär' froh, wenn's bei mir daheim keiner fände.»

Nun zog er ein altes amtliches Kuvert mit der Anschrift des Kultusministeriums aus seiner Aktentasche und entnahm ihm ein fein zusammengefaltetes, seidenes Taschentüchlein. Es war schon ein wenig vergilbt. Als er es auf dem Redaktionstisch ausgebreitet hatte, sahen wir, daß es mit einigen roten Blüten wilden Mohns bestickt und dazwischen in der Mitte ein Loch in das Tuch geschnitten war, ebenfalls mit rotem Seidenfaden umsäumt.

«Als ich jung war», fuhr der Herr Rat fort, «verliebte ich mich in ein hübsches Mädchen. Die Kleine sah wirklich ganz allerliebst aus. Doch so entzückend ihr Anblick, so schüchtern war sie auch. Ich sag's euch lieber gleich, ich hab' sie nicht geheiratet! Wir gingen auseinander, doch unsere Trennung verlief nicht dramatisch. Soweit ich mich erinnere, hat keiner von uns die Trennung verschuldet, weder ich noch sie. Und so kann ich heute wirklich in schönen Erinnerungen schwelgen.

Sie vielleicht auch. Sie lebt und war, wie ich hörte, glücklich verheiratet. Darum will ich das Tüchlein nicht herzlos fortwerfen. Wir hatten einander aufrichtig lieb.

Wir gingen schon längere Zeit miteinander, und ich bemühte mich, von ihr etwas mehr zu erlangen als nur einen scheuen, flüchtigen Kuß. Doch ich stieß auf entschlossenen Widerstand, der mich ein wenig überraschte. Ich gab in meinem Bitten und Flehen und Drängen nicht nach und suchte immer wieder und von neuem, ihre Gunst zu gewinnen. Ihr kennt das ja! Die Männer sind solche Grobiane und haben die häßliche Gewohnheit, in ihrem Sehnen nicht innezuhalten, und nichts auf der Welt kann sie von ihrer Liebes-Brutalität abhalten. Doch die Kleine trotzte und trotzte mir.

Wenn ich über das männliche Verhalten nachdenke, so will mir scheinen: Wenn sich eine Frau in eine Frau verliebt, ist dies zwar außerhalb der Norm, doch eigentlich viel schöner und feiner. Na ja, das geht halt nicht immer so!

Ich bat meine Liebste also, mir wenigstens zu verraten, warum sie sich so energisch und meiner Ansicht nach ganz unsinnig sträube. Lange wollte sie nicht mit der Sprache heraus, doch schließlich flüsterte sie mir doch, ganz rot geworden, ins Ohr, sie schäme sich so schrecklich! Ich war gleich wieder obenauf und überredete sie endlich doch. Sie versprach mir's, doch ich mußte ihr hoch und heilig schwören, die Augen zu schließen und ihren Schoß mit einem Taschentuch zu bedekken. Und so geschah es auch. Im übrigen bedienen sich ja auch Diebe oft eines Taschentuchs, um bei einem Einbruch ihre Fingerabdrücke zu verwischen. In dem Augenblick ertönten alle Prager Glocken und erklangen erhaben, lange und immer von neuem. Natürlich hörte nur *ich* sie läuten. Doch ich versichere euch, sie ertönten wirklich.»

Das glaubten wir dem Herrn Rat gern. Mir ist übrigens etwas Ähnliches passiert.

Einmal saß ich mit Halas in dem wunderschönen Sommer-Café auf dem Brünner «Koliště». Es war Juni, und unter der Markise des offenen Cafés wehten die anmutigen Düfte aus dem nahen Garten herüber; ich und Halas waren damals zwischen zwanzig und dreißig. Wir waren beide gleich alt. Wir saßen am Holzgeländer des Cafés, vor dem damals der sonntägliche Korso wogte. Da ging der von uns geliebte Jiří Mahen vorbei, erblickte uns, stützte sich nonchalant mit dem Ellbogen aufs Geländer und plauderte mit uns – ebenso nonchalant; plötzlich bemerkte er eine Schar lachender Mädchen, die er gut kannte, junge Balletteusen aus dem nahen Theater, dessen gestrenger Chef er war. Auch wir kannten die Mädchen ein wenig! Wir hatten sie hin und wieder gesehen und uns immer schüchtern nach ihnen umgeschaut.

Plötzlich riß Mahen sich von uns los, machte einen Schritt zurück, nahm eines der Mädchen bei der Hand und sagte: «Veralein, das ist ein junger Lyriker aus Prag. Er schaut dich an wie Tristan die Isolde, komm und gib ihm einen Kuß.» Wie hätte sie ihrem Herrn Chef nicht gehorchen sollen!

Auch ich hörte, als ich ihre Lippen auf den meinen spürte, plötzlich in den Wipfeln über mir Engelschöre singen. Leider nur kurz. Doch es war wunderschön! Und ihr Lied vernahm auch nur ich allein ...!

Doch der Herr Rat fuhr in seiner Erzählung fort: «Nach einiger Zeit kam das Mädchen zu mir und brachte mir dies Tüchlein, ich möge es aufbewahren. Und so hüte ich es schon über vierzig Jahre.»

Er legte das Tüchlein in den alten Umschlag und reichte ihn Píša. Und Píša verbarg ihn in der tiefen Schublade seines Schreibtisches.

Der Herr Rat J. ging doch bald zu Nedbals Konzert. Er starb nicht lange darauf. Ich und Píša gaben ihm in der St.-Simon- und Judas-Kirche, sie steht neben dem Spital der Barmherzigen Schwestern am Moldau-Kai, das letzte Geleit, und ich schrieb ein paar Verse ins «Právo lidu» zu seinem Gedenken.

Vor nicht langer Zeit rief ich einmal Frau Píša an und erkundigte mich unter anderem ganz beiläufig, ob sie im Nachlaß ihres Mannes nicht das Seidentüchlein des Herrn Rats J. gefunden habe – ein Tüchlein mit rotem Mohn bestickt.

Die Weiber sind klug. Viel gescheiter als wir denken. «Was die Gescheitheit betrifft», pflegte Píša zu sagen, «hat eine Frau mehr Grips als drei Männer.»

«Nein, ich hab' nichts gefunden. Er hat mir auch nichts davon gesagt. Doch wenn's was Erotisches war, so können Sie Gift drauf nehmen, daß mein Toni es nach dem Tod des von Ihnen erwähnten Herrn verbrannt hat.»

Der vierzehnte Stern

Nebst allem möglichen Krimskrams vertrieb man auf dem Kraluper Jahrmarkt auch Farbreproduktionen von Heiligenbildern. Die Händler breiteten sie auf ihren geflickten Planen auf dem Pflaster aus und brauchten viel Platz dafür. Deshalb hatte man sie vom Markt selbst, der auf dem Marktplatz abgehalten wurde, auf einen kleinen Ring vor dem Standesamt verbannt. Wie nun die Tugend oft ein Nachbar des Lasters ist und die Frömmigkeit oft nicht fern von schwarzer Sünde angesiedelt ist, hatte sich gleich hinter den Heiligenbildern ein Bänkelsängerpaar niedergelassen, er und sie, mit ihren auf Leinwand gemalten Moritatenbildern, die sie am Torgitter von Karbans Hof aufhingen. Der Mann sang und zeigte dazu mit einem langen Rohrstock auf die einzelnen Bildfolgen, auf denen das Horrorgeschehen aufgemalt war. Es waren sozusagen die Comics dieser Zeit. Inzwischen verkaufte die Frau, die sich mit ihrem Sopran nur hin und wieder dem Sang des Mannes zugesellte, gedruckte Traktätchen mit dem Text des vorgetragenen Lieds.

In einem ebenerdigen Fenster des Stadtamtes sah ich die zwei Janata-Mädel, mit denen ich jahrelang gut Freund gewesen war, sitzen und mich angrinsen. Manchmal lauschten die Mädel mit mir den Moritaten und schluckten vor Grausen mit trockenem Mund wie ich. Ich war damals etwa zehn.

Vor diesen Bildern vernahm ich auch zum erstenmal den Namen der Stadt Jičín (Jitschin) und erblickte erstmals ihr altes, turmbewehrtes Stadttor.

Auf diesen *hand*gemalten Bildern, wie der Sänger damals ausdrücklich betonte, sah das Tor recht düster und drohend drein. Es hatte auch guten Grund dazu.

Das Bänkellied erzählte die Tragödie des Schneiders Josef Trnka aus Jičín, der mit eigenen Händen seine Frau, Mutter von fünf Kindern, aufgehängt hatte, damit er seine Geliebte heiraten konnte – eine Eisenbahnerin, die ihn in der Lindenallee zu erwarten pflegte, wo die Jičíner Liebenden sich damals ein Stelldichein gaben. Er hatte alles so eingefädelt, daß es aussah, als habe sich seine Frau selbst das Leben genommen. Doch die Geschichte nahm, wie's meist auf der Welt so geht, ein ganz anderes Ende. Der Schneider Trnka wurde verhaftet, des Mordes überführt und schließlich in Königgrätz gehängt. Die unglückliche Geliebte des Gehenkten wollte sich um seine Waisen kümmern, doch es wurde ihr verwehrt. Offensichtlich war's kein so übles Mädel. Weil sie ständig von Gewissensbissen geplagt wurde, beschloß sie, in den Tod zu gehen, und sprang vom Jičíner Brückenturm vor den Eingang zur St.-Jakobs-Kirche, wo alte Weiber gerade Kränzchen und Frühlingsruten mit Weidenkätzchen feilboten.

Über diesen blutigen Mord schrieb ich etwa zehn Jahre später ein paar Verse, die mir heute ein verlegenes Lächeln entlocken. Sie waren naiv und recht schwach. Wieviel schöner war doch jenes alte Jahrmarktslied! Als ich meine Dichtung verfaßte, hatte ich schon mit Jičín Bekanntschaft geschlossen. Das Mädchen, das ich liebte und das kurz darauf meine Frau werden sollte, stammte nämlich von dort. Sie wohnte zwar noch in Prag, reiste aber fast jeden Sonntag nach Hause. Manchmal begleitete ich sie. Antal Stašek versicherte mir übrigens, als ich ihn einmal in Krč besuchte, ganz aufrichtig, in Jičín habe es schon immer einen Schwarm hübscher Mädchen gegeben, und eine davon sei stets die Schönste gewesen – und er lächelte schelmisch. Da war er schon über Achtzig!

Zum erstenmal fuhr ich mit meinem Mädel nach Jičín. Schon hinter Kopidlno begann sich ihrer eine leichte Unruhe zu bemächtigen. Am Fenster des Zuges sitzend machte sie mich eifrig mit den Hügeln vor Jičín bekannt. Man sah sie in der Ferne, grau wie eine Handvoll Mohn. Dort der Kumburk, Brdleč, Tábor. Und der niedrige links, das ist schon der Veliš. Bald tauchte auch der anmutige Zebín auf, den eine kleine Kapelle krönt, doch der liegt schon beinah in Jičín. Erscheint der Zebín am Horizont, sieht man in der Ferne auch den Jičíner Turm dräuen, und darunter dehnt sich die schöne kleine Stadt.

Zum erstenmal hatte ich kaum Verständnis für die Begeisterung meiner Braut, die es nicht mehr erwarten konnte, doch gleich bei meinem ersten Besuch schloß ich Jičín ins Herz.

Na schön, Telč ist womöglich noch interessanter und schöner, und anderswo, etwa in Slavonice und Sušice, gibt es noch bemerkenswertere Häuser, doch Jičín mit seinem viereckigen Marktplatz, seinem Turm, Schloß und Dom hat seinen eigenen einmaligen Charme, dazu die bezaubernde Schönheit einer besonderen Schlichtheit und freundlichen Selbstverständlichkeit. Nichts außergewöhnlich Großes oder Pathetisches, doch alles irgendwie unserem Herzen nah. Hat doch der stolze und hochmütige Wallenstein, Herzog von Friedland, der hier zeitweilig residierte, Jičín nicht umsonst in sein Herz geschlossen.

Fuhr ich später einmal allein nach Jičín, beugte auch ich mich schon ungeduldig aus dem Fenster des Abteils, um nur schon die Hügel rings um die Stadt zu gewahren, dieses sanfte Vorgebirge des Riesengebirges. Sobald ich aber den Turm erblickte, wär ich am liebsten losgerannt, um ihn liebevoll um die Taille zu nehmen, zu umarmen und zu küssen. Und sei's auf die goldene und schwarze Uhr. Das ist nun mal so, wenn sich ein Ort mit den Tränen unseres großen Glücks vereinigt.

Es war ein Sonntag, an dem ich zum erstenmal durch den Torturm spazierte und mich auf dem Jičíner Marktplatz wiederfand. Meine Begleiterin zeigte mir zwar zuerst den St.-Jakobs-Dom und das angrenzende Schloß, unter dessen Arkaden noch die Sporen von Wallensteins Reitern klirrten, doch bevor wir noch den ganzen prächtigen Platz überquert hatten, führte sie mich in die nächste Ecke des Marktes, wo, von einer Arkadenwölbung überschattet, ein Zuckerbäckerladen lockte. Er gehörte dem Herrn Lukeš, dem besten Konditor in ganz Jičín. Dort klirrten freilich keine Sporen mehr, sondern hinter der Theke stand die freundliche Frau Lukešová und lächelte uns zu. Sie war damals zwar nicht mehr die Jüngste, doch trotzdem noch hübsch und verführerisch. Nun ja – wie hätte sie auch damals noch jung sein können, da man von ihr erzählte, vor dem Krieg hätten sich in der Konditorei die k. u. k. Offiziere ein Stelldichein gegeben und der jungen Frau Meisterin den Hof gemacht. Damals schenkte sie goldene, rote und rosa Liköre in Kristallstamperln aus. Schau, schau, also haben dort doch mal die Sporen geklirrt. Die Herren in Uniform schnitten ihr aber vergeblich die Cour. Es sind keine Gerüchte aus dieser Zeit überliefert, und das ist Beweis genug!

Frau Lukešová hatte kleine, ein wenig mollige, aber schön geformte Hände, und es störte mich nicht im geringsten, wenn sie die Torten statt auf einer silbernen Kuchenschaufel mit ihren schönen Fingern darreichte. Von solchen Weibsbildern sagten die Männer sie seien «molet» – samtig weich. Dieses Attribut für Frauen haben sich die Franzosen ausgedacht, und die kennen sich in solchen Sachen wirklich aus.

Von Zeit zu Zeit ging der rote Vorhang auf, und ein älterer grauhaariger Herr in grauweißer Schürze und einer hohen weißen Mütze kam herein und brachte auf einer Porzellanschüssel eine neue Kostprobe seiner Zuckerbäckerkunst. Hinter ihm wehte eine Wolke heißen Duftes aus der benachbarten Backstube in den Laden.

Den heiligen Jakob besuchten wir auch!

Am Sonntagvormittag spielte auf dem Marktplatz immer eine Militärkapelle, und unter den Arkaden, die einst bei Lukeš' Laden begannen, pflegten die Leute auf dem «Korso» zu promenieren. Man flanierte an der Apotheke vorbei und endete vor dem Stadthaus. Auf dem Korso sah man überwiegend junge Leute. Jičín war eine Schüler- und Studentenstadt.

Man spielte gerade das Lied der Wäscherinnen aus dem «Fliegenden Holländer», als wir mit Vergnügen in diesen Strom sorgloser Jugend tauchten und uns mit einem Schlag zehn Jahre jünger fühlten.

Die Türe von Lukeš' Laden stand im Sommer meist offen, und den Leuten, die vorübergingen, stieg stets der Duft von Karamel und gerösteten Nüssen, Schokolade und Pistazien in die Nase – und von aromatischer Himbeermarmelade.

Am Nachmittag fand dieser Studentenkorso in der Hus-Gasse statt. Er war aber weniger festlich. Auf diesem Korso machte die Bäckerei meines Schwiegervaters durch den satten, angenehmen Duft ihres Brotes auf sich aufmerksam.

Der Geruch des Brotes ist der Duft aller Düfte. Es ist der Urduft unseres irdischen Lebens. Wir atmen ihn und denken an den Krieg. Wir erinnern uns an das christliche Gebet der Gebete, in dem wir diese unsere tägliche Speise erflehn. Meine Mama hatte seine Worte mit roter Baumwolle auf eine dicht gewebte Leinwand gestickt, die als Zierteppich über unserem Küchentisch hing und auf der auch noch ein aufgeschnittener Brotlaib, ein Messer und ein Salzfaß eingestickt waren. Der Duft des Brotes ist der Duft der Harmonie, des Friedens und der Heimat.

Mein Schwiegervater buk auch Brot für die hiesige Garnison. Verluden die Soldaten nachmittags das Kommißbrot auf die Wagen, roch die ganze Gasse danach.

Sonntagvormittags pflegten die Regimentsköche riesige flache Bratpfannen voll Fleisch in die Bäckerei zu bringen, um es in den Brotöfen zu garen – Schweinebraten zumeist. Das war ein Duft, der auch schlafende Zungen aus dem tiefsten Schlummer erwecken konnte. Für die Hilfe beim Braten bekamen die Bäckergesellen dann eine hübsche Portion Fleisch abgesäbelt, die sie auf einer Scheibe frischen Brotes verspeisten. Man merkte auch, daß es ihnen schmeckte. Einmal bot mir ein Soldat auch einen Happen an, und ich sagte nicht nein. Es ist schon ein halbes Jahrhundert her, doch ich erinnere mich noch immer an diesen Leckerbissen.

Übrigens, habt ihr schon mal in Brotteig gebackenen Schinken gekostet, wie man ihn in Wien zuzubereiten pflegt? Nein? Da habt ihr euch aber was ganz Delikates entgehen lassen.

Doch, um Himmels willen, ich tratsche hier über solche banalen Erlebnisse! Gewiß werdet ihr mich der Genußsucht zeihen! Doch dieser verdächtige nicht einmal ich selbst mich, obwohl ich meine Fehler kenne und weiß, wie gern ich gut esse.

Doch vergess' ich auch die kulturellen Belange nicht. Zum Himmel schau' ich aber in der Regel nur empor, wenn ich fürchte, es wird regnen; Metaphysik ist mir fremd und fern, doch an die menschliche Seele, die es angeblich nicht gibt, denke ich recht oft. Jaroslav Vrchlický und J. B. Foerster entdeckten in den Mauern dieser Stadt übrigens nicht nur ihre späten Lieben, sondern fanden auch Inspiration für ihre Arbeit.

Für Foerster setzten die eifrigen Jičíner Laienspieler sogar seine Oper «Eva» in Szene. Der Komponist war nicht nur von der Vorstellung begeistert, sondern auch von der Sängerin der Titelpartie. Der Stadt widmete er dann dankbar seine «Jičíner Suite». Und Jaroslav Vrchlický schrieb seiner Jičíner Freundin ein paar Dutzend wunderschöner Liebesbriefe; sie haben sich erhalten, wurden aber noch nie veröffentlicht.

Wie J. B. Foerster reüssierte, kann ich nicht sagen. Wie es Vrchlický erging, weiß ich wohl. Schlecht wie zumeist! Doch da sind wir schon an der Grenze zur Kleinstadt-Tratscherei angekommen. Lassen wir also diese Erinnerungen ruhen und gehen wir lieber in der Lindenallee spazieren. Die Linden blühen so schön, und ihre dichtbelaubten, ineinander verflochtenen Äste haben über unseren Köpfen einen dunklen Honigtunnel gewölbt, der vom Summen Tausender Bienen widerhallt.

Welch ein einladender Spazierweg für junge Leute! Sie verstecken sich hinter den Stämmen der schon über dreihundert Jahre alten Bäume, und Honig regnet auf sie herab.

Der Sonntags-Korso wogt und braust über die Nordseite des

Arkadengangs. Unweit seines oberen Endes erhebt sich ein Haus, das sich durch amtliche Düsterkeit von den andern hier unterscheidet und eigentlich nicht recht in den Rhythmus der Fassaden paßt. Es ist die Jičíner Strafanstalt. Verwalter war dort ein Herr Vik, der eine schöne Tochter hatte.

Eines herrlichen Sommersonntags erblickte uns Anička (Anitschka) Viková aus dem Fenster, als wir über den Platz gingen, und lief uns entgegen. Sie war zwar mit meiner Frau bekannt, doch wollte sie mit mir reden. Sie war tief unglücklich! Die Worte hervorsprudelnd, begann sie, mir ihr Leid zu klagen.

Sie möchte um nichts in der Welt in Jičín bleiben, sondern um jeden Preis nach Prag. Ich möge ihr doch in Prag eine Stelle besorgen. Sollte mir's nicht gelingen, werde sie auf gut Glück allein nach Prag fahren und sich einen Posten suchen, notfalls als Dienstmädchen.

Anička Viková war wirklich ein hübsches Mädchen, und ihre dunklen Augen musterten jeden mit einem betörenden Blick, den sie einem unter den langen dunklen Wimpern zuwarf. Ich wollte mich entschuldigen, ich sei in diesen Dingen recht unbeholfen, doch es gelang mir nicht, der Bannmeile ihrer schönen, flehenden Augen zu entkommen. Ihren Wunsch hielt ich für töricht. Ihre dunklen Zöpfe, glänzend und fest, waren etwas altmodisch oben über dem Kopf zusammengeknotet. Sie war mit einem Wort – schön.

So blieb mir nichts übrig – ich mußte ihr hoch und heilig versprechen, mich in Prag nach etwas Geeignetem umzusehen, obwohl ich keine Ahnung hatte, wie und wo.

Doch schließlich gelang es mir doch, ihr in Prag eine Arbeit zu verschaffen. Eher per Zufall. Ich sage nicht wo, ich hab' meine Gründe dafür, doch die Stelle befand sich nicht weit von meiner Arbeitsstätte, und es war ein damals nicht ganz alltäglicher Arbeitsplatz. Ich ahnte freilich nicht, daß ich in das Räderwerk verschiedener zufälliger Umstände geraten war, die sich schließlich für Anička Viková als schicksalhaft erweisen sollten. Während ich mich in den staubigen Prager Gassen nach dem sonnendurchfluteten Marktplatz von Jičín sehnte, den der von Blütenduft schwangere Bergwind kühlte, hegte Anička kein anderes Verlangen, als diesem Ort zu entfliehen. Nichts hätte sie daran hindern können, dem Milieu und Einfluß dieser Kleinstadt zu entrinnen. Ich glaube zwar nicht sehr an ein Fatum. Es wäre eine unangenehme Vorstellung, daß die Wege des Menschen durchs Leben vorbestimmt und in ihren Grenzen festgelegt seien, so daß er sich in diesen vorgezeichneten Geleisen bewegen muß wie eine Kindereisenbahn oder eine aufgezogene Laufpuppe. Doch ich kann nicht umhin zu glauben, daß die Umstände zuweilen mit manchem ein seltsames Spiel treiben, das dann eine Art «Schicksal» darstellt. Der Mensch versucht gar nicht, sich gegen diese Umstände aufzulehnen und läßt sich freiwillig ins Verderben ziehen.

Jean Cocteau zitiert in einer seiner bei uns schon fast vergessenen Geschichten eine alte persische Legende: Ein junger Gärtner kommt in Panik zu seinem Herrn und bittet ihn inständig, ihm ein schnelles Pferd zu leihen. Am Morgen sei er dem Tod begegnet und der habe gedroht, ihn zu holen. Er selbst wolle noch heute in Ispahan sein, um dem Tod zu entrinnen. Der Herr lieh ihm das Roß, und am Nachmittag begegnete auch er dem Gevatter Tod. «Warum hast du heute meinem Gärtner gedroht, ihn zu holen?» «Ich hab' ihm nicht gedroht», sagte drauf der Tod, «ich war nur erschrocken und hob vor Schreck den Arm, weil ich ihn hier antraf, wo ich ihn doch noch heute in Ispahan ins Jenseits befördern soll.»

Etwas Ähnliches hab' ich auch in meiner eigenen Familie erlebt. Ich hatte eine Schwester. Sie lebte ruhig und zufrieden in dem stillen Ort Rosental (Růžodol) bei Reichenberg (Liberec). Wenn es etwas gab, wonach sie sich nicht sehnte und was sie nicht mochte, weil es ihr eher unangenehm war, so war das gewiß eine Reise nach Prag. Sie lebte ganz still und zurückgezogen inmitten ihrer Familie und der freundlichen Röslein in ihrem Garten. Es gibt viele solcher Leute. Eines Tages kam ihr aber aus heiterem Himmel ganz überraschend die Idee, sie *müsse* nach Prag fahren. Sie hatte keinen rechten Grund dafür. Nur das unabweisbare Verlangen zu fahren. Vergebens suchte man sie von ihrem Vorhaben abzubringen. Zu alledem hatte ihr Schwiegersohn, der sie nach Prag bringen sollte, keine Zeit. So fuhr sie mit ihrer Tochter. Ein paar Kilometer hinter Reichenberg verunglückten sie. Niemandem sonst passierte etwas, nicht einmal das Auto wurde beschädigt – nur meine Schwester war tot!

Ebenso scheint mir das schicksalhafte Drängen der Anička Viková, ihr zu einer Anstellung in Prag zu verhelfen, vorgezeichnet zu sein. Nach ihrer Ankunft in der Hauptstadt sollte ich noch Gelegenheit haben, zwei ihrer Amouren mitzuerleben. Daß ihr mich recht versteht, ich mischte mich nicht in ihr Privatleben ein. Doch zum einen hatte sie mich darum gebeten, und zum andern ging es um zwei Freunde von mir. Ich muß zugeben – an beiden Liebesaffären war sie offensichtlich unschuldig. Ihr mädchenhafter Liebreiz war schuld! Zuerst verliebte sich mein Freund, der Maler M., unsterblich in sie. Ich gestehe, ich wußte vorher nicht, was eine jähe Liebe aus einem auf den ersten Blick ganz normalen und vernünftigen Menschen machen kann. Daß er zu arbeiten aufhörte, hätte ich ja schließlich und endlich noch verstehen können. Schlimmer war: Er aß nichts mehr und wankte wie ein lebender Leichnam durch die Prager Gassen. Obwohl ich es nicht verstehe und auch gar keine Lust habe, in solch delikaten Situationen etwas zu unternehmen, mußte ich diesmal im Interesse meines Freundes, den ich gern hatte, ziemlich unerbittlich eingreifen. Trotzdem dauerte die ganze Geschichte ein paar peinliche Wochen. Der Maler ist schon lange tot, doch noch nach Jahren drückte er bei der Erinnerung an diese Episode wenigstens meinen Rockärmel, und es lief ihm kalt über den Rücken.

Bald darauf verliebte sich ein anderer meiner Freunde in Anička Viková. Diesmal war die Sache ein wenig komplizierter. Denn auch Anička verliebte sich ein bißchen in den Schriftsteller S. Doch leider war ihr Partner schon verehelicht. Diesmal bat sie mich um einen fast unmöglichen Liebesdienst. Mein Freund S. hatte eine noch recht junge, sehr brave Frau. Auch diese Affäre mußte irgendwie ein vernünftiges Ende nehmen, und so verschwand Anička für einige Zeit aus meinem Leben. Nur hin und wieder hörte ich von ihr. Dann begegnete ich ihr einmal. Wieder war sie unzufrieden. Prag genügte ihr nicht. Sie war unglücklich, wollte entweder nach Paris oder nach Berlin. Diesmal konnte ich ihr freilich nicht helfen. Doch ich war ganz froh, als man mir erzählte, sie habe sich in Prag in einen Berliner Redakteur verliebt. Ich wünschte ihr viel Glück. Und da sie ausdauernd ihrem Schicksal hinterhereilte, reiste sie bald darauf mit ihrem Freund nach Berlin.

Noch vor der Besetzung der Tschechoslowakei, als die Kriegsvorbereitungen in Deutschland ihren Höhepunkt erreichten, flüchteten beide wieder nach Prag. Indes, ihr Mann hielt es für sicherer, sich nach Moskau abzusetzen; Anička Viková blieb an der Moldau. Zu Beginn der Okkupation wurde sie von den Nazis verhaftet und ins Prager «Pankrác»-Gefängnis eingeliefert. Jene, die sie dort sahen, darunter auch Julius Fučík, der Autor der berühmten «Reportage unter dem Strang geschrieben», berichten, sie sei noch immer schön gewesen, ungebrochen, edel und fest. Nur ihr Haar war ergraut. In den Tagen der «Heydrichiade» wurde sie erschossen. Wahrscheinlich hat man sie, wie Vladislav Vančura, auf dem Schießplatz in (Prag) Kobylisy füsiliert.

Es war im Juni eines wunderschönen Sommers. Ein schöner Sommer pflegt im «Český ráj» (Böhmischen Paradies) noch schöner zu sein als anderswo. Zumindest will es mir so scheinen. In dieser Landschaft fühle ich mich daheim. Als wäre sie meine Heimat!

Ende Juni machte ich einen Ausflug zu den Prachover Felsen. Unterwegs rastete ich auf dem Stein eines Denkmals, das dort zum Andenken an die in der unseligen Schlacht bei Jičín im Jahre 1866 Gefallenen steht. Damals waren noch nicht hundert Jahre seit dieser Schlacht vergangen.

Lange schaute ich nach Libuň und zu der Burgruine «Trosky» hinunter. Die Aussicht war damals noch nicht durch Baumwerk verwachsen. Heute verstellt uns hier ein Wall von Bäumen die Aussicht.

Welch ein Anblick bot sich mir früher dort! Das kleine, idyllisch lockende Libuň mit seinem Dorfkirchlein verlor sich im Grün der blumendurchwirkten Wiesen, und die Trosky in der Ferne schienen grau, dann blau, gegen Abend rosig. Die herausgeputzte Anmut der Landschaft lockte, sich in sie zu versenken, und darüber band das Lied der Lerche das emporsteigende Firmament zusammen, wie eine glitzernde Spange, den Brokathimmel über einem Brautlager zusammenhält. Auf dem schwarzgewordenen Sandstein des Denkmals kletterte plötzlich eine blaßblaue Eidechse zu mir empor. Sie schaute sich um, und als sie mich erblickte, verschwand sie irgendwo hinter dem Monument in einem Grasbüschel. Leb wohl, kleine Echse, nie im Leben werd' ich dich wiedersehen. Dann flatterte ein Pfauenauge herbei. Lautlos fächelte es mit den Flügeln und schwebte mit dem ersten Windhauch davon. Zuletzt kam ein kleiner schwarzer Käfer angetippelt, huschte über den Stein und versuchte, als er die eingemeißelte Inschrift entdeckte, mühsam eine Letter nach der anderen zu erklimmen. Nun erst bemerkte ich die deutsche Inschrift. An dem Ort, wo ich mich befand, hatte damals die Schlacht begonnen. Er liegt am Rande des Schlachtfelds. Alte Zeitzeugen aus Jičín erzählen noch heute, ohne sich lange bitten zu lassen, von diesem historischen Ereignis. Am Morgen des 28. Juni, etwa um 9 Uhr, verbreitete sich durch Jičín mit Windeseile die Kunde, die Preußen zögen gegen die Stadt.

Die starke preußische Artillerie war von Libuň aus auf dem Vormarsch und rückte über Kněžnice und Jinolice auf Jičín vor. Gleich darauf besetzte ein Bataillon österreichischer Jäger die Höhe «Čeřovka», gleich über der Stadt, und ein kleines Dragonerdetachement das Gelände zwischen der Landstraße nach Kbelnice und dem Jičíner Teich. Von dem Denkmal bei Prachov konnte man, als ich dort weilte, all diese Orte sehen. Jeder Schritt der Preußen wurde mit hohem Blutzoll bezahlt, trotzdem rückten sie energisch vor, und nichts konnte ihnen Einhalt gebieten. Der erste Schuß aus einem österreichischen Geschütz riß einem preußischen Artilleristen, der nicht rechtzeitig in Deckung gegangen war, den Kopf ab, und das war der Auftakt zu einem Artillerieduell über der Stadt. Doch die Preußen stürmten unaufhaltsam vorwärts. Sie hatten bessere Zündnadelgewehre, die viel schneller feuerten als die veralteten österreichischen Flinten. Die preußischen Kommandeure waren offensichtlich auch erfahrener. Der österreichische General Graf Clam Gallas rührte sich nicht einmal dann von seinem Mittagstisch in einem Jičíner Gasthof, als die sächsische Artillerie bereits nach Jičín geeilt war, um die kopflose Flucht seiner Soldaten von der Walstatt zu decken. Die Schlacht war verloren, und die Gefilde rings um den Jičíner Teich waren mit Toten übersät. Dort hatten österreichische Infanteristen gefochten.

Jičín selbst war voller Verwundeter. In den Kirchen, Kasernen, Schulen, im Schloß und im Kartäuser-Kerker lagen Verwundete und Sterbende, doch es gab nicht genug barmherzige Samariter, die ihnen wenigstens einen Schluck Wasser gereicht hätten.

Auf der Chaussee gen Kbelnice häuften sich tote Dragoner. Diese alten Feschaks lagen da ohne Pferd und Helm. Andere hatten den Helm in die Stirn gedrückt, und ihre schönen Schnurrbärte sprossen irgendwie lächerlich aus den toten Gesichtern. Wo war die Pracht der Goldhelme und der Stolz der roten Dragonerhosen geblieben!

Jičín wimmelte von der siegreichen Armee. Die vierschrötigen, lärmenden Preußen machten sich überall breit. In den Wirtschaften und in den Häusern. Sie plünderten, wo sie was fanden, und nahmen schamlos mit, was ihnen gefiel. Das österreichische Heer samt vieler Zivilisten befand sich auf der Flucht in Richtung Prag.

Und heute tippelt hier ein Käferchen über die Namen der gefallenen Offiziere, und es herrscht eine duftige Sommerstille.

Der Zweite Weltkrieg ist vorbei, ich bin wieder mal nach Jičín gekommen und spaziere auf dem Marktplatz umher. Ich zähle die Toten. Es sind nicht wenige. Auf dem Marktplatz gab es früher einige prächtige Geschäfte, die Jičíner Juden gehörten. Sie sind fast alle tot. Zu meinen Jičíner Freunden gehörte auch die Familie Goliat; sie wurde in alle Winde zerstreut und zur Hälfte ausgerottet.

Otto Goliat betrieb in einem alten gotischen Haus auf dem Marktplatz einen Tuchladen. Jeden Morgen pflegte er Muster seiner Ware an den Holzflügeln des breiten Haustors aufzuhängen. Doch das Geschäft machte ihm anscheinend keine Freude und florierte auch nicht recht; sein Besitzer machte kein Vermögen. Lieber befaßte er sich mit öffentlichen Angelegenheiten und war in der Gemeindevertretung tätig. Düster dreinblickend und streng wie ein alttestamentarischer Prophet schritt er stets dahin. Doch er war kein böser Mensch, wie manche fälschlich meinten. Er war gerecht. Auf seinem Nachttisch lag Heines «Buch der Lieder». Seine Frau dagegen hatten die Leute gern. Beide wurden sie ermordet samt ihrem jüngeren Sohn.

Doch das Leben läuft im Trab weiter. In Goliats Haus ist heute ein Obstgeschäft, auf den Pulten leuchten Berge von Orangen und Zitronen, und die Tür geht dort nie zu. Wenn ich mich der Jičíner Strafanstalt nähere, gibt es mir einen Stich ins Herz.

Ach, Anička Viková, die Welt ist furchtbar!

Es ist noch nicht lange her, da erhielt ich von einem meiner Leser, den ich nicht kannte, einen freundschaftlichen Brief.

Darin schreibt er mir, unlängst sei er in Jičín gewesen, und weil er kurz zuvor auch meine Verse über Jičín und den Schneider Trnka gelesen, habe es ihm keine Ruhe gelassen, und er habe die Sterne am Heiligenschein der Jungfrau Maria, die auf dem Marktplatz steht, nachgezählt. In meinem Gedicht heiße es:

Mitten am Marktplatz ragte ihr Standbild aus Stein,
dreizehn Blechsterne waren ihr Glorienschein.

«Ich überprüfte die Aura und zählte dort wirklich vierzehn Sterne. Sie haben also falsch gezählt!»

Der Autor des Briefes hatte zwar unterschrieben, doch vergessen, seine Anschrift zu verraten. Hätte ich ihm antworten können, ich hätte ihm geschrieben:

Keineswegs, mein lieber Herr, ich hab' richtig gezählt. Damals haben wir's sogar zu zweit getan. Falls aber nun vierzehn Sterne am Heiligenschein der Marienstatue auf dem Jičíner Marktplatz prangen, so ist dort ein kleines, ganz heimliches, «nicht öffentliches» Wunder geschehen. Ja, der vierzehnte Stern ist vermutlich in dem Moment vom Himmel geschwebt, als der schöne Kopf der Anička Viková auf dem Schießplatz von Kobylisy in den blutigen Sand fiel.

Brünnlein und Dichter

Das Städtchen Sobotka und die umliegende Gegend kenn' ich recht gut. Von Jičín, wo ich oft weilte, ist es querfeldein nur ein Spaziergang. Es sind ein paar Schritte, ein paar Gräber dahin und etwa zwölf Kilometer. Hätte ich Sobotka nicht so gern, ich müßte es beneiden. Zuerst um die stille, herrlich düstere Burg, dann um die Semtíner Linde, den exotischen «Humprecht» und schließlich um einen geheimnisvollen Wasserspiegel im Wald, den Teich Nebákov. Auch um ein paar herrliche Ausblicke auf die Trosky, und schließlich um einen Dichter, der die ganze Landschaft umarmte, herzte und küßte und auch noch ihr verstaubtes Gras streichelte.

Durch einen Dichter wird jede Landschaft gleichsam vollendet. Der Dichter errät mit Sicherheit das Geheimnis ihrer Schönheit und vollendet sie durch sein Lied.

Sobotka kannte ich also schon, und fast auswendig kannte ich viele Verse Fráňa Šrámeks, in denen er diese Gegend besang. Auch ich hatte schon einige meiner ersten Gedichtbände herausgegeben und verspürte deshalb das Verlangen, den berühmten Dichterkollegen kennenzulernen. Ich dachte, ich hätte dazu ein, freilich ziemlich anfechtbares, Recht! Wieso ein

Recht? – Doch nehmen wir an, ich hätte es gehabt! Ich erinnere mich lebhaft an einen Augenblick, als St. K. Neumann einen ziemlich dicken Umschlag aufmachte, in dem einige neue Gedichte Šrámeks lagen. Der Autor hatte sie ihm für seine Zeitschrift «Červen» (Juni) gesandt. Ich weiß noch, es waren die «Romance», «Čilimník» (Der Goldregenbaum) und «Neopatrný» (Unvorsichtig oder Der Unvorsichtige). Šrámek hat sie später in die erweiterte Ausgabe seiner Sammlung «Splav» (Am Wehr) aufgenommen. Als Neumann die Gedichte las – Neumann trug die ganze Redaktion des «Červen» in seiner Aktentasche mit sich herum, müßt ihr wissen –, bemerkte ich: Zuerst leuchtete in seinen Augen ein Ausdruck der Zufriedenheit auf, dann glitt ein leises Lächeln über sein Antlitz – und schließlich strahlte er vor Freude.

«Lies das mal», sagte er, «es sind die schönsten Gedichte, die in den letzten Jahren bei uns geschrieben wurden.»

Fráňa Šrámek wohnte zwar in Prag nicht weit von mir, nur über einen Hügel, doch ich wollte mit ihm in seiner ihm vertrautesten Welt, bei seiner Mama in Sobotka, zusammenkommen.

Ehe ich mich entschloß, Šrámek zu schreiben, rief Karel Čapek bei Hora an, wir sollten ihn besuchen, auch Šrámek werde da sein. Wir gingen gerne hin. Auch Hora hatte Šrámek bisher nicht kennengelernt. Doch Šrámek kam, wie schon einige Mal zuvor, nicht. «Er ist einer von den Scheuen», bemerkte Karel Čapek, «doch sonst ist er ein sehr feiner Mensch. Sie müssen ihn gewiß kennenlernen. Seien Sie geduldig.»

Ich schrieb Šrámek sodann einen Brief, ich käme gern nach Sobotka und wäre derzeit in Jičín. Er ließ mich wissen, ich möge ruhig erscheinen, er werde ohnedies den ganzen Juli da sein; er freue sich.

Etwa Mitte Juli fuhr ich von Prag nach Sobotka. Vom Bahnhof stiefelte ich stante pede zum Marktplatz. Ich wanderte ohne Scheu dorthin, brachte Šrámek einen Gruß von Neumann mit und eine Mitteilung.

Jedoch sagte man mir in Šrámeks Haus, der «Herr Dichter»

sei vor zwei Tagen abgereist. Seine Frau in Prag sei plötzlich krank geworden. Macht nichts, ich komm' ein andermal!

In dem Band «Čeština, nástroj básníků» (Tschechisch – ein Instrument der Dichter) berichtet Ladislav Stehlík, ich hätte damals in aller Herrgottsfrüh an die Tür geklopft, der Dichter sei grad beim Rasieren gewesen. Man hätte mich nur gebeten, einen Moment zu warten, doch ich hätt's nicht getan. Das stimmt nicht. Es ist eine Tratscherei. Ich mußte sie Stehlík aber sogleich verzeihen, denn er erwähnt in diesem Zusammenhang auch eine schmeichelhafte Äußerung Šrámeks über meine Verse und über mich. So bin ich schon still. Doch als ich damals in Sobotka war, hätte ich gewiß auch bis zum Abend auf Šrámek gewartet.

Zum drittenmal versuchte ich ihn zu besuchen, als ich eines Sommers in Jičín weilte.

Wird's regnen?

Ach wo! Es hat nur in der Nacht ein bißchen genieselt, und alles duftet nach Sommerregen. Die Landschaft war wie frisch gebadet, lauter Tau, Glanz, Lächeln. So machte ich mich auf den Weg. Von Jičín aus ist es ein wunderhübscher Spaziergang. Man wandert an zwei Teichen vorbei, links liegt das Dorf Veliš, wo der später als Jazz-Komponist so berühmte Jaroslav Ježek auf der Orgel zu präludieren pflegte, und bald tauchen schon die Trosky vor einem auf, die den Wanderer dann begleiten.

Vor mehr als hundert Jahren, anno 1855, wanderte der blutjunge Antal Stašek diese Straße, damals hieß er noch Antonín Zeman, und war Schüler der zweiten Klasse des Jičíner Gymnasiums. Sein älterer Kamerad Šorm begleitete ihn auf dem Weg nach Sobotka. Irgendwo hinter Jičín begegneten sie einem älteren, heruntergekommenen Mann. Er blieb stehen und wechselte ein paar Worte mit ihnen. Es war Josef Kajetán Tyl (der berühmte Dramatiker und Dichter der späteren tschechoslowakischen Nationalhymne «Kde domov můj»). Als sie Abschied nahmen, drückte er beiden herzlich die Hand.

Die gleiche Hand, die jene Tyls gedrückt hatte, drückte

später die meine. Besonders eindringlich kam mir dies zum Bewußtsein, als Stašek gestorben war, und ich fragte mich, welche unausgesprochene und vielleicht nur erahnte Botschaft die Hände der alten Dichter aus dem vorigen Jahrhundert bis in unsere Tage an mich weitergaben und an wen ich sie in unserem kleinen und nicht immer glücklichen Land weiterreichen würde.

Einen Katzensprung weit von Sobotka liegt das Dorf Samšina. Die Touristenhandbücher machen den Leser darauf aufmerksam, daß sich von diesem Dorf einer der schönsten Ausblicke auf die Trosky-Ruinen bietet.

Ja, es stimmt! Ich kenne viele Panoramen dieser Burgruine, doch das von Samšina ist wirklich eines der schönsten. Wie ist es überhaupt möglich, daß eine Ruine so wunderbar ist! Lange stand ich ganz bezaubert dort und sann über dieses steinerne Symbol der Landschaft nach, ohne das ich mir diese Gegend gar nicht vorstellen kann. Wie diese Burg einst aussah, weiß man wohl gar nicht mehr so genau, doch gewiß war sie nicht so anmutig wie ihre Ruinen, die auf zwei Granittischen nebeneinander gen Himmel ragen. Die Trosky begannen an jenem Tag ihre heutige Gestalt anzunehmen, als die raubgierigen Hände der schwedischen Soldateska die Burg in Schutt und Asche legten. Auf die Schweden folgten Wind, Wasser, Frost und die Zeit, setzten das Werk der Zerstörung fort und vollendeten es. Man möchte sagen – ein Werk des Verderbens, doch nein, es war eigentlich kein Verderben. Die destruktiven Kräfte haben ein malerisches, aus der Landschaft nicht wegzudenkendes Monument geschaffen. Heute hüten wir jeden Stein, daß er nicht an den beiden Felshängen hinunterrolle, und tun alles, um die Ruine für unsere Zeit und künftige Zeiten zu bewahren.

Ein Bild der Trosky, eine Zeichnung von Zdeňka Braunerová, pflegte übrigens Paul Claudel als «Ex libris» in seine Bücher zu kleben. Doch die Menschen dieser Gegend tragen ihr Bild im Herzen.

Wie viele tragische Ruinen mußten wir nach dem Ende des Zweiten Weltkriegs schauen. Es waren auf der einen Seite

Bilder menschlicher Barbarei und menschlicher Verderbnis, auf der anderen Bilder der Ohnmacht und der Verzweiflung. Doch die Trosky, die für uns *die* Ruinen sind, wurden schon längst zu ihrer neuen Ganzheit erhöht.

Die Trosky-Ruine, die wir lieben, lächelt uns schon von weitem zu.

Wieder kam ich vergebens nach Sobotka! Der Dichter war damals noch nicht eingetroffen. Macht nichts, einmal werd' ich ihn dort doch noch überraschen.

Es gelang mir erst nach dem Jahr 1952, doch dazu mußte ich das Gittertor des Friedhofs von Sobotka auftun.

Doch ehe ich damals noch nach Sobotka kam, sandte mir Karel Nový eine alte Ausgabe von Máchas «Máj», die im Verlag Kobr erschienen war. Als ich das Buch aufschlug, fand ich einen an mich gerichteten Brief Šrámeks darin. Den Brief hatte freilich Karel Nový in das Buch gelegt. Es war zwar nur ein kurzer, doch herzlich gehaltener freundschaftlicher Gruß. Šrámek hatte das Schreiben offenbar einem Boten anvertraut, der es aber nicht überbracht hatte. Ich erhielt den Brief nie! Nový hatte ihn für ein paar Kronen im Antiquariat erstanden.

Das niedrige Grabmal des Dichters liegt am Fuße des «Humprechts» unter Bäumen an der Friedhofsmauer. Ach gewiß, die Bäume rauschen wie Harfen. Auf dem Türmchen des «Humprechts» glänzt der Mond wie ein goldenes Jagdhorn an den Lippen der Brisen, Winde und Stürme, und so herrscht über dem Grab des Dichters niemals friedhöfliche Totenstille.

Als ich wieder aus dem Tor des Kirchhofs trat und mir die Verse Šrámeks durch den Sinn gingen und mich erfüllten, überlegte ich, welchen Weg ich nehmen sollte, damit die Verse noch lang nicht verklängen! Ich beschloß, an jenen Orten vorbeizuwandern, die der Dichter so liebte. Eine Weile später rauschte schon die Semtíner Linde über meinem Haupt, und es währte nicht lange und ich stand vor der düsteren Burg Kost. Zurück werde ich nicht über die Chaussee wandern. Ich lief zur Burg hinunter und von dort durch ein entzückendes kleines Tal, an dem alles so zart und fein ist wie sein Name

«Plakánek» (etwa: «Heulliese»). Ich freute mich auf des Dichters «Roubenka», ein kleines Brünnlein im Felsen. Doch schon von weitem bemerkte ich, daß, obwohl doch seit dem Tode des Dichters schon etliche Tage und Jahre vergangen sind, in den Augen des Brünnleins noch immer glitzernde Tränen funkeln.

Zweiter Teil
Ein Himmel voller Raben

Vorrede

Vor dem breiten Fenster in Břevnov, gleich hinter dem kleinen Gärtchen, grünte vom Herbst bis zum nächsten Sommer die Saat. Hinter dem Feld gab es dann verlassene Steinbrüche, die im Sommer voll schlanker Königskerzen standen. Hinter den Steinbrüchen führte die Straße ins Tal hinab, dahinter gab es wieder Felder und hinter ihnen einen felsigen Hain. Rückte ich im Herbst den Sessel an das weit geöffnete Fenster, so konnte ich die Lerchen wie aus einer Loge im Nationaltheater hören.

Das Gelände vor meinem Fenster ist längst verbaut. Das Kornfeld hat sich längst in Drahtzäune um Häuser und Villen verwandelt. Rebhühner und Fasane, die manchmal in unser Gärtchen gekommen sind, sehen wir nicht einmal mehr im Winter, und die Hasen – sie liefen uns oft sogar zwischen die Beine – sind ein Stück weiter geflüchtet. Treu sind uns nur die Raben geblieben, und es scheint, daß sie immer zahlreicher werden. Sie kommen immer Ende Oktober, wenn es schon beinahe sicher ist, daß es keinen einzigen schönen Tag mehr geben wird. Scharenweise ziehen sie herbei, erfüllen die Luft mit ihrem unheilverheißenden Gekrächze und lassen sich mit Vorliebe auf die schwachen Birkenzweige nieder, die sich unter der Last tief herabbiegen.

Einmal im Herbst hatte ich einen stark zerschossenen und schon verwesenden Hasen im Komposthaufen vergraben. Die Raben zerrten ihn heraus und widmen seither unserem Gärtchen besondere Aufmerksamkeit. Nervös und eifrig fliegen sie hin und her, und mir kommt es vor, als ob sie uns unter den Fenstern einen Katafalk errichten würden.

Der Herbst ist zur Hälfte mehr als trübselig. Jeder von uns bleibt für ein Weilchen stehen und blickt verwirrt zurück. Das Stück Leben, das wir durchwandert haben, ist voll lieber und geliebter Gesichter; unsere Augen suchen sie dort, und wir rufen sie im Geist herbei.

Unter Tausenden entdeckte ich ein vergessenes Antlitz, und ich erinnerte mich an eine Begegnung. Schon seit meiner Studentenzeit begegnete ich auf der heutigen Národní třída öfters einem älteren Herrn mit Stock und schwarzem eingedrücktem Hut. Ich pflegte höflich zu grüßen, er lächelte mir zu und griff freundlich an den Hut. Es war Ignát Herrmann. Erst nach vielen Jahren, Ende der zwanziger Jahre, hielt er mich einmal an und wollte, wohl aus Neugierde, wissen, wer ich sei. Wir machten uns ganz einfach bekannt.

«Junger Mann», sagte Herrmann zu mir, «aus meiner Generation habe ich niemand mehr auf der Welt. Alle sind tot, ich bin völlig allein.» Um uns brauste die Národní třída, die Menschen eilten vorbei und standen herum, und ich glaubte seinen Worten nicht. Das waren doch lauter Bekannte und Leser. Nein, verlassen war er wirklich nicht.

Anfang der zwanziger Jahre, im Herbst, haben wir den Almanach «Devětsil» herausgegeben. Daran erinnerte mich Herrmann mit leisem Lächeln. Warum wir gerade den Herbst auch auf dem Titelblatt so hervorgehoben haben, weiß ich nicht mehr. Der Almanach hat damals genug Aufsehen erregt. Wie viele von uns, die wir uns um diesen Almanach herum zusammengefunden haben und auf einer der letzten Seiten angeführt sind, gibt es noch? Zwei, drei – mehr nicht! Und ich bin der einzige, der noch leise «Hurrah!» ruft und die Feder in die Tinte taucht. Alle anderen sind tot. Ich suche hinter mir die Gesichter. Sie tauchen auf, um aber gleich im Dämmer des schlechten Gedächtnisses zu zerfließen.

Ich öffne dieses alte Buch und werde traurig. Eine Welle von Erinnerungen schlägt über mir zusammen. Der heiße Atem alter Lieben ist aber schon längst erkaltet. Was waren das doch für Namen! Ivan Goll, Foujita, George Grosz, Zadkine, Kisling, Archipenko! Ich sage mir die Namen vor, die mir heute nicht mehr so viel sagen. Und ich denke an andere!

Was für ein Glück wäre es, Vančuras Hand zu drücken! Was

würde ich dafür geben, wenn ich in der «Slávie» mit Teige eine Pfeife rauchen könnte! Hätte ich gerade keine bei mir, er würde mir gerne eine leihen. Seine Taschen waren ja immer voll Pfeifen, die er ständig wechselte. Wie gerne würde ich bei Šuteras mit Vítězslav Nezval eine Flasche Wein leeren und mich in diesem Augenblick bestimmt an die Tage erinnern, als er uns temperamentvoll den «Wunderbaren Zauberer» rezitierte, der eben zum erstenmal im Almanach erschienen war. Ich selbst habe ihn in die Druckerei getragen, und noch heute kehren mir die bezaubernd schönen einführenden Verse ins Gedächtnis zurück:

«Du träumst von einer neuen Kultur, und ich singe
erneut dir in den Veränderungen,
Fontäne du, mit der Tigerin...»

Ich blättere in den vergilbten Seiten, und in der Erinnerung kann ich auch die letzten Sätze von Karel Teiges programmatischem Artikel nicht auslassen, mit denen der Almanach schließt:

«Die Schönheit der neuen Kunst ist von dieser Welt. Aufgabe der Kunst ist es, Schönheiten gleicher Art zu schaffen und in schwindelnd kühnen Bildern und mit ungeahnten Rhythmen der Gedichte *alle Schönheit dieser Welt* zu besingen.»

Im Buch sind diese letzten Worte mit großen Buchstaben gedruckt und zwischen zwei Setzerzeichen mit ausgestrecktem Zeigefinger eingeklammert. Das machten wir damals mit großer Vorliebe – sogar in Versen.

Viel mehr als fünfzig Jahre sind verflossen, seitdem der Almanach «Devětsil» erschienen ist. Es ist ein beklemmender Oktobertag. Ich fand mich auf der Národní třída wieder. Hastig eilte das Leben an mir vorbei, ich konnte mich nicht satt sehen. Doch es wollte mir scheinen, ich sei schon ganz allein auf der Welt.

Der Weg nach Nelahozeves

Die kleine, ärmliche Blume, schöner anzusehen als alle anderen und hübsch wie mit freundlichem Rot bemalt, nannten wir rote Taubnessel. Wir pflückten sie auf den Hängen bei Kralup, trockneten sie, und im Herbst und Frühling, wenn der Husten uns schüttelte, tranken wir ihren Absud.

Es war keine rote Taubnessel. Es gibt gar keine Blume dieses Namens. Ihren richtigen Namen erfuhr ich erst unlängst, als ich im Krankenhaus in Motol herumlag und ein Buch durchblätterte, das mir eine der Schwestern geliehen hatte. Es war die «Pflanzenkunde» von Jaroslav Petrbok, von Svolinský mit zarter Strenge illustriert. Und dort habe ich endlich, nach fast siebzig Jahren, erfahren, daß die Blume, die wir pflückten, mit richtigem Namen ožanka kalamandra (Frauenbißkraut, Teucrium chamandrys) heißt, und gleich auf der nächsten Seite habe ich ihre nahe Verwandte kennengelernt, die ebenso ärmliche und ihr ähnliche marulka klinopád (Quirlborste, Calamintha clinopodium Moris).

Mein Gott, was für wunderschöne Namen haben sich die Leute für zwei völlig unscheinbare Blumen ausgedacht! «Ožanka kalamandra» und «marulka klinopád»! Ich sagte mir diese zwei Namen vor, als ob ich die Laute, die der Atem auf Gaumen und Zunge zergehen läßt, liebkosen würde, und konnte von ihrer Melodie nicht genug bekommen. Nur um sie gleich wieder von neuem aussprechen zu können, verdrehte ich die Namen: marulka kalamandra und ožanka klinopád. Ach nein, ožanka kalamandra und marulka klinopád. Wie versteht doch unsere tschechische Sprache zu zaubern, was vermag sie aus einem fremden, kaum aussprechbaren Wort zu machen!

Gegen Abend, ebenso wie in den Morgenstunden, geht es im Krankenhaus lebhafter zu. Die Schwestern rüsten sich nach dem Dienst für den Heimweg und müssen denen, die nach ihnen zum Nachtdienst antreten, die Patienten versorgt übergeben. Sie bringen Medikamente für die Nacht, richten die Kranken zum Schlafen her, schütteln ihnen die Kopfkissen auf. Und schon müde laufen sie noch immer zwischen den Patienten hin und her.

«Schwester, Sie lächeln immer und sind von allen die netteste!»

«Wir wären alle nett, und alle würden wir lachen, wenn wir nur genug Zeit dazu hätten!»

Fast siebzig Jahre hat es gedauert, überlegte ich, als ich den Kopf auf das harte Kissen legte. Zwei große Kriege. Einige Operationen habe ich durchgemacht, eine davon schwer, zehnmal war ich im Krankenhaus, so viel Liebe, Haß und Zorn, Freundschaften und Feindschaften habe ich erlebt, und noch ein elftes Mal mußte ich ins Spital, um endlich zu erfahren, wie die eine Blume meiner Kindheit eigentlich heißt.

Jetzt liege ich da und bin schon zu alt, um für kommende Zeiten noch groß zu planen, aber doch wieder nicht so alt, um nicht wenigstens an die Hoffnung zu glauben, du meine ärmliche, anmutige ožanka kalamandra.

«Sind Sie da?» fragte die Stationsschwester, als sie durch die halboffene Tür in mein Zimmer schaute. «Sie bekommen noch eine Spritze.»

Aber ich war nicht da. Ich saß auf dem durchwärmten Kalkhang über dem langen, engen Weg nach Nelahozeves. Ringsherum blühten lauter Blumen. Und ein wunderschöner, duftender Strom strömte langsam und still vorbei an allen meinen jungen und ungeduldigen Sinnen.

Auch auf der Treppe der Kirche des hl. Prokop spielten wir Mühle, und ein böser Meßner mit einem lustigen schwarzen Käppchen jagte uns meist davon. Ebenso aus den Winkeln an der Außenseite der Kirche, wo wir zum Murmelspiel unsere Ruhe hatten; niemand zertrat uns dort die Murmeln. Wir tummelten uns auf Dachböden und in Kellern, an denen keine Schlösser hingen. Und gerne saßen wir auf den Bordsteinen vor Wirtshäusern und Läden, wo Spirituosen ausgeschenkt wurden. Vor den einen wegen der faszinierenden Schönheit der Gassenhauer, vor den anderen wegen des Anblicks der Betrunkenen. Die Läden – Schnapsbuden genannt – waren schon von den frühen Morgenstunden an voll, und die Besucher wechselten häufig. Jeden Augenblick brach dort ein lärmender Streit aus, und wir spitzten neugierig die Ohren. Zu den Kellern dieser Häuser gingen wir, um den Duft der Spirituosen, die dort in kleinen Fässern gelagert waren, einzusaugen. In einem dieser Häuser wohnte auch einer meiner Mitschüler. Ihn habe ich oft besucht, und auf der Pawlatsche sogen wir gierig den Duft des Verbotenen und Giftigen ein. Nicht nur der Keller, auch der Hof und das ganze Haus dufteten.

Manchmal, wenn der Laden voll war und niemand uns beachtete, schauten wir neugierig hinein und lasen die Namen auf den großen Flaschen in den Regalen.

Der Magadot war unheilverkündend dunkel, der «Teufel» grün wie ein Billardtuch, ebenso ein anderer Schnaps, der den damals bei uns verbotenen Absinth ersetzte. Korn, Kontuszowka und Kümmel standen beinahe farblos da, Sliwowitz und Gin schwach golden und Griotte rot wie Mutters Granatarmband. Světluška war hellgrün. In Žižkov haben sich einmal mit diesem Likör acht Menschen fast vergiftet. Offenbar wurde er aus Holzspiritus hergestellt.

Es gab weder Tische noch Stühle im Laden. Die Gäste

standen an der Theke oder lehnten mit dem Rücken an den schmutzigen Wänden. Von Zeit zu Zeit entließ ein lärmendes Menschenknäuel einen übermannten Trinker. Der torkelte dann über die Straße und hielt sich an den Hauswänden fest. Manchmal mußte sogar der Korbwagen der Polizei kommen, um den armen Kerl, der nicht mehr allein gehen konnte, unter seinem Schutzdach fortzuschaffen. Das war ein aufregendes Schauspiel, bei dem sich außer uns auch eine Menge anderer Passanten ansammelte.

All dies Absonderliche und ein wenig Geheimnisvolle wurde aber noch gesteigert durch etwas sehr Anziehendes. Der düstere und schweigsame Schnapsbudenbesitzer hatte nämlich ein hübsches Töchterchen. Wir sahen sie immer mit einer riesigen roten Schleife auf der Straße herumlaufen. Mein Freund und ich haben uns gleich in sie verliebt, wenn wir auch ratlos waren, wie wir es ihr gestehen sollten.

Die verliebte Schwärmerei haben wir uns ganz freundschaftlich miteinander geteilt. Wie wir aber das Lächeln geteilt haben, das sie uns manchmal schenkte, wenn wir die Augen nicht von ihr lassen konnten – daran erinnere ich mich nicht mehr. Sicher ist nur, daß es im übrigen bei der gemeinsamen süßen Sehnsucht blieb.

Nach ein paar Jahren, als aus mir schon ein Gymnasiast geworden war, schickte uns unser Geographie-Lehrer ins Náprstek-Museum. Ich trat in die breite Einfahrt des Hauses «U Halánků», und überrascht blieb ich auf der Schwelle stehen: Durch die Einfahrt wehte ein starker Duft von Spirituosen, wie er mir aus dem Laden in Žižkov so vertraut war. Die Wände der Einfahrt strömten ihn aus, er wehte durch den alten, kleinen Innenhof, und das ganze alte Haus war von ihm durchtränkt. Ich weiß es nicht sicher, aber mir scheint – der angenehme Geruch war ziemlich stark –, daß man dort damals noch Spirituosen brannte. Sicherlich nicht mehr lange. Und auch als man die Produktion in dem Haus eingestellt hatte, wich der Duft aus der Einfahrt nicht. Noch viele Jahre später, wann immer ich auf dem Bethlehemsplatz war, habe ich nie versäumt, in das Haus hineinzuschauen und an seiner Vergangenheit zu wittern.

Auch heute noch begegne ich in dieser Einfahrt dem rosigen Schatten einer Frau. Der, die einst unsagbar schön, oft traurig und krank, hier weilte und weinte. Sie selbst gesteht es. Zu Vojtěch Náprstek ging Božena Němcová um ein paar Kronen, wenn sie Not litt und die Kinder hungerten. Vojta Náprstek half ihr bereitwillig, auch wenn er wußte, daß er sich mit der Rolle eines nicht gerade glücklichen Freundes und Verehrers begnügen mußte.

Durch diese Einfahrt des Hauses «U Halánků» trug man vor genau einhundert Jahren – ich schreibe diese Zeilen im Herbst des Jahres 1973 – den Sarg mit dem Leib von Frau Anna Náprstková hinaus.

Was war das für ein feierliches Begräbnis! Halb Prag war auf den Beinen.

Damals war noch die Zeit der Mäzene. Wir waren ein armes Volk, es gab bei uns nicht viele. Frau Náprstková war eine von ihnen, und sie zeichnete sich durch eine nicht alltägliche Freigebigkeit aus. In ihrem Haus verteilte man an Arme und Hungernde allwöchentlich mehr als zweitausend Laibe Brot. Und nicht nur Brot verschenkte sie. Frau Náprstková hatte in ihrem Leben Not kennengelernt, und sie vergaß diese Erfahrung nicht, als sie reich geworden war. Sie wußte sehr wohl, was Mangel ist und wie Hunger schmeckt.

Heute wird vielleicht manch einer derartige Almosen verächtlich abtun, aber damals kümmerte sich niemand um die Armen. Man ließ sie langsam Hungers sterben.

Als diese Frau zum letztenmal ihr Haus verließ, versammelten sich an ihrem Sarg die Honoratioren von ganz Prag. Der Herr Bürgermeister mit goldener Kette und allen Ratsherren. Wer diese Würdenträger waren, erfuhren die Bürger, als man die Hlávka-Brücke über die Hetz-Insel baute: In die Brücke wurden riesige steinerne Medaillons mit den Porträts jener Ratsherren eingelassen. Und das nicht im vergangenen, sondern im ersten Viertel unseres Jahrhunderts!

Zusammen mit den Ratsherren schritten im Geleit auch Würdenträger der Landesbehörden und Vertreter der österreichischen Regierung – mit und ohne Uniform, mit und ohne Säbel. Es folgten Leute aus dem Prager Kulturleben, Vojta Náprsteks Bekannte, Dichter, Maler und andere Künstler, die in seinem Haus verkehrten. Dem Sarg folgten auch Damen des Amerikanischen Clubs in schwarzen Roben und mit schwarzen Schleiern vor dem Gesicht. Die städtische Scharfschützengarde in hohen schwarzen Bärenfellmützen mit Kinnriemen, die Gewehre mit aufgepflanztem Bajonett, und eine Menge Leute aus der Prager Gesellschaft. Der Trauerzug blitzte nur so von schwarzen Zylinderhüten.

Da geschah, kaum hatte sich der Trauerzug in Bewegung gesetzt, etwas Unerwartetes und Überraschendes. Aus den nahen Gassen und Gäßchen, die auf den Platz vor dem Haus mündeten, drängten sich jene an den Sarg, die sich Woche für Woche in dem Haus ihre milde Gabe, einen Laib Brot geholt hatten. Sie waren zahllos, diese Armen, und sie kamen aus ihren Kellerwohnungen und Löchern, aus düsteren Spelunken und Schlupfwinkeln, wie sie nicht nur in der Innenstadt, sondern auch in den entlegeneren Vorstädten reich gesät waren. Sie kamen, und auch sie wollten sich von ihrer Wohltäterin verabschieden. Sie hatten ein Recht darauf.

Sie schritten in ungeordneten Reihen und füllten den ganzen Raum hinter den offiziellen und einigermaßen überraschten Trauergästen.

Sie haben einfach das Begräbnis verdorben.

Es war eine unerwartete und gar nicht organisierte Demonstration, ein Hinweis auf die Zukunft, eine Andeutung künftiger Ereignisse in diesem Lande. Auch wenn die Menschen das damals noch nicht verstanden und nicht recht zu begreifen vermochten.

Dabei fällt mir ein, wie viele Namen unsere Sprache für diese Armen hat. Armut, Gesindel, Pack, Pöbel, Bande, Brut, Gelichter. Und das sind noch nicht mal alle. Man muß differenzieren, ich weiß. Es kam auch auf den Mund an, der diese Bezeichnung und wann er sie aussprach, aber letzten Endes nannte man so immer die armen Kerle, die es nicht fertigbrachten, sich der bürgerlichen Moral ihrer Zeit immer passend unterzuordnen.

«Es lebe der Sozialismus!» ruft der Held in Charles Louis Philippes Kurzgeschichte, als er vergebens versucht, seine Kinder wie kleine Hündchen unter dem Mantel vorbeizuschmuggeln, damit die gestrenge Hausbesitzerin sie nicht zählen konnte.

Es lebe der Sozialismus!

Unlängst war ich wieder im Haus «U Halánků». Alle die alten charakteristischen Düfte hatten sich schon verflüchtigt, obwohl mir schien, als ob ich sie in den schwer wahrnehmbaren Wehen der Zeit noch spürte.

Aber das waren nur mehr die Farben der Erinnerung, nur ein Schein, nur Sehnsucht und Trauer, nichts mehr.

Die drei ersten Gedichtsammlungen

Die Erwachsenen sind sich oft nicht bewußt, wie aufmerksam und dabei schmerzvoll Kinder jeden Mißklang und jeden Kummer derer wahrnehmen, die sie gerne haben. Noch immer hält man an dem alten Aberglauben fest, daß die Kindheit nicht nur unschuldig sei, sondern auch bekränzt mit Blüten der Freude, sorglos und glücklich. Was gewiß nicht immer stimmt. Die Kindheit ist voller Widersprüche und Zweifel, voll unangenehmer Überraschungen, Wendungen und Betrübnisse, von denen sie nur deshalb nicht spricht, weil sie die passenden Worte noch nicht findet.

Das alles sind ja bekannte Tatsachen, aber ich sage mir das flüsternd auch für mich selbst, wenn ich mir meine Kindheit in Erinnerung rufe. Ich hatte keine glückliche Kindheit, o nein, wirklich nicht.

Mein Vater war etwa fünfzehn Jahre älter als die Mutter. Jahrelang lebte ich in der quälenden Angst, daß mir mein Vater bald sterben würde. Und ich habe auch alle Nöte meiner Mutter mitgelitten, als wir im Krieg nichts im Topf hatten und das Geld knapp war. Vater verlor seine Arbeit und wollte sich zum Umpflügen verminter Schlachtfelder melden. Mutter hat das verhindert. Meine Eltern hatte ich grenzenlos lieb, aber eine schöne Kindheit war es nicht.

In der Volksschule und in den ersten Klassen des Gymnasiums gehörte ich zu den guten Schülern. In den Jahresberichten – das Gymnasium gab sie immer zum Ende des Schuljahres heraus – glänzte bei meinem Namen ein Sternchen. So wurde ein Schüler herausgehoben, der das Jahr «mit Auszeichnung» absolviert hatte.

In der vierten Klasse verschlechterte ich mich. Im Jahreszeugnis hatte ich nur noch Genügend in Mathematik. Das wäre eine traurige Überraschung für die Eltern gewesen, und davor hatte ich Angst. Ich vertraute mich meinem Freund Josef Suchánek an. Er war zwar ein Jahr älter und ging schon in eine höhere Klasse, aber er wohnte im Nachbarhaus, und auch unsere Mütter verkehrten miteinander. Und was der entscheidende Moment unserer Freundschaft war: auch er liebte Gedichte.

Suchánek wußte einen kühnen Rat: Wir schreiben das Genügend auf ein Gut um! Eine Auszeichnung wird es damit zwar nicht geben, aber die Eltern werden nicht so traurig sein. Ich hatte Angst. Das war ja ein kleines Verbrechen: Fälschung einer amtlichen Urkunde, darauf stand eine schwere Strafe. Doch ich dachte an die Eltern und ging auf seinen gewagten Vorschlag ein. Suchánek war eben gewandter und mutiger.

Die Manipulation an dem Zeugnis mußte in aller Abgeschiedenheit geschehen, heimlich. Im Park war das nicht gut möglich. Wir entschieden uns für den Friedhof in Olšany. Dort ist meine Schwester begraben, die ganz jung gestorben war. An ihrem Grab fühlte ich mich sicher. Den Friedhof kannte ich bis in den letzten Winkel. Unzählige Stunden meiner Kinderjahre habe ich zwischen den Gräbern verbracht. Nein, ich war gewiß kein Eigenbrötler, ganz im Gegenteil, aber auf dem Friedhof streifte ich am liebsten allein herum. Von Kreuz zu Kreuz, von Grab zu Grab. Später suchte ich immer die Gräber bekannter tschechischer Persönlichkeiten auf; ihr Verzeichnis hing am Haupteingang zum Friedhof. Die meisten dieser Gräber hatte ich häufig besucht, und Professor Hýsek, der – offenbar als einziger unter den Literaturwissenschaftlern – ihnen lebhafte Aufmerksamkeit widmete und sie im Geiste überwachte, hätte seine Freude an mir gehabt. Als ich ihm nach Jahren von diesen meinem Interesse erzählte, konnte ich ihn zum Erzählen über die Schicksale jener bewegen, die in der Erde von Olšany ruhen. Die Gräber von Havlíček, Mánes, Karolína Světlá und die Grabsteine von Tyrš und Fügner habe ich fast jedesmal aufgesucht. Nie habe ich Erbens Grab ausgelassen. Seinen «Strauß aus Volkssagen» kannte ich zum größten Teil auswendig, und ich liebte das edle Antlitz des Autors. Ebenso wie das metallene Bild Havlíčeks auf dem steinernen Grabmal. Dort pflegte ich zu stehen – ergriffen und lange. Auf seinem Grab lagen oft frische Kränze und Blumensträuße, und in ihrer Mitte standen erloschene Kerzen. Die Kerzen zündete ich an, beschützte die Flamme und brach mir von den Kränzen ein Ästchen als Andenken ab.

Das Grab meiner Schwester mit dem unerläßlichen, Rosen streuenden Porzellanengelchen lag in der Kinderabteilung im oberen Teil des Friedhofs nahe den Königlichen Weinbergen. Wenige Schritte davon die bekannte Gruft der Familie Hrdlička. Es ist das größte und merkwürdigste Grabmal auf dem ganzen Friedhof: vor einer schwarzen Marmorwand im Hintergrund einige breite Stufen und auf ihnen vier Gestalten aus weißem Carrara-Marmor in Lebensgröße. Der Todesengel führt einen jungen Mann in der Uniform eines österreichischen Offiziers fort, während die Mutter gebrochen in die Knie sinkt und der Vater diesem tragischen Geschehen ohnmächtig zuschaut.

Auf dem Grabmal stehen Sládeks bekannte Verse. Die Marmorfiguren wurden im Winter immer in eine Hülle verpackt, damit der weiße Stein nicht unter unserem rauhen nördlichen Klima leide.

Ich führte den hilfsbereiten Freund an das Grab meiner Schwester. Er brachte nicht nur eine Zauberflüssigkeit zur Beseitigung der Tinte mit, sondern auch ein tragbares Tintenfaß und eine Feder – Füllfedern gab es ja damals noch nicht. Auf einer kleinen Rundbank unter dem hochragenden Götterbaum, dessen Wurzeln den kleinen Grabstein meiner Schwester in Schieflage brachten, führten wir die komplizierte Operation aus. Tatsächlich verschwand die Schrift unter der Einwirkung der Flüssigkeit, aber das Papier darunter wurde rauher, und die neue Schrift zerfloß ein wenig.

Als ich das verbesserte Zeugnis den Eltern zeigte, schlug mir das Herz bis in den Hals. Die Mutter konnte ich leicht überlisten. Aber der Vater schaute sich das Zeugnis etwas genauer an. Offensichtlich war er mißtrauisch. Auch gegen das Licht hielt er es. Gesagt hat er zwar nichts, aber gerade dieses Schweigen beunruhigte mich und verlängerte meine Qual.

Nach den Ferien mußte bei der Versetzung in die höhere Klasse immer das letzte Zeugnis vorgelegt werden. Ich mußte um ein Duplikat bitten und vortäuschen, ich hätte das Zeugnis verloren. Der Klassenlehrer blickte mich sehr mißtrauisch an: Wie kann man nur sein Zeugnis verlieren! Aber schließlich gab man mir doch ein Duplikat. Es kostete zwei Gulden – das war damals viel Geld, und ich kann mich nicht mehr erinnern, wie ich sie aufgetrieben habe.

Den Suchāneks konnten wir in die Fenster sehen, und mit dem Freund verabredete ich mich einfach durch Rufen von Pawlatsche zu Pawlatsche.

Die Zusammenarbeit auf dem Friedhof hat uns einander sehr nahe gebracht. Für viele Jahre wurden wir treue Freunde und blieben es auch später. Mit Suchánek blieb ich auch nach Verlassen der Schule noch in Verbindung. Da hatte er sich schon das Pseudonym Ivan Suk zugelegt, durch das sein eigener Name fast in Vergessenheit geriet. Erst als wir den Devětsil gründeten, trennten sich unsere literarischen Wege völlig. Persönlich kamen wir aber wieder in der Redaktion des «Právo lidu» zusammen.

In der vierten Klasse des Gymnasiums zogen wir František Němec an uns, den späteren bekannten Gerichtssaalreporter des «České slovo». Alle drei versuchten wir damals vergeblich, Verse zu schreiben, alle orei verliebten wir uns in František Gellner, und alle drei fingen wir an, St. K. Neumann schrankenlos zu verehren. Alle drei schlossen wir uns den Anarchisten an.

Diese Freundschaft mit den zwei Mitschülern war schicksalhaft für mein Leben, und die Kindheit – sofern man dieses Alter noch so nennen kann – ging zu Ende.

Die Schule hörte auf mich zu interessieren, und mein Schulerfolg ließ in der fünften Lateinklasse stark nach. Damals hatte ich aber schon resigniert. Auch František Němec wurde wesentlich schlechter. Josef Suchánek hat sich mit Ach und Krach durchgeschlagen und schließlich auf dem Žižkover Gymnasium das Abitur gemacht, während wir zwei, Němec und ich, gezwungen waren, die Anstalt zu verlassen.

Am Ende des Schuljahres schien das Schicksal von Němec besiegelt: ihm drohte, daß er die Klasse wiederholen mußte. Dazu hatte er natürlich keine Lust. Und so dachte er sich einen gewagten Plan aus: Er würde irgendwo einen Selbstmordversuch machen, sich zum Beispiel auf dem Klo aufhängen, aber so, daß ich gerade noch rechtzeitig seinen Versuch vereiteln könnte.

Ich hatte zwar allerhand Einwände, Befürchtungen und Ängste, aber was tut man nicht für einen Freund. So sprachen wir uns also ab, und eines Morgens stellten wir unsere Taschenuhren genau ein, Němec bereitete sich eine Schlinge, ich ein scharfes Messer vor.

Aufgeregt verfolgte ich während des Unterrichts heimlich die Zeit, und im verabredeten Augenblick stürzte ich aus der Klasse. Aber leider fehlte mir bei der Rettung eines Erhängten noch die unerläßliche Praxis. Und so geschah es, daß ich, als ich die Tür zur Schülertoilette öffnete und den röchelnden Freund sah, statt hinzuzuspringen und den würgenden Strick durchzuschneiden, völlig den Kopf verlor, wie verrückt in die Klasse zurücklief und alle alarmierte.

František Němec wurde dennoch gerettet. Ein Lehrer zog ihn aus der Schlinge, und bald erlangte Němec das Bewußtsein wieder, falls er es überhaupt je verloren hatte. Seine Rechnung ging auf. Das klassische Mustergymnasium in Žižkov hätte die Schmach, die ein Schülerselbstmord für Leitung und Lehrer bedeutete, schwer ertragen. So erhielt Němec vorzeitig das Jahreszeugnis mit einem anständigen «Fortgang» unter der Bedingung, daß er die Anstalt verließ. Was er von Herzen gern tat. Als er aber das schöne Zeugnis in der Tasche hatte, prahlte er irgendwo, wie geschickt er das eingefädelt habe. Im Gymnasium hatte man übrigens auch schon Verdacht geschöpft: Unsere Freundschaft schien ein Beweis. Als man aber von Němec' Redereien erfuhr, machte man mit mir unbarmherzig kurzen Prozeß. Was Němec zu erwarten gehabt hatte, widerfuhr nach ein paar Tagen mir. Ich bekam zwei Nichtgenügend und in Betragen ein Nichtentsprechend und wurde vom Žižkover Gymnasium relegiert.

Nach den Ferien meldete ich mich im Gymnasium in der Hálek-Gasse in den Königlichen Weinbergen zur Aufnahme an. Man hat mich dort nicht mit Begeisterung aufgenommen, sondern verwies mich auf das Privatstudium. Das bedeutete, daß ich nicht mehr zur Schule gehen mußte und mich nur zu den Halbjahres- und Jahresprüfungen anzumelden hatte. Auch Němec meldete sich dort zum Privatstudium.

Ich hatte zwar die besten Absichten, aber zum Lernen konnte ich mich nicht überwinden. Němec auch nicht. Bis vor kurzem hat mich regelmäßig ein böser Traum verfolgt: Ich ging zu den Prüfungen und war nicht vorbereitet. Der Traum kehrte zwei-, dreimal jährlich wieder, und immer wachte ich in Panik und Aufregung auf.

Kaum hatten wir den grünen, mit allerhand Initialen zerritzten Schulbänken Lebewohl gesagt, machten Němec und ich uns in die Welt auf, die im «Volkshaus» begann und im «Volkshaus» endete. Nach einiger Zeit kam Němec auf Fürsprache

Antonín Zápotockýs in der «Svoboda» in Kladno unter, der er schon vorher satirische Gedichte geliefert hatte, und ich fuhr bald darauf zu Artuš Černík nach Brünn zur «Rovnost».

Nach der Rückkehr aus Brünn empfahl mich St. K. Neumann an den Kommunistischen Verlag, wo ich als Redakteur arbeitete.

So endeten für uns die Jahre der ersten Jugend, und eine für uns etwas ernstere Zeit begann. Zuerst gab Ivan Suk ein Buch im Verlag von St. Minařík heraus. Es war ein Lyrik-Band: «Wälder und Gassen». Dann veröffentlichte Neumann ein Buch von Němec bei Borový. Neumann selbst gab ihm den Titel: «Mich und euch, Fragment eines Verses». Und zuletzt kam auch ich mit einem Buch. Es war eine Sammlung revolutionärer Gedichte: «Stadt in Tränen». Die Auflage war zwar nicht hoch, aber bald erschienen zwei weitere Ausgaben.

Und so kamen wir nach gemeinsamem Start in Neumanns «Červen» auch zusammen zur Literatur, um dann aber sofort auseinanderzugehen. Jeder von uns nahm einen anderen Weg und anderswohin, literarisch sind wir uns nie wieder begegnet.

Die Schwarze Gasse

Das kleine Mietshaus in der Schwarzen Gasse in der Prager Neustadt verkaufte Karel Teiges Vater dem benachbarten Kloster. Die Ordensschwestern legten beide Häuser zusammen, schlossen einen der Eingänge, und Besucher für Teiges mußten jetzt am Kloster schellen. Nonnen kamen, um uns zu öffnen. Sie waren freundlich, und eine von ihnen sah jung und bildhübsch aus. Vergeblich versuchte ich, ihr ein Küßchen zu entlocken. Sie wurde zwar nicht böse und lachte immer, aber einen Kuß bekam ich nie.

Nach dem Tod des alten Herrn verblieb der Familie Teige eine Wohnung im zweiten Stock mit mehreren Zimmern. So kam es, daß Jiří Wolker, als er sich entschloß, seine nicht gerade gemütliche Wohnung in Smíchov aufzugeben, in die Schwarze Gasse geriet, wo ihm Teige eines der Zimmer angeboten hatte. Zum Hörsaal der philosophischen Fakultät im Kaulich-Haus, den Wolker regelmäßig besuchte und wo damals Professor Nejedlý las, waren es nur ein paar Schritte. Etwas später bezog der Dichter Jindřich Hořejší ein Nachbarzimmer. Ihn trafen wir aber nur selten zu Hause an. Morgens ging er ins Statistische Amt, wo er angestellt und sicher unzufrieden war. Oft beschwerte er sich über das Milieu. Aus dem Büro eilte er in die «Tůmovka», Ecke Lazarská (Lazarus)-Gasse, wo er an seinen Übersetzungen arbeitete. Manchmal bis in den Abend hinein, oft bis in die Nacht. Nie arbeitete er zu Hause. Das brachte er nicht fertig. Offenbar brauchte er zum Arbeiten den Kaffeehauslärm, das Klappern des Geschirrs, die Stimmen der Gäste. Er rauchte Zigarette auf Zigarette, trank einen Mokka nach dem anderen. Mit seinen Übersetzungen ernährte er seine kleine Familie. Die suspekte Arbeit im Amt war schlecht bezahlt. Dort übersetzte er Verträge und andere Dokumente ins Französische, im Kaffeehaus dann Gedichte und für das Nationaltheater neue Theaterstücke.

Hořejší war ein guter Freund, obwohl er nicht unsere Generation, sondern älter war. So zwischen Toman und uns. Hora stand uns damals viel näher.

Als Untermieter in der Schwarzen Gasse war Hořejší etwas sonderbar. Ewig war er ohne Geld. Nachmittags trank er in der «Tůmovka» eine Unmenge schwarzen Kaffee, und oft blieb ihm weder fürs Mittag- noch fürs Abendessen etwas übrig.

Als er das erstemal die Miete nicht bezahlen konnte, entschuldigte er sich sehr bei Frau Teigová. Sie war eine liebenswürdige Dame, die auf das Geld nicht wartete und es damit gar nicht eilig hatte. So winkte sie nur ab. Nach einem Monat wiederholte sich das Gespräch. Nach drei Monaten teilte er kühl mit, daß er das Geld noch immer nicht habe. Den vierten und fünften Monat sagte er schon gar nichts mehr. Und nach einem halben Jahr knallte er die Tür zu, murmelte etwas Unhöfliches in sich hinein und zog aus, obwohl ihn niemand gemahnt hatte.

Das alles nahm man eher belustigt als ärgerlich auf, wie Hořejší sich einbildete. Aber das gehörte eben zu seiner unausgeglichenen Persönlichkeit. Er konnte mit Geld nicht umgehen, und da er nie viel davon hatte, lohnte es sich für ihn gar nicht, diese Kunst zu erlernen. Den lässigen Lebensstil hatte er sich schon in Paris angewöhnt, wo er mit Toman verkehrte. Sonst war Jindřich ein braver Mensch, stets bereit, die letzte Krone und die letzte Zigarette mit jedermann zu teilen.

Wolker dagegen gehörte zu den absolut ordentlichen und musterhaften Untermietern.

Bei Teiges ging ich ein und aus. An die große historische Fachbibliothek des alten Herrn, die eine Wand des geräumigen Arbeitszimmers einnahm, hatte Teige ein wenig unorganisch seine eigene Bibliothek angefügt. Sie enthielt hauptsächlich moderne französische Literatur und deren Übersetzungen ins Tschechische.

In diesem Arbeitszimmer pflegten wir zu sitzen und die ersten weltumspannenden Pläne zu schmieden. Manchmal den ganzen Nachmittag und in den Abend hinein, bis es an der Zeit war, ins Kaffeehaus zu gehen.

Bei Teiges trafen wir uns nicht nur mit Wolker, sondern auch mit Malern und Architekten des ersten, ältesten «Devětsil». Mit Wachsmann, Süß, Honzík und Havlíček und vor allem mit Krejcar. Später dann auch mit Nezval. Kam Šíma aus Paris, so trafen wir ihn bestimmt dort an. Es war das erste Vereinslokal des «Devětsil», bevor wir in die «Slávie» umzogen. An der Wand hingen ein Porträt Teiges von Šíma und eine große Kohlezeichnung, eine Landschaft von Jan Zrzavý.

Hinter Teiges Zimmer lag mit Fenstern in die Schwarze Gasse der sogenannte Salon. Auf einem Perserteppich bequeme, mit grünem Plüsch bezogene Sessel, in der Mitte ein großer Flügel. Auf ihm pflegte Wolker zu spielen.

Als dann auch Nezval immer häufiger kam, spielten sie zusammen vierhändig. Für Wolker war das gemeinsame Musizieren eine Geduldsprobe. Der explosive, temperamentvolle Nezval war immer um zwei Takte voraus, und Wolker versuchte vergeblich, ihn zu bremsen. Aber beide waren, glaube ich, gute Musiker. Besonders Nezval. Was waren das für schöne Augenblicke jugendlichen Wohlbehagens!

In diesem Zimmer hörte ich zum erstenmal Janáček: Nezval spielte und sang dessen «Jenufa» mit begeisterter Hingabe.

An das Klavier gelehnt, trug uns Nezval den «Wunderbaren Zauberer» vor, ein Gedicht, das uns verhexte. Wir hörten es gern, und er rezitierte gern. Und nicht nur einmal. Ich wage nicht zu behaupten, er habe gut rezitiert, aber mit seinem Vortrag hinzureißen – das verstand er wirklich. Und mit Überschwang sparte er dabei nicht.

Teige pflegte in seinem Arbeitszimmer recht unbequem zu sitzen – auf einem abgewinkelten Bein. Und in dieser Lage las er uns unermüdlich Apollinaires Verse vor und übersetzte sie dann gleich ins Tschechische. Auf diese Weise lernten wir nicht nur «Alkohol» kennen, sondern auch die «Kalligramme» und die Verse von Jacob, Cocteau, Cendrars sowie die Gedichte Reverdys und der anderen modernen Dichter; Vildracs schönes «Buch der Liebe», das wir bis dahin heiß geliebt hatten, war in den Hintergrund gerückt; nun rollten auf uns – vor allem dank Teige – Kubismus, Futurismus und Tzaras Dada zu.

Teige kaufte bei Topič regelmäßig alle Monographien über moderne Kunst. Und so lernten wir Picasso und Braque kennen und alle anderen wichtigeren Erscheinungen der französischen und italienischen modernen Malerei.

In dieses Arbeitszimmer kam während seines Prager Aufenthaltes auch Marinetti. Er prahlte damit, daß er von irgendeinem Verwandten in Kairo sieben Bordelle geerbt habe. Alle seien lukrative Unternehmen, und mit ihrem Ertrag habe er auch die futuristische Bewegung in Italien finanziert. Er trug uns auch seine «Worte in Freiheit» vor. Dabei schritt er im Zimmer hin und her, fuchtelte mit den Armen, sprang herum und ging in die Knie. Ein unendlich lebhafter und sympathischer Italiener. Das Tschechische bewunderte er. Es sei die einzige Sprache, in der er mehrere Namen hätte: Einmal habe er ganz deutlich «Marinettiho» gehört, dann wieder «Marinettimu». Das habe ihm ungemein gefallen, so was gebe es in keiner anderen Sprache. Leider ist er dann im Abessinischen Krieg, an dem er als Flieger teilnahm, zu trauriger Berühmtheit gekommen. Er ist unserem Herzen verlorengegangen.

Einmal, es war ein trauriger Novembertag, und Nezval spielte uns gerade die Spinnrad-Melodie aus Strawinskis «Petruschka» vor, zupfte mich Teige am Ärmel und führte mich ans Fenster. Im gegenüberliegenden Haus bewegte sich an einem Fenster, einen Stock tiefer gelegen, der schwere, dunkle Vorhang, und an seinem Saum tauchte eine kleine, von Rheumatismus gezeichnete Frauenhand auf und über ihr ein kleines Gesicht voll Runzeln und mit einer Drahtbrille vor den Augen.

Das war die berühmte Schriftstellerin Eliška Krásnohorská.

Das Königliche Lustschloß

Nicht ganz zwei Jahre wohnten wir auf der Burg unter dem Schwarzen Turm in einem ebenerdigen Häuschen, das an das Gebäude der Burggrafschaft angeklebt war. Vier Fenster unserer Wohnung führten auf einen wenig besonnten Hof, in den der Turm und das Palais Lobkowitz ihren Schatten warfen. Dafür aber führte das Fenster des letzten kleinen Zimmerchens hinten in die grüne Schlucht des Hirschgrabens. Es war vergittert. Doch die Feindseligkeit des Gitters war ein wenig gemildert: Es war weiß gestrichen worden, wie man es bei alten Klöstern und Spitälern machte. Und außerdem: Unter dem Fenster wuchs ein Heckenrosenstrauch, der seine Äste bis ins Fenster ausbreitete. Und wenn im Frühling «der Strauch seine Bluse öffnete und aus ihr rosa Sterne streute», wie einst J. Š. Kubín in seinen Rhapsodien so schön schrieb, war es in dem Zimmerchen angenehm kühl. Ich habe dort gern gesessen. Schon deshalb, weil aus dem Fenster das Königliche Lustschloß zu sehen war. Im dichten Kranz der Baumkronen schwebte es in der Höhe. Es war ein lieblicher Anblick. Seine zarten Konturen erinnerten an Bilder des Herrn Morstadt, als ob die beiden italienischen Baumeister zusammen mit dem dritten, Bonifatius Wohlmuth, das Lustschloß nach Morstadts Farbzeichnungen gebaut hätten.

Die «Daliborka» war nicht nur jener traurige Turm in unmittelbarer Nähe unserer Wohnung, sondern auch ein entzükkendes Kaffeehaus in Dejvice. War die «Slávie» überfüllt und allzu lebendig, so diente das Café «Daliborka» gelegentlich als Treffpunkt für die Zusammenkünfte des Devětsil. Und so habe ich einmal auf dem Weg aus dem Kaffeehaus Teige dazu gebracht, gemeinsam mit mir in das Lustschloß hineinzuschauen. Es war gerade geöffnet, was recht selten vorkam. Teige sträubte sich eine Weile. Er war ganz auf die Gegenwart fixiert, Museen waren ihm fremd. Von der Geschichte ließ er sich nicht verzaubern. In diesen Dingen war er nicht einmal mit Le Corbusier einverstanden, der bei seinem späteren Besuch in Prag überrascht Halt machte, als er unseren kostbaren und geliebten Plunder so meisterhaft hoch über der Karlsbrücke aufgestapelt sah.

Teige und ich saßen eine Weile auf der Ballustrade und blickten in den Königlichen Garten. Beim Anblick der Kathedrale und des düsteren Festungsturms schlug mir das Herz heftiger. Aber ich schwieg. Ich fürchtete, Teige könnte freundschaftlich grinsen und mir empfehlen, ich solle das in die «Národní listy» schreiben – eine überspannt nationalistische und kulturell reaktionäre Zeitung.

Fast allein durchschritten wir rasch die Säle im Erdgeschoß und den Saal mit den historischen Gemälden im ersten Stock, als Teige plötzlich stehenblieb und seine Augen vor Überraschung aufleuchteten.

«Das wäre ein wunderbarer Tanzsaal. Belvedere-Bar! Und ein totes historisches Gebäude würde ganz ohne Krampf in die moderne und von Leben überschäumende Gegenwart eingegliedert – der einzig richtige Weg zur Erhaltung historischer Denkmäler.»

Da er ungern nur so daherredete, rief Teige gleich den Architekten Krejcar an und verabredete ein Treffen. Und an diesem Abend gründeten wir den «Klub für ein neues Prag».

Mir wurde gleich eine Aufgabe zugeteilt. Ich sollte in Form eines ausführlichen Artikels einen Vorschlag zur Begründung dieser überraschenden Umwidmung schreiben. Auf dem Relief würde Ferdinand I. nicht mehr der Königin Anna eine Rose überreichen, sondern einem zum Tanz bereiten Fräulein auf hohem Hocker an der Bar. Kein Ausländer würde dieses exklusive Lokal auslassen. Die Pläne für die eigentliche Adaptation sollte dann Jaromír Krejcar entwerfen. Der Artikel sollte zusammen mit den Skizzen den Burgverwaltern geschickt werden, die das Lustschloß verwalteten.

Bei aller Bescheidenheit muß ich sagen, daß man mit mir keine schlechte Wahl getroffen hat. Schon seit langem liebte ich das Lustschloß im stillen.

Zuerst als kleiner Bub, als mich singende Tanten das bekannte Lied vom Belvedere lehrten. Später dann unterwarf ich mich recht bereitwillig den Worten des Liedes. Schließlich verliebte ich mich irgendwie in das Gebäude. Das war damals, als ich mehrmals den Film «Der Student von Prag» gesehen hatte, in dem Paul Wegener die Hauptrolle spielte. In einer der Szenen begegnet der Student seinem Spiegelbild zum erstenmal eben auf der Galerie des Königlichen Lustschlosses.

Ich pflegte von dort auf die Prager Burg zu blicken und vergaß dabei gerne den ganzen Purismus, die konstruktivistische funktionelle Architektur, die auf den Dächern der Prager Wolkenkratzer landenden Hubschrauber und die kalte Schönheit der Maschinen, alles Dinge, die uns Teige im «Devětsil» streng verordnet hatte. Und ich gab mich ganz dem Zauber der alten Plätze und der alten Geschichte hin, der bis in die Gegenwart dem einzigartigen Blick vom Lustschloß anhaftet. Den Artikel habe ich geschrieben. Die Idee mit der Bar ging mir keineswegs gegen den Strich.

Die Atmosphäre des Lustschlosses und seine Eigentümlichkeit in dieser kühlen nordischen Umgebung habe ich, wie ich glaube, hinreichend suggestiv geschildert. In die Stille der Prager Abende mit der dunklen Silhouette der St.-Veits-Kathedrale ließ ich das Donnern der Jazz-Trommel und das schmachtende Schluchzen der silbernen Saxophone klingen. Reizende Damen erhoben sich von ihren Plätzen zu modernen Tänzen, und ein Barkeeper in Weiß schüttelte lustig den Shaker über dem Kopf. An der Bar tranken Gäste alle möglichen Cocktails. Und die Nacht lieferte berauschende Düfte aus den Gärten.

Mein Elaborat brachte ich Krejcar, der seine architektonischen Entwürfe beifügen sollte. Teige mahnte ihn später vergeblich. Nach einiger Zeit gestand Krejcar, daß er meinen Artikel nicht finden könne und daß er zu dieser Arbeit keine Lust habe. Sie sei ja ohnehin ganz umsonst, da der Vorschlag sicher nicht angenommen würde. Er hatte recht. Und Teige hat nie in der Belvedere-Bar getanzt.

Es vergingen einige Jahre. Immer, wenn ich aus dem Fenster meines Zimmerchens auf den Hradschin blickte, nahm ich mir vor, ein langes Gedicht über das Lustschloß zu schreiben. Und ich nahm mir auch vor, daß es schön sein müsse. Aber dann kam der Herbst 1937. Vom Schwarzen Turm hing die schwarze Fahne, und Sorgen schlichen sich ein in die arglosen Tage. Knapp vor der Okkupation übersiedelten wir von der Burg nach Břevnov, und während des Krieges habe ich das Gedicht beinahe vergessen.

Ich schrieb es erst nach dem Krieg. Muß aber gleich gestehen, daß es mir nicht gelungen ist. Es war zwar alles darin, was ich haben wollte, aber die Verse und die ganze Komposition sind ein wenig ungeschickt. Doch aus bestimmten Gründen habe ich auch dieses Gedicht gern. Lange habe ich mir selbst versprochen, einmal zu diesem Gedicht zurückzukehren. Ich werde es nicht mehr tun.

Als man in den fünfziger Jahren das Lustschloß restaurierte, geschah etwas Merkwürdiges. Einem Arbeiter, der an der Südseite die Fundamente der Säulen freilegte, verschwand plötzlich, wie er mit dem Hammer zuschlug, der Meißel in der Mauer. Als man an der Stelle näher nachprüfte, stellte sich heraus, daß man die Säulen beim Bau lediglich mit riesigen Baumstämmen in der Erde verankert hatte. Das Holz war im Laufe der Jahrhunderte verfault, und so hingen die Säulen fast völlig ohne Fundament in der Luft.

Und so sage ich mir heute, hätte damals die Jazz-Trommel gedröhnt, wie wir es uns wünschten, wäre vielleicht ein großes Unglück geschehen.

Britisch-Guayana

In Prag gab es zwischen Graben und Obstmarkt einen kleinen, wenig benutzten Durchgang. Es war still dort, und es gab da ein paar altertümliche kleine Läden. Einige wurden für die Nacht noch mit hölzernen Toren verschlossen, die geöffnet an ausgebreitete Flügel erinnerten. In der Nacht waren sie zu und wurden von einer Eisenstange zusammengehalten. Mit Riegel und schwerem Schloß. Während der Graben es schon Wien gleichtun wollte, aber noch hinterherhinkte, also moderner war, lockten die kleinen Läden im Durchgang vorbeigehende Käufer nur durch ihren kleinstädtischen Charme. Sie wirkten, wie wenn sie aus dem vorigen Jahrhundert wären und unter Denkmalschutz stünden. Was man dort alles verkaufte, weiß ich nicht mehr. Ich erinnere mich nur noch an einen einzigen Laden. Ein kleines Geschäft mit Briefmarken. Vielleicht das einzige in der ganzen Stadt. Ich wußte von keinem anderen. Für mich war das ein Geschäft, in dem Düfte exotischer Länder und herrliche Abenteuer verkauft wurden. Briefmarken boten zwar auch manche größeren Papierhandlungen an – auf Papierstreifen aufgeklebt waren sie im Schaufenster zwischen Tinte und Bleistiften ausgestellt. Das war aber nicht das Richtige. Papiergeschäfte rochen ganz anders und hatten andere Reize.

Der kleine Laden in der Passage war unverwechselbar und lockte. Es war ein Fachgeschäft, und das imponierte. Es zog jeden an, der Briefmarken mochte. Die Philatelie steckte damals noch in den Kinderschuhen; es war eine Liebhaberei von eher privatem Charakter. Vor dem Ersten Weltkrieg gab es in Prag wohl nicht viele Philatelisten. Vor dem Geschäft standen ältere Männer herum, für die Briefmarkensammeln mehr ein Zeitvertreib war.

Aber auch ein paar Jungen zeigten aufrichtiges Interesse. Für sie war es das erste ernstere Spiel. Briefmarkensammeln war für sie ein Abenteuer. Augen und Herz wanderten dabei durch die ganze Welt. Für die jungen Sammler waren nur die fast wertlosen Marken erschwinglich. Sie waren nur leicht erreichbarer Durchschnitt. Um so größer dann das Glück, wenn so ein Junge eine wertvollere Marke erwischte, zum Beispiel eine aus den französischen oder englischen Kolonien. Das wurde für ihn ein wahrer Schatz.

Zuerst klebten wir die Marken in beschriebene Schulhefte, später dann in starke Hefte mit dicken, glatten Deckeln, man nannte sie «vikslajvantové». Und es dauerte ziemlich lange, bis wir zu besseren Methoden des Sammelns heranreiften.

Doch um auf den alten Laden in der Passage zurückzukommen: Er war voller Zauber und überraschte mit immer neuen Entdeckungen. Zuerst standen wir nur versonnen vor den kleinen Schaufenstern, bis uns jemand riet, auch mit einem einzigen Kreuzer in der Tasche einfach mal einzutreten. Am Eingang stand nämlich ein riesiger breiter Sack. Und der war bis zum Rand voll von Briefmarken, die aus Umschlägen von Briefen an die verschiedensten Adressaten ausgeschnitten waren.

Die Frau, die in dem winzigen dunklen Laden hinter dem Pult saß und strickte, griff langsam, aber bereitwillig in den Sack mit den Briefmarken. Was ihr zwischen den Fingern blieb, schüttelte sie in die Mütze. Und dafür legte ich ihr einen einzigen Kreuzer in die Hand. Das war damals nicht viel Geld. Für Erwachsene jedenfalls. Ein Brötchen kostete zwei Kreuzer. Aber hier konnte man sich auch für einen Kreuzer ein wenig Freude kaufen.

Wenn es der Verkäuferin schien, als seien ihr zwischen den Fingern zu viele Marken hängengeblieben, griff sie neuerlich in den Sack. Aber dann nur noch mit zwei oder drei Fingern. Je nachdem.

Ich muß gestehen, daß sie für mich eine gewisse Vorliebe hatte. Immer lächelte sie mir zu und fragte mich, wie ich heiße und in welche Klasse ich ginge. Und jedesmal trug ich in meiner Mütze fast zwei Handvoll Marken davon. Dann lief ich mit bloßem Kopf nach Hause und schüttete meinen Reichtum auf den Tisch am Fenster. Und es war fast die ganze Welt. Zumindest die, von der ich etwas wußte oder wenigstens etwas ahnte: Europa und Amerika.

Schätze waren selbstverständlich nicht dabei, aber auch eine leise Enttäuschung brachte mich nicht um die Hoffnung, daß eines Tages doch ein Wunder geschehen könnte. Wunder traten zwar keine ein, aber dann und wann fand ich unter den üblichen europäischen Marken eine, die etwas wertvoller war und die ich bisher nicht hatte und nicht kannte. Oftmals entdeckte ich auch eine aus den Kolonien, die ich für wertvoll hielt und über die ich mich freute. Was konnte ich für einen einzigen Kreuzer schon verlangen! Einen Kreuzer kostete nur die allerbilligste österreichische Zigarette. Nicht mehr. Hoffnung und Freude waren für dieses Geld wirklich billig eingekauft.

Lange Stunden verbrachte ich über dem Heft voller Briefmarken. Im Winter, wenn es schneite und die schweren Schneeflocken am Fenster kleben blieben, seufzte ich, wie schön das wäre, wenn es Briefmarken statt Schneeflocken schneite und ich sie auf dem Fenster aufsammeln könnte.

Zu dieser Zeit hatte ich einen Freund. Es war der Sohn eines reichen Kaufmanns in der Žižkover Hauptstraße. Er war ein gutmütiger Junge, und wir mochten einander gern. Auch er sammelte Marken. Einmal nach Weihnachten brachte er ein großes, sorgfältig eingepacktes Buch in die Schule mit. Ein wunderschönes Briefmarkenalbum. Dieses Wort war in Gold auf den harten Buchdeckel geprägt. Die erste Marke einer Serie war immer auf der Seite abgebildet. In dem Ganzen war schon eine gewisse Ordnung und Sachkenntnis. Wie verzaubert stand ich über dem Album. So etwas war ja für mich ein unerfüllbarer Traum. Als er meine Trauer sah, schlug mir mein Freund vor, von jetzt an gemeinsam zu sammeln. Gern war ich einverstanden. Ich brachte mein Heft, und einen Teil der Marken klebten wir in das wunderschöne Album. Darin sahen weder mein Freund noch ich etwas Fragwürdiges. Überzählige Marken tauschten wir dann, und die Sammlung im Album wurde immer größer.

Bald aber kam es für mich zu einer Katastrophe. Als sein Vater von unserer gemeinsamen Aktion erfuhr, nahm er seinem Sohn das Album weg und sperrte es in den Panzerschrank, der hinten in seinem Laden stand. Ich kam weinend zu ihm. Er hatte kein Erbarmen. Das Album sei das Eigentum seines Sohnes, und er schubste mich aus dem Laden hinaus.

Unsere Freundschaft hielt aber doch. Nach kurzer Zeit begann mein Freund, mir eine Briefmarke nach der anderen zurückzubringen, und versprach, mir alle, die er von mir hatte, zurückzugeben. Es war aber zu spät. Der Schlag, der mich getroffen hatte, erschütterte meine Liebe zu den Briefmarken. Ich habe sie zwar wieder in mein Heft geklebt, war aber schon verbittert, und bald hörte ich mit dem Sammeln auf.

Eine große Leidenschaft war zu Ende. Schade! Sie hatte mir so viele schöne Stunden geschenkt, daß ich mich noch nach einem dreiviertel Jahrhundert mit Rührung an sie erinnere.

Ade, Marianne mit der phrygischen Mütze, ade, Herr Präsident Lincoln, ade, ihr Tiger und Giraffen und wilden Urwaldblumen!

Verglichen mit heute floß damals die Zeit, wenigstens um mich herum, wesentlich langsamer dahin. Ich hatte es damals mit meinem Leben unwahrscheinlich eilig. Warum, weiß ich nicht! Um jeden Preis wollte ich Kindheit und Jugend hinter mir lassen. Wie töricht war das! Oft fuchtelte ich mit dem Rasiermesser in meinem Gesicht herum, obwohl ich dort noch überhaupt nichts zu rasieren hatte, und wenn ich das Haus verließ, zog ich mir steife Manschetten übers Handgelenk. Zuerst leinene vom Vater, die selbstverständlich gewaschen, gestärkt und gebügelt werden mußten, was Geld kostete, und dann welche aus Zelluloid; man konnte sie zu Hause einfach abwaschen. Sie klapperten ein wenig, und wollte ich ein Mädchen umarmen, raschelte ich an ihrem Ohr herum. Ich hab' sie deshalb meist lieber ausgezogen und neben mich auf die Bank gelegt. Bis ich sie einmal dort vergaß. Noch heute lacht meine Frau mich aus, wenn sie sich daran erinnert.

Aber kaum hatte ich die Manschetten angezogen, fing ich schon an, eingebildet umherzuschauen. Das erste, was ich sah, waren hübsche Mädchen.

Ein paar Briefmarken lagen noch im Heft auf dem Boden der Schublade, aber ich sah sie nicht einmal mehr an. Ich hatte eine Menge anderer Dinge im Kopf. Bessere, wie ich überzeugt war.

Eine liebliche Brise blies eines Frühlings einem blutjungen Mädchen aus Žižkov in die Röcke und mir in die Haare, als wir die Treppe des Aussichtsturmes auf dem Petřín hinaufstiegen. In der gläsernen Turmlaterne waren wir ganz allein. Eine Weile gingen wir in der Laterne rundherum und hielten nach allen Seiten Ausschau. Und als wir hinuntergehen wollten, entschloß ich mich rasch, von Sehnsucht überwältigt. Ich umarmte das Mädchen und küßte es schnell.

Mein Gott, war das eine Heldentat! Wenigstens hab' ich mir das damals gedacht. Und mein erster Kuß im Leben. Vor Schreck funkelten dem Mädchen die Augen, und es fing zu weinen an. Aber auf dem Heimweg hielten wir uns schon an den Händen und waren glücklich.

Aber warum erzähle ich hier so eine Dummheit? Nach diesem halb kindlichen Kuß ging es mir wie damals, wenn ich in meiner Mütze eine wunderschöne, ausländische Marke entdeckte. Und so klebte ich diesen Kuß andächtig in mein Gedächtnis wie in ein Briefmarkenalbum. An eine hervorragende Stelle. Und dort ist er bis heute aufbewahrt.

Für mich brach jetzt eine wunderbare Zeit an. Als ob die Tage des Lebens übermütig einer hinter dem anderen antanzten, bis die Dämmerung sie verschlang. Und dann verwandelten sie sich in duftende Abende voller Geheimnisse und Zauber.

Am Abend raschelte es auf dem Petřín von den Küssen Hunderter von Paaren, als ob Knospen leise, aber doch hörbar aufsprängen. Wir lebten unsere Jugend, des Lebens wundervollste Zeit, die nur den einen Fehler hat, daß man sich nicht tiefer bewußt wird des einzigartigen Lebensglücks.

Oh, ja! Wieder sammeln wir etwas. Wenn auch nicht mehr so voller Freude wie die Marken in der Kindheit. Zuerst bittere Erfahrungen, die aber, meine ich, im Leben nie zu etwas gut sind. Dann große und kleine Enttäuschungen. Und das Leben fliegt dahin. Schließlich Runzeln im Gesicht und graue Haare auf dem Kopf. Bis es einem endlich gelingt, zu einer gewissen geduldigen Resignation zu gelangen, die man das Alter nennt. Unsere Mutter sagte immer, daß die Jugend sich sehnt und das Alter sich nur noch erinnert. Das würde ein trauriges Ende bedeuten. Aber so ist es nicht: Wenn sich das Alter nicht mehr sehnte, würde es bald in Verzweiflung versinken. Ich glaube, daß auch das Alter seine Sehnsucht hat. Die Sehnsucht mildert den Ansturm der Zeit. Sie schenkt Kraft und ein wenig – ein klein wenig verjüngt sie doch.

Um in der Welt der kleinen farbigen Papierchen zu bleiben: Jeder, der sie sammelt, sehnt sich im Grunde doch nach einer blauen Mauritius und nach der kostbaren Britisch-Guayana, auch wenn er sich schämt, es sich einzugestehen.

Auch ich. Wenn es auch nicht Briefmarken sind, die mir am Herzen liegen. Es ist etwas anderes. Etwas ganz anderes! Und Schöneres! Und auch Unerreichbares. Und so ist dann auch das Alter nicht nur trostlos, wie Březina sagt.

In meinem Leben kannte ich zwei große Philatelisten: St. K. Neumann und seinen Freund Antonín Bouček. Für den ersten war Philatelie eher Liebe zur Kunst. Er liebte Briefmarken als kleine Kunstwerke. Antonín Bouček war Journalist, Verleger, ein ewiger Idealist und ein braver Mensch. Briefmarkensammeln war für ihn eine Sucht nach Leben. Damals war Journalismus ein drängend abenteuerlicher Beruf. Wenigstens für einen Journalisten seiner Art. Erfinderisch, rasch und immer auf dem Sprung mußte man sein. Immer und überall. Das alles konnte Bouček und wußte sein Können anzuwenden. Und dabei sammelte er Briefmarken und plünderte in Redaktionen und Büros die Papierkörbe.

Bei Boučeks saß ich oft lange Stunden. Slávka, Boučeks Frau, kochte starken schwarzen Kaffee, und Bouček spann herrliche verlegerische und philatelistische Pläne. Neumann rauchte und hörte zu. Er kannte ja seinen treuen Freund nur zu gut. Briefmarkensammeln war damals etwas ganz anderes als heute. Man sammelte die ganze Welt. Es gab nicht so viele Briefmarken, und man sammelte hauptsächlich gestempelte. Zu ungestempelten hatte man kein rechtes Zutrauen. Soweit ich mich erinnern kann, gab es damals auch noch gar keine Spezialisierung. Gleiche Briefmarken bündelte Bouček mit Zwirn zu Hunderten. Dahinter steckte sicherlich Gewinnsucht, aber ich habe den Eindruck, daß es ihm nie gelungen ist, die Marken zu versilbern.

Ich hörte gern zu, wenn sie über Briefmarken sprachen. Neumann fing schon mit seiner dritten Sammlung an. Die früheren hat er irgendwem geschenkt. Und beide beneideten sie den englischen König um seine philatelistischen Schätze. Besonders um die orangefarbene Mauritius, von denen er angeblich ganze Bögen hatte.

Übrigens war Antonín Bouček hierzulande der Verleger mit dem größten Idealismus. Seine Unternehmungen brachten ihm nie etwas ein, bei allem zahlte er drauf. Von mir hat er eine Übersetzung von Blocks «Die Zwölf» herausgegeben. Die Übersetzung war schlecht.

Die Briefmarken fielen zwar nicht wie Schnee vom Himmel, ich bin aber trotzdem im Menschengedränge durch Berge von ihnen gewatet. Einige Millionen Briefmarken schneiten nach

Prag herein, und sie füllten vier riesige Säle, darunter auch zwei ausgedehnte Flügel des alten Ausstellungsgebäudes im Baumgarten. Auf der Briefmarken-Weltausstellung, der «Praga 78», war es nicht einmal möglich, sich alle Exponate anzuschauen. Unter ihnen auch die wertvollsten: die Missions-Marken aus Hawaii, die orangefarbene und die blaue Mauritius und die allerwertvollste von allen, eine wahre Königin: die karminrote Britisch-Guayana. Schlicht, einfach und unerreichbar.

Ich bin alt, und so ist es für mich höchste Zeit, wieder mit dem Briefmarkensammeln zu beginnen. Auf diese Idee brachte mich auch eine interessante Dame aus Pilsen, die anfing, ihren gescheiten und witzigen Briefen unsere neuen tschechoslowakischen Briefmarken beizulegen. Sie seien so schön, daß sie nicht widerstehen könne, sie mir zu schicken. Zuerst habe ich diese Briefmarken ratlos hin und her gewendet und angeschaut, und binnen kurzem wurde aus mir wieder ein Briefmarkensammler. Ein ruhiger und völlig leidenschaftsloser. Ich sammle nur Tschechoslowakei. Schließlich ist das ein ganz nettes Vergnügen.

Während der Ausstellung fuhr eine alte Postkutsche aus dem Postmuseum durch die Straßen von Prag. Auf dem Bock blies der Kutscher in zeitgenössischer Uniform ins Horn. Wie viele philatelistische und nicht philatelistische Herzen erbebten; und wem das Herz unter dem Rock rascher pochte, der erinnerte sich, wie er als Kind auf Mutters Schoß oder auf Vaters Knien gesessen und dem Kinderliedchen vom Postillion, der nach Rokycan fährt, gelauscht hatte.

Zur Zeit der Ausstellung besuchte mich der Dichter Jaromír Hořec, der nicht nur Gedichte schreibt, sondern auch als Fachmann in die Geheimnisse der Philatelie eingeweiht ist. Auf der Ausstellung lernte er den glücklichen Eigentümer der Britisch-Guayana kennen, der diese Briefmarke nach Prag gebracht hatte. Er schenkte Hořec einen silbernen Anhänger, in dem unter einem Glasdeckel eine Reproduktion der berühmtesten Briefmarke der Welt montiert war. Ich sah sie mir also aus nächster Nähe an. Nichts Bemerkenswertes oder Besonderes ist an ihr. Und trotzdem hat sie einen so horrenden Preis. Sie ist die einzige auf der Welt!

Mir aber ging durch den Kopf, ob die beiden Posten, die in der Ausstellung die hochversicherte Marke bewachten – den Revolver am Gürtel –, nicht vielleicht nur eine genaue Reproduktion, die paar Heller wert ist, hüteten, während die echte Briefmarke in irgendeinem einbruchsicheren Safe ruhte.

Unlängst brachte mir meine Enkelin einige zerknautschte ausländische Briefmarken in der Faust und bat mich, sie ihr schön in ein Heft zu kleben. In ein beschriebenes Schulheft! Na also! Es lebe die Philatelie!

Champagner von König Fuad

Oft muß ich an Jan Neruda denken. Der Dichter der «Einfachen Motive» und der «Karfreitagsgesänge» wußte so viel Liebe und Begeisterung und so viel Kunst in seine Gedichte zu legen, daß diese Fracht, wie man heute zu sagen pflegt, seine Gedichte fast über ein ganzes Jahrhundert frisch erhalten hat. Aber nicht nur um diese seine hohe Kunst beneide ich ihn. Auch um seine Begabung fürs Tanzen. Von der Jugend bis ins Mannesalter konnte er angeblich ganze Nächte durchtanzen. Darum hat man ihn beneidet, und man hat es ihm übelgenommen. Ich beneide ihn ja auch. Dumme Scham hinderte mich nämlich, auch nur die Tanzschule zu besuchen. Ich hatte Angst, mich vor den Augen der Mädchen zu blamieren. So habe ich nie tanzen gelernt. Freilich hatte ich auch kein Geld für einen Smoking.

In der Öffentlichkeit zu tanzen versuchte ich nur selten. Eigentlich nur einmal. Eines späten Abends im Prager «Olympic». Als alle schon vom Tisch aufgestanden waren, blieben nur noch Hora und ich beim Wein sitzen. Auch er war kein

Tänzer. Die Saxophone jaulten einschmeichelnd und verführerisch, als plötzlich Hora aufstand und mich um einen Tanz bat. Kaum hatten wir uns ein paarmal gedreht, kam der Ober: «Meine Herren, es ist zwar wunderschön, aber das geht doch nicht!»

Wir gingen auf unsere Plätze zurück, und seitdem drehte ich mich nie wieder auf dem Parkett.

Karel Teige dagegen tanzte leidenschaftlich. Der Besuch von Tanzlokalen, Jazz und Tanz gehörten ja, und sicherlich mit Recht, zu den Schönheiten dieser Welt. Und alle Schönheit dieser Welt, das war einer der Gedanken des poetischen Kunstprogramms, wie es «Devětsil» damals propagierte. Man braucht sich also nicht dafür zu entschuldigen, daß wir dieses Programm nicht nur in unseren Gedichten und Bildern zu verwirklichen trachteten.

Oft und oft saßen wir in einer der Prager Bars herum und hörten begeistert dem lärmenden Neger zu, der mit Händen und Füßen auf Trommel, Handtrommel, Tschinellen und anderes Schlagzeug drosch. In den billigeren Bars, wo nur wenige Musiker spielten, war der Lärm besonders ohrenbetäubend. Und für die teureren reichte unser Geld nicht.

Teige gab sich Mühe, keinen einzigen Tanz auszulassen. Die Tänzerinnen saßen ergeben an leeren Tischchen und warteten geduldig, bis jemand sie zum Tanz aufforderte. Nezval und ich beobachteten verstohlen die Tanzpaare, und beim Anblick der Mädchen dachten wir freilich ein wenig ratlos an etwas noch Schöneres als English-waltz oder Boston. Nezval tanzte auch nicht. Erst später, als er sich verliebte, hat er es versucht. Ohne großen Erfolg, glaube ich.

Es geschah nicht oft, daß Teige unerwartet ein größeres Honorar kassierte. Und wenn ihm dann etwas übrigblieb, lud er uns Freunde in den «Sekt-Pavillon» ein. Dieses Unternehmen in der Altstadt galt als Luxuslokal. Die Preise waren dort höher als anderswo, was bedeutet, daß es dort teuer war. Dafür gab es elegante und sehr anmutige Mädchen, die bereitwillig tanzten.

Dort entdeckte ich auch Marcelka Šiřáčková, eine kleine Rotznase aus der Cimburkova-Gasse. Einst hatte sie mit uns Murmeln gespielt, und wir prügelten uns mit ihr, wenn sie uns unseren Gewinn nicht herausgeben wollte. Das war eine überraschende Metamorphose. Das Vorstadtgör hatte sich in einen bunten Nachtfalter mit zartem Blütenstaub aus Puder verwandelt. Sie war auf elegante Weise wehmütig, rauchte Zigaretten aus einer überlangen goldenen Spitze, die sie elegant zwischen Fingern voll ausgefallener Ringe hielt. Selbstverständlich tat sie, als ob sie mich nicht kennen würde.

Diesmal war die Bar jedoch wie leer gefegt. Kein einziges der Mädchen saß am Tisch. Wir saßen allein über einem Glas Sherry Brandy und tranken bedächtig und langsam.

Erst nach einer Weile erfuhren wir, wo die Damen waren. Durch den Saal huschte Svatopluk Nečásek, ein Beamter des Außenministeriums. Er war mit Nezval gut bekannt und kam auf ihn zu.

Nečásek, man nannte ihn Svátă, war ein lustiger und ausgezeichneter Mann. Genf und Paris, wo er sich während der Ersten Republik längere Zeit aufgehalten hatte, erhöhten seinen gesellschaftlichen Glanz. Das war aber auch das Verdienst des guten französischen Weines. Er war ein angenehmer und witziger Unterhalter. Dienstlich war er der Informationsabteilung des Außenministeriums zugeteilt, und die Ausländer hatten ihn gern. Niemanden kränkte er. Auch war er ein meisterhafter Kartenspieler. In einem größeren Dorf in der Bretagne hat er an einem Abend alle einheimischen Mitspieler gerupft und unter den Tisch getrunken. Das hat die Leute so beeindruckt, daß man ihn zum Ehrenbürger ernannte.

Dieser außergewöhnliche, durch das Leben in der Fremde abgebrühte Mann verriet uns, warum wir allein hier saßen. In diesen Tagen war der ägyptische König Fuad in der Republik zu Besuch, und Nečásek begleitete ihn. Heute war es Nečásek gelungen, Seine Majestät von der zudringlichen politischen Polizei zu befreien. Wie er das gemacht hat, verriet er uns zwar nicht, aber er schmuggelte den Herrn König in den «Sekt», und

Fuad saß nun in einem Séparée und alle Damen um ihn herum. Seine Herrschersorgen, die er sich bestimmt nicht allzusehr zu Herzen nahm und die ihm die Engländer bereitwillig und zum größten Teil abnahmen, vertrieb er sich so auf die angenehmste Art. Lieber als in seinem Büro im königlichen Palast, saß er in den Vergnügungsetablissements ganz Europas herum, wo ihn das eigene Volk nicht sehen konnte. Und der Ruf eines leichtsinnigen Herrschers eilte ihm voraus wie ein schnell aufgerollter Teppich.

Seine Möglichkeiten waren freilich grenzenlos, und was Kleopatra und seine übrigen Vorfahren nicht vergeudet hatten, verschwendete er nun mit Englands Erlaubnis. Und dazu all das, was Napoleon nicht weggeführt hatte und worauf die Engländer heute nicht die Hand legten. Und davon gab es noch immer mehr als genug.

Nach Prag kam er mit einem mit Orden und Auszeichnungen angefüllten Schiffskoffer. Und die verschenkte er mit so unvorsichtiger Freigebigkeit, daß man ihm im benachbarten Deutschland, wohin er von uns aus reiste, taktvoll andeutete, man werde von ihm keine Orden annehmen.

Auch Nečásek hatte selbstverständlich schon ein ägyptisches Ordensband auf dem Revers. Seine Erklärung interessierte uns zwar, befriedigte uns aber keineswegs. Das sagten wir ihm auch. Rasch ging er fort, und statt seiner erschien ein Kellner mit einem Eiskübel und brachte eine Flasche französischen Champagner. Wir wiesen den Wein zurück. Aber bald darauf kam Nečásek wieder und redete uns herzlich zu, wir sollten doch keine Dummheiten machen. Den Wein habe er selbst bestellt.

Also tranken wir rücksichtslos drei Flaschen aus, nachdem sich schon vorher ein bezauberndes tanzwilliges Fräulein zu uns gesetzt hatte. Und Teige schwebte bald auf dem Parkett und war zufrieden, während aus dem Séparée das Lachen der Mädchen und das tiefe Wiehern des ägyptischen Königs ertönten.

Es wäre eine Lüge, wollte ich behaupten, es hätte uns große

Mühe gemacht, unser eigenes Gewissen zu betäuben. Den Wein tranken wir aus, und an Fuad dachten wir nicht mehr. Ziemlich spät gingen wir leichten Schrittes und noch leichteren Sinnes nach Hause. Auch der Sherry Brandy und die Tänzerin wurden aus dem Goldschatz der Pharaonen bezahlt.

Ich muß aber noch verraten, wie der königliche Besuch in der Tschechoslowakei endete. Überraschend, und gar nicht königlich.

Von Prag fuhr Fuad mit Nečásek zur Besichtigung der westböhmischen Bäder, und sie blieben ein paar Tage in Karlsbad. Dieser Kurort war wegen der königlichen Lebensweise richtig indiziert, aber der König hielt es dort leider nicht aus und brach die Kur vorzeitig ab. Auch da gelang es, die widerlichen polizeilichen Wächter des Königs abzuhängen. Eines Tages, nach einer kurzen Badekur am Mühlbrunn, verließ er Karlsbad und verschwand auf geheimnisvolle Weise mit Nečásek. Niemand wußte, wohin.

Es gab Alarm. Bald war die Polizei auf den Beinen, und die Fahndung ging los. Ganz Karlsbad wurde durchsucht, aber der König blieb verschwunden, und die ägyptische Botschaft war ernstlich beunruhigt.

Erst am dritten Tag fand man ihn in einem Nachtlokal in Aussig. Vielleicht war's auch nicht Aussig, sondern Reichenberg. Ich erinnere mich nicht mehr. Schließlich bin ich ja kein Historiker, und überdies mach' ich mir aus Genauigkeit nicht viel. Außerdem ist es ja gleichgültig.

Ganze drei Tage und Nächte vergnügte sich der König in dem hermetisch abgeriegelten Nachtlokal. Als seine Wächter eintrafen, schliefen die Damen längst entkräftet in den Sesseln und auf den Tischen, während König Fuad und Nečásek noch mit vollen Gläsern dasaßen, einander umarmt hielten und alte französische Lieder von Wein und Liebe sangen.

So wenigstens erzählte es uns unser Freund Nečásek, Beamter in der Informationsabteilung des Außenministeriums, nachdem Seine Majestät König Fuad unsere Republik verlassen hatte.

Die Krümeltüten

Es ist Abend, bald wird es dunkel, und meine kleine Enkelin will noch nicht schlafen.

«Wenn du mir nicht von der schönen Jungfer Uliána vorlesen willst, weil's zu lang ist, so erzähl mir was!»

«Also gut. Aber was? Warte, ich weiß, was. Also hör schön zu. Vielleicht wird es dir gefallen, denn ich will dir von den Zuckerbäckern erzählen.

Als ich ein wenig älter war als du, hatte ich einen Freund. Wir strolchten in den Straßen herum und dachten uns allerhand Spiele und Späße aus. Wenn wir an einer Zuckerbäckerei vorbeigingen, versäumten wir nie, die Nase ans Schaufenster zu pressen und lange und aufmerksam die ausgestellten Zuckerwaren zu betrachten. So wußten wir schon als kleine Buben, was die Zuckerbäcker in Žižkov alles zustande brachten, ohne freilich zu wissen, wie die Erzeugnisse ihrer Kunst eigentlich schmeckten.

Aber warte, ich muß anders anfangen. Zur Schule ging ich in die Palacký-Gasse. Das war ein düsteres, trauriges Gebäude. Ein paar Schritte von der Schule in einem alten Eckhaus war auch ein kleiner Konditorladen. Nicht einmal ein Schaufenster hatte er. Nur eine Tür, die oben verglast war. Die Verkäuferin hatte auf dem Pult einige verzierte Gläser voll Bonbons stehen. Blaue parfümierte Veilchen, seidige Atlasbonbons, Honigzukkerl mit einer Biene, saure Drops, Malzzuckerln und Fenchelbonbons. Und schwarze Pfefferminzbonbons, die hätte ich beinahe vergessen. Mit der Zeit habe ich sie alle gekostet. Diese armselige Ware war aber nicht das einzige. An einer Seite des Pultes stand eine große Pappschachtel, zur Hälfte mit Krümeln und Bruchstücken von Torten gefüllt. In dieser Mischung steckten Tüten aus Zeitungspapier mit diesen Köstlichkeiten. Eine Tüte kostete einen Kreuzer. Manchmal fanden wir in der Tüte sogar eine Praline, eine gebrannte Haselnuß oder ein größeres Stück Torte, gefüllt mit Buttercreme. Das hielten wir für ein Glück. Offenbar klapperte die Verkäuferin die Konditoreien ab, wo man ihr zerbrochene und hart gewordene Torten und die Reste verkaufte, die auf den Tortentellern übriggeblieben waren. Zu Hause zerkleinerte sie dann alles, mischte es zusammen, und mit dieser Mischung füllte sie ihre Tüten aus Zeitungspapier. Diese Krümeltüten – sie waren unser einziger regelmäßiger Kontakt mit dem Zuckerbäckerladen. Im übrigen versäumten wir es an keinem Tag, in die Schaufenster der Zuckerbäcker hineinzugucken. Oft sogar mehrmals. Wenigstens für ein Weilchen.

Aus den Türen der Zuckerbäcker duftete es immer so schön. Damals viel besser als heute. Bei jedem Laden gab es eine Backstube, und dort duftete es auch. Du weißt ja, wie es riecht, wenn Mutti Biskuit bäckt! Dort aber roch es viel schöner. Butter und zerlassene Schokolade und die vielen Konditorgewürze. Gebrannte Mandeln und Haselnüsse... Zitronenschale und Zitronat. Und Pistazien. Kandierte Erdbeeren und Aprikosen, Johannisbeer-Marmelade, Himbeer-Jam und andere Früchte. Wenn der Kunde in den Laden trat, sog seine Nase den Duft tief ein, und seine Nüstern zitterten vor Wonne.»

«Was sind das, Nüstern?» fragte die Kleine, und ich zog sie zart an ihrem Näschen.

«Heute nasche ich nicht, nicht mehr», fahre ich in meiner Erzählung fort, «aber noch heute kann ich mich an all die Leckerbissen gut erinnern, die wir meistens nur mit den Augen gekostet haben. Bis heute aber mag ich Nußtorte gern. Doch sie muß wirklich gut sein. Und sehr hoch. Mindestens fünf Schichten Haselnußcreme. Und im Biskuit-Teig müssen gemahlene Haselnüsse sein. Und oben auf der schneeweißen Glasur soll kokett eine geröstete Haselnuß sitzen.

Schade, daß ich Diät halten muß und nichts Süßes essen darf.

Gerne habe ich die wunderbaren Indianer genascht. Die macht man heute gar nicht mehr, glaub' ich. Das war eine kleine Kugel aus Biskuit, in der Mitte auseinandergeschnitten, die obere Hälfte in Schokolade getunkt, und drin war Schlag sahne. Sie wurden in einem kleinen Schüsselchen aus Krepppapier verkauft, genauso wie die ähnlichen Marzipan-Kartöffelchen, die mit Creme gefüllt waren. Auch die habe ich schon lange nicht gesehen. Damals schmeckte mir freilich alles. Aber besonders gern mochte ich Mandelbogen, deren Geschmack und Duft auf der Zunge zergingen. Oder Schnitten aus Eischnee. Sie waren groß und kosteten zwei Kreuzer; die backt man auch nicht mehr.

Und Torten? Ach, davon gab es viele. Mehr als heute. Wie könnte ich mich an alle erinnern. Weißt du, was Grillage ist? Das sind gehackte Haselnüsse in gebranntem Zucker. Damit verzierte man manche Schnitten, und es schmeckte schrecklich gut!

Die Malakow-Torte bestand aus aufgeschichtetem Biskuit mit Mandelcreme dazwischen. Soweit ich mich erinnern kann, kostete ich sie nur ein einziges Mal. Die prächtigste aller Torten aber war die Marmortorte aus verschieden gefärbtem Biskuit, das mit diversen Likören getränkt war. Die allervornehmste aber war die Sachertorte. Aus dunkelbraunem Schokoladenteig, zum Teil mit Schlagsahne bedeckt. Und dieses Weiß zu dem dunklen Braun – das sah sehr schön aus.

Deine Oma, als sie jung, aber auch als sie schon alt war, kaufte sich gerne Körbchen aus Linzerteig, die mit eingemachtem Obst in Gelee gefüllt waren. Und oben in der Mitte lag eine schwarze Walnuß, die noch grün in Zucker eingelegt worden war. Das war das Beste von allem. Sie schmeckte bittersüß!

Sehr gut waren früher Dotterkränzchen aus Brandteig. Und dazu noch schön anzusehen: gelb-rosa mit weißem Überzug – so appetitlich, daß einem das Herz im Leib lachte. Ich sehe auch keine Windbeutel mehr. Man nannte sie damals auch Windfähnchen. Sie waren auch aus Brandteig und mit Schlagsahne gefüllt, die du so gern hast.

Damals waren aber die Konditoreien nicht so voll wie heute. Ach wo! Es gab zwar viel mehr, sie waren aber meist kleiner als heute. In der Erinnerung kommen sie mir feiertäglicher und festlicher vor. Vielleicht deshalb, weil ich nur ganz selten ihre

Türklinken hinunterdrücken konnte. Wenn ich oder meine Mutter Namenstag hatten. Das kleine schneeweiße Päckchen hielt ich andächtig in Händen.

Der Zuckerbäcker in unserer Gasse hatte angeblich die beste Ware. Wenigstens sagten das die Leute. Vor seinem Schaufenster hielt ich es lange aus. Die teureren Torten trugen Kärtchen: ‹Sacher›, ‹Malakow‹, ‹Pischinger›. Das waren die Torten, die er den Wiener Konditoren nachmachte. Dorthin ging ich gerne. Schon deshalb, weil hinter dem Pult seine liebe und hübsche Frau stand. Sie trug eine weiße Spitzenschürze und hatte das Haar mit einer weißen Schleife zusammengebunden. Sie wirkte festlich, war sauber, angenehm und nett, und sie lächelte immer. Bereitwillig teilte ihre Hand mit einer silbernen Tortenschaufel Schnitte auf Schnitte von den vollen Tortenplatten. Mir schien, daß sie irgendwie ganz durchtränkt war von dem Duft all der Süßigkeiten, die sie vor sich hatte.

Ja, aber zwei Torten habe ich noch vergessen: beide waren sie golden, und das Wasser lief einem im Mund zusammen, wenn man sie nur ansah. Die eine war die Ananastorte. Auf der Glasur lag ein dreieckiges Stück Ananas. Die andere war eine Orangentorte und war von einem Orangenstückchen gekrönt, das einem auf dem Rücken liegenden kleinen Mond ähnelte.»

Unlängst geriet ich wieder einmal in die Gegend, wo wir damals gewohnt haben, und ich erinnerte mich an den Laden, vor dessen Schaufenster ich so viele Augenblicke voller Sehnsucht verbrachte. Der Zuckerbäcker war nicht mehr da. Sicher liegt er schon lange, lange auf dem nahen Friedhof in Olšany. Und die Frau Zuckerbäckerin? Manchmal, meist wenn es schon dunkel wird und ich ganz allein bin, klopft jemand an die Glastür meines Zimmers. Ich sage: «Herein!», und die schöne Frau aus dem Zuckerbäckerladen in Žižkov tritt ein. Mein Gott, sie ist schon vierzig Jahre jünger als ich! Sie trägt eine weiße Spitzenschürze, die Tortenschaufel hält sie in der Hand und fragt mich, was ich wünsche. Etwas Süßes und Gutes, sage ich, trete zu ihr und versuche, sie zu küssen. In dem Augenblick verliert sie sich aber wie der Schatten, wenn man eine Kerze löscht. Und das ist das Ende dieser Zuckerbäckerromanze. Aber dieses Ende habe ich meiner Enkelin nicht mehr erzählt.

«Na, es ist spät, du mußt jetzt schlafen», sagte ich zu ihr. «Und zur guten Nacht verrat mir, auf welche dieser Naschereien du jetzt Lust hättest?»

«Ich möchte die Krümel in der Tüte haben!» Und langsam fallen ihr die Augen zu, und sie schläft ein.

Der Hund des Malers Ferdiš Duša

Ich kann mich wahrhaftig nicht mehr erinnern, welches Getier wir im Haus hielten, solange die Kinder klein waren. Zuerst waren es rote Ameisen, die mein Sohn beim Dalibor-Turm am Hang des Hirschgrabens sammelte und in ein Gurkenglas tat. Als die Ameisen in unserer Wohnung auseinanderliefen und vergebens ihre Königin suchten, fing er in demselben Glas Feuerkäfer. Sie wissen nicht, was das ist? Den Namen mit Bild entdeckte ich später in «Brehms Tierleben»: Es sind die bekannten roten Wanzen, die mein Sohn in den Mauerritzen der alten Schloßstiege entdeckt hatte. Ich konnte sie nicht leiden und ekelte mich vor ihnen. Auf dem Olšaner Friedhof krochen sie aus den alten Grüften heraus, und ich glaubte, sie kämen aus den Särgen. Danach kaufte ich den Kindern einen Goldhamster. Der ist uns bald davongelaufen. Wahrscheinlich hat es ihm auf dem glatten Linoleum in der Küche nicht gefallen. Nach dem Hamster brachte ich ein Pärchen Salamander. Danach einen Laubfrosch, der bald verendete, offensichtlich vor Hunger, denn es gab zuwenig Fliegen. Schließlich ein Meerschweinchen mit starren Korallenaugen, grenzenlos geduldig und dumm. Schließlich fingen die Kinder an, zweistimmig um einen kleinen Hund zu betteln.

Niemals, sagte ich hart. Was ich selber zu Hause versorgen kann, wenn ihr erst genug davon habt, meinetwegen. Aber nachmittags den Hund ausführen und an jeder Ecke mit ihm stehenbleiben, das nicht. Nicht um alles in der Welt!

Leider wurde dieser mein fester Entschluß sehr bald erschüttert. Wir gingen oft – ich gestehe es lieber gleich: fast täglich – in Paukerts Weinstube auf der Národní třída. Eigentlich hat uns František Halas hingebracht, der sich dort am Nachmittag mit künftigen jungen Autoren zu treffen pflegte, für die er bei Petr die Reihe «Erste Bücher» redigierte. Halas hatte Freude an dem Kontakt mit jungen Autoren. Man lachte ihn aus, er wollte wohl eine eigene Dichterschule gründen, aber das freute ihn eher. Er saß unter den jungen Leuten und erteilte ihnen Ratschläge. Anfangs war er oft dort, und seine Bekannten zogen ihm bald nach. Es war ein länglicher Raum, warm vom Zigarettenqualm und durchzogen von den Gerüchen aus dem Delikatessenladen in der Nachbarschaft. Schön war es dort.

Oft kam auch der General und Schriftsteller Rudolf Medek, der sich zur äußersten Rechten bekannte. Da dort aber, wie er sagte, langweilige Kumpane waren, kam er lieber zu uns, obgleich er sich manches anhören mußte, was einen anderen beleidigt hätte. Aber Medek lächelte nur. Als ihm Halas einmal sagte, er sei unser Klassenfeind, antwortete er, dann sei ja alles in Ordnung, wenn er ein klasse Feind sei. Und so kam es, daß, als Medek in der ersten Zeit des Protektorats starb, Josef Hora an seinem Sarg Abschied von ihm nahm. Medek wurde in der Gruft seines unglücklichen Schwiegervaters, des Malers Antonín Slavíček beigesetzt, des Vaters seiner ebenfalls unglücklichen Frau Eva.

In jener Zeit, die voll politischer Spannung und Unruhe war und in der man große, verhängnisvolle Ereignisse schon vor der Tür rumoren hörte, in jener Zeit also kam einmal Medek auf dem Heimweg von irgendeinem offiziellen und wichtigen Begräbnis zu Paukert. Er kam, glaube ich, nicht direkt vom Friedhof, und es wäre eine Lüge, zu behaupten, daß er in Trauerstimmung war. Er trug die Generalsuniform mit allen

Orden. Die Zeiten waren damals nicht mehr allzu geeignet für ein freundschaftliches und idyllisches Beisammensein beim Wein. Das Gespräch ging oft in Polemik über und die Polemik in unverhüllten Streit. Zornig schrie der erregte Halas den lächelnden Medek an, er sei ein prämierter Faschist. Nach diesen Worten lief Medek rot an, sprang auf, riß seine Medaillen und Bänder ab und warf sie mit empörter Geste unter den Tisch. Die Reaktion kam zu plötzlich und war zu stark, das ganze Lokal war vor Überraschung für ein paar Sekunden stumm. Nach einer Weile fingen alle an, Medeks Auszeichnungen aus dem Ersten Weltkrieg aufzulesen. Er hatte viele davon.

Hoffentlich ist es gelungen, sie alle wieder zusammenzubringen – jedenfalls hat sich jeder der Anwesenden sehr bemüht. Dann stopfte man sie ihm vorsichtig in die Rocktasche, das Gespräch wurde ruhiger und gedämpfter und Medek offensichtlich ein wenig nüchterner.

Es gab aber keine netteren Gastgeber als das Ehepaar Medek. Sie wohnten in der amtlichen Dependance des Mahnmals am Fuß des Berges Žižkov und hatten eine wunderschöne große Wohnung im zweiten Stock.

Wie viele leere Flaschen standen dort auf dem Flur vor der Tür!

Durch große Zimmerfenster überblickte man den ehemaligen Masaryk-Bahnhof. Zuggarnituren, rauchende Lokomotiven, schwarze Bahnhofshallen und ein Gewirr glänzender Schienen – dieses Bild, von Rauchschwaden verhüllt, hätte am ehesten ein Monet malen können. So bot es sich mit seinen Farben dem impressionistischen Pinsel dar. Die anderen Fenster gingen in den Park. Medek saß gewöhnlich unter zwei an der Wand hängenden Türkensäbeln. Er machte ein ruhiges und friedfertiges Gesicht, besonders dann, wenn sich sein Lächeln im Wein spiegelte.

Die interessante und reizende Frau Eva hingegen lieferte mit ihren schönen Augen gefährliche Gefechte. Mit ihren Temperamentsausbrüchen konnte sie kaum verleugnen, die Tochter Antonín Slavíčeks zu sein, dessen leidenschaftliches Blut in ihren Adern noch nicht erloschen war. Aber schön war es dort. Wenn auch nicht allzu ruhig. Nebenan spielten zwei schöne Jungen, Ivan und Mikuláš. Aus dem ersten wurde ein hervorragender Musikwissenschaftler; der zweite ein ausgezeichneter moderner Maler, er starb im Mannesalter.

In Paukerts Weinstube verkehrte auch der Maler Ferdiš Duša. Er mochte Medek nicht; wenn der in das Lokal kam, stand Duša meistens leise auf und verschwand unbeachtet, ohne sich zu verabschieden. Er stammte aus den Beskiden, und in seinem Gesicht war etwas von der Schönheit dieser wunderbaren Berge. Alle hatten wir ihn gerne. Er war weder ein großer noch ein moderner Maler. Über Malerei haben wir nie mit ihm gesprochen. Er malte seine Landschaftsbilder mit traurigem Pinsel, machte aber lieber Holzschnitte. Darauf verstand er sich. Petr Bezruč war, wie ich mich erinnere, mit Dušas Holzschnitten zu den «Schlesischen Liedern» sehr zufrieden; sie seien echt, sagte er.

Eines Abends, noch bevor ich einen Stuhl heranziehen und mich setzen konnte, wandte sich Duša an mich.

«Hör mal, du hast doch Kinder. Willst du einen Welpen? Ich hab' vier ganz entzückende, sie sind reinrassig, haben sogar einen Stammbaum. Es sind Rauhaar-Terrier, von sehr schöner Farbe. Ich geb' dir, welchen du dir aussuchst.»

Ich schluckte zweimal vor Überraschung und Verlegenheit wegen des unerwarteten Angebots und war, weh mir, ohne weitere Überlegung einverstanden.

Am nächsten Nachmittag fuhr ich mit meiner Frau irgendwohin nach Spořilov. Für den Hund nahmen wir einen Obstkorb mit. Ein wenig wühlten wir zwischen den Welpen herum – Duša hielt sie mitsamt der Hündin in seinem Bett – und suchten uns schließlich einen mit schwarzem Monokel auf dem Auge und einem Rostfleck auf dem Po aus. Duša hieß unsere Wahl gut. Er sei der munterste von allen. Zum Abschied zeigte uns Duša eine Serie von Glasmalereien. Sie zeigte die Legende von Jánošík, im Stil der Volkskunst gemalt. Die einzelnen Bilder waren farbenfroh und witzig.

Wir traten den langen Weg nach Břevnov an. Es war nicht einfach. Dem Hündchen gefiel es in dem Korb überhaupt nicht, und mit seiner Lebhaftigkeit unterhielt es die ganze Straßenbahn. Nur weil es so entzückend war, brachten wir es glücklich von Spořilov in unsere Abtei.

Als wir den Hund mitten ins Zimmer auf den Teppich kippten, wurde das Haus vom Jubel der Kinder erschüttert. Wir setzten uns um das Hündchen herum auf den Teppich und beobachteten, wie entzückend die Natur sein kann, wenn sie nur Lust dazu hat.

Das erste, was passierte, war, daß der Hund ein Pfützchen auf den Teppich machte. Zu seiner Ehre sei aber gesagt, daß er sich nach Kräften bemühte, es einzubuddeln. Unmittelbar darauf durchbrach er unseren Kordon auf dem Teppich, lief ins offene Schlafzimmer und, schwups, lag er in meinem Bett. Aus dem trug ich ihn energisch fort. Aber auch dafür konnte er schließlich nichts. Den Maler Duša hatte nämlich vor kurzem seine Frau verlassen, und er heilte seine Sehnsucht und Einsamkeit, indem er die Hündin ans Fußende des Bettes nahm und sich an ihr die Füße wärmte. Dort haben wir sie ja auch mit den vier Welpen angetroffen, als wir zu Duša kamen.

Mit sanfter Gewalt führten wir das Hündchen in den Flur hinaus, in dessen Ecke wir ihm eine kleine Kinderdecke hingelegt hatten. Es kostete uns aber viel Mühe, bis wir den Kleinen davon überzeugt hatten, daß unbedingt und nur dort sein richtiges Plätzchen sei. Ich verstehe ja die Hundesprache nicht, habe aber den Eindruck, daß er leise vor sich hinweinte. Dann schlief er ein.

Wir setzten uns an den Tisch, um zu überlegen, welchen Namen wir dem Hündchen geben sollten. Ich schlug Alánek vor, was abgelehnt wurde, obwohl es sehr schön klang und ein Hundename war. Ich weiß nicht, was den Kindern eingefallen ist, aber sie begannen, ihn Ferdiš zu nennen. Und da der Hund auf jeden Ruf kam, dachten sie, daß er schon auf diesen Namen hörte, und so blieb er ihm.

Als ich Duša diesen Namen, mich entschuldigend, eingestand, fürchtete ich, er könnte beleidigt sein. Aber im Gegenteil – er war erfreut und lachte! Er begrüßte die Wahl sogar.

Am ersten Tag, als die Kinder Ferdiš ausführen sollten, stritten sie sich stürmisch um die Leine. Sie regelten die Sache schließlich so, daß jedes ihn eine Weile an der Leine führen sollte. Es dauerte aber nicht lange, nicht einmal vierzehn Tage, und sie stritten, wer den lieben Ferdiš ausführen *mußte*. Und wieder hatte ich den Streit zu schlichten. Zuletzt endete es so, wie ich es erwartet hatte: Mit Ferdiš mußten meine Frau und ich Gassi gehen, und zwar immer dann, wenn es uns am wenigsten paßte.

Ferdiš aber liebte die Kinder. Pünktlich zu der Zeit, da sie aus der Schule kamen, erwartete er sie an der Tür. Hatte eines von ihnen eine Stunde länger Unterricht, wartete er wieder.

Schlimmer war es in den Vormittagsstunden, wenn wir alle fortgingen und den Hund in der Obhut meiner Frau ließen. Wir hatten keine Ahnung von den Schwierigkeiten, die sie erwarteten. Meine Frau ging einkaufen, aber Hunde dürfen nicht in Lebensmittelgeschäfte. Und so versuchte sie verschiedene Methoden. Manchmal bat sie eine Bekannte, die gerade vorbeiging, den Hund an der Leine zu halten. Ein andermal band sie ihn an der Türklinke fest. Diese zweite Methode erwies sich als sehr problematisch. Einmal hatte sie den Hund an den Henkel eines Korbes mit Äpfeln angebunden. Und noch bevor sie aus dem Laden herauskam, hörte sie ein Geschrei. Der Hund hatte den Korb umgeworfen, und die Äpfel rollten auf die Fahrbahn; bis meine Frau sie alle aufgesammelt hatte, mußte die Straßenbahn stehenbleiben. Nach diesem Ereignis entschlossen wir uns, daß meine Frau den Hund im Haus einschließen solle. Sie sperrte Ferdiš in der Küche ein und ging sorglos einkaufen. Als sie aber nach einer Stunde zurückkam, stand ein Haufen Leute vor der Tür, die sie anfuhren, weil im Haus jemand einen Hund quäle. Und wirklich, man konnte das Winseln des Hundes durch die geschlossenen Fenster hören. Er jammerte so, daß es selbst das Herz eines gefühllosen Schinders erweicht hätte. Als sie in die Küche trat, fand sie ein Trümmerfeld vor, und inmitten der Scherben begrüßte sie freudig Ferdiš. Die Wand war bis in Mannshöhe naß, so hoch sprang Ferdiš in seiner Verzweiflung. Als ich es meinen Freunden erzählte, habe ich ein wenig übertrieben und behauptet, auch die Decke sei naß gewesen.

Kaum waren die Kinder schlafen gegangen, setzten wir uns zusammen und fingen an zu überlegen. Was soll mit dem Hund geschehen? Wir entschlossen uns, ihn jemandem zu schenken. Einen schönen, reinrassigen Welpen, einen rauhaarigen Foxterrier, unter Brüdern fünf Hunderter wert, wird umsonst sicher jeder gerne annehmen. Ich suchte einige Bekannte auf, aber alle lehnten höflich ab. Schließlich erinnerte ich mich an einen guten Freund, der Kinder hatte und für einen Hund wie geschaffen war.

Ich trug ihm mein Angebot vor, vielleicht ein wenig zu selbstverständlich. Er sah mich befremdet und kühl an, und mit einer Stimme, die ich von ihm überhaupt nicht gewohnt war, sagte er zu mir und sah mir dabei fest in die Augen:

«Nicht mal für 'ne goldene Sau!»

Ich hatte nämlich ganz vergessen, daß sie schon einmal einen Hund gehabt hatten.

Beleidigt suchte ich weiter. Ich fand niemanden. Und dabei mangelt es mir nicht an Bekannten. Hundekenner rieten mir, den Hund in eine Anstalt zu geben, wo man sich gegen Entgelt mit der Erziehung von Hunden befaßt. Sie sollte irgendwo in der Nähe von Prag sein.

Inzwischen hatte Ferdiš meiner Frau den Persianer-Muff zerrissen, den er aus dem Schrank herausgezogen hatte, ferner ein seidenes Tischtuch und einen Schuh aus Krokodilleder. Mit dem kam er so siegesgewiß angelaufen, als ob er ein lebendes Krokodil zerstückelt hätte. Mir zerriß er meine Pantoffeln, aber ich winkte nur ab. Sie waren ja nicht neu.

Am schlimmsten war's aber mit seiner Toilette. Wir brachten ihm bei, sich zu melden, und dann ließen wir ihn auf den Rasen vor dem Haus hinaus. Ein paarmal lief er wirklich hin, nachdem er vorher die Tür angeknurrt hatte, aber meistens war er so in sein Spiel vertieft, daß er erst im allerletzten Moment knurrte und das Geschäft auf der Treppe machte. Im Herbst war es ja einfach: Ich nahm einen Lappen, und die Pfütze wurde weggewischt. Schlimmer kam es aber im Winter. Manchmal gefror die Pfütze auf der Treppe, und wir mußten Sand streuen. Die Briefträgerin rutschte einmal bei einem ihrer täglichen Gänge auf der glatten Stufe aus und fiel bis ins Erdgeschoß. Ein Glück nur, daß sie eine Tasche trug. Die hatte sie ganz vollgestopft – in einem Fach «lustige, im anderen traurige Briefchen» –, und diese Tasche milderte ihren Sturz. Beschimpft hat sie uns ganz fürchterlich.

Nach diesem Ereignis beschloß ich, den Hund loszuwerden. Meine Frau wendete allerdings ein, daß man in der Hunde-Lehranstalt die Tiere schlage, aber ich versicherte ihr, daß ich es anders einrichten würde.

Auf dem Heimweg von Paukert faßte ich einen teuflischen Plan. Wenn wir Ferdiš sonntags auf längere Spaziergänge mitnahmen, ließen wir ihn manchmal von der Leine. Er sollte sich austoben können. Kaum merkte er, daß er frei war, schaute er sich um und hetzte dann Gott weiß wohin. Es dauerte immer lange, bis wir ihn wieder bei uns hatten. Ich werde es wie der grausame Vater im Märchen von Hänsel und Gretel machen, der die Kinder in den Wald führte und ihnen dann davonlief. In den Wald werde ich mit Ferdiš freilich nicht gehen. Denn dort würde ihn wohl ein Förster abschießen. Auf die Národní třída werde ich mit ihm gehen, und dort wird er plötzlich und rasch verlorengehen, aber doch auch gleich wieder einen neuen Herrn finden. Davon war ich überzeugt.

Am Abend erklärte ich zu Hause, ich würde am nächsten Tag Ferdiš in die Anstalt bringen, damit wir in einem Monat ein braves, zimmerreines Hündchen zurückbekämen, das aufs Wort gehorchen würde. Es folgte ein rührender Abschied. Ferdiš hörte aufmerksam zu, als wir von ihm sprachen. Offenbar verstand er uns. Aus seinen aufmerksamen Augen war das zu schließen.

Es war ein silbriger Wintermorgen. Die letzten roten Hagebutten auf den Zweigen hatten einen Schopf von Reif und sahen entzückend aus. Der Winter ging langsam seinem Ende zu, und, wenn man tief einatmete, so fühlte man den besonderen, feuchten Duft des Februars, der lieblich war wie ein Vorzeichen des Frühlings. Ferdiš Milch in den Napf und ein eingeweichtes Brötchen mit einem Stück Wurst. Obwohl er ein solches Frühstück liebte, rührte er das Fressen nicht einmal an. Er beobachtete mich nur aufmerksam. Als ich den Karabinerhaken der Leine anschnallte, gab es keinen Freudentanz wie sonst, wenn wir uns zu einem Spaziergang rüsteten. Ein wenig verängstigt schien er mir. Wir gingen den bekannten Weg an der Spiritka vorbei und oberhalb der Fialka auf den Petřín. Als wir an den Mauern der Spiritka waren, nahm ich ihm die Leine ab. Ich dachte, er würde zu einem blitzartigen Spurt ansetzen. Hier kannte er sich aus. Er würde in Kürze zurückkehren, aber ich wollte nur meinen Plan ausprobieren. Ferdiš rührte sich jedoch nicht von meinen Füßen und lief mir so oft über den Weg, daß ich manchmal auf ihn trat.

Über Hunde sind schon Unmengen von Büchern geschrieben worden. Ich habe zwar kein einziges gelesen, aber ich kann mir lebhaft vorstellen, daß alle ausgezeichneten und weniger ausgezeichneten Eigenschaften der Hunde schon beschrieben worden sind. Daß der Hund den Menschen erkennt, der Angst vor Hunden hat, das weiß ich und habe mich davon mehrfach überzeugt. Daß er aber menschliche Gedanken lesen und so erkennen kann, was ich im nächsten Augenblick tun werde, das scheint mir nicht möglich zu sein. Wir kamen bis zum Rosengarten, wir kamen bis zum Aussichtsturm und an der Laurenzi-Kirche vorbei auf die breiten Parkwege. Mein Gott, wie oft bin ich hier schon promeniert! Aber ohne das Hündchen. Ich öffnete den Karabinerhaken der Leine, aber der Hund rührte sich nicht einen Schritt von mir weg. In dieser Gegend wäre meine Mühe ohnehin vergeblich gewesen, und ich entschloß mich deshalb, umzukehren und wieder auf den Straßen zu spazieren. Wir kamen zu den Sportstadien zurück und gingen hinunter auf die Bělohorská třída. An der Haltestelle Královka stellten wir uns auf die Verkehrsinsel. Ich änderte meinen Plan: Ich würde abwarten, bis die Straßenbahn losführe, und dann aufspringen. Der Hund stand bei mir und blickte mir verängstigt ins Gesicht. Ich wartete, bis die halbleere Straßenbahn anfuhr und sprang dann auf die mittlere Plattform. Umsonst. Der Hund war vor mir dort, und an der nächsten Station am Pohořelec warf man uns beide hinaus.Der Hund hatte keinen Maulkorb.

Ich nahm Ferdiš wieder an die Leine, und wir zottelten über die Lorettogasse auf den Hradschin-Platz. Ich sah den Hund an, er sah gequält mich an und tat mir aufrichtig leid. Zurück konnte ich aber nicht mehr! In diesen peinlichen Gedanken sah ich vor dem Schwarzenberg-Palais eine Telefonzelle. Ich trat ein, der Hund selbstverständlich mit mir.

Und nun tat ich etwas, wofür ich mich heute noch schäme. Zunächst tat ich so, als ob ich telefonieren wollte, damit der Hund keinen Verdacht schöpfte, dann wickelte ich die Leine um das Anlagebrettchen, aber so, daß er es nicht merkte. Dann sprang ich hinaus und hielt Ferdiš mit dem Fuß hinter der automatisch schließenden Türe zurück. Der Hund heulte auf, ich aber flüchtete schon an der Uhr vorbei in die Neruda-Gasse. Unterwegs hörte ich noch Ferdiš schmerzliches Weinen und Bellen in der Telefonzelle. Es war Morgen, und der Platz fast leer. Sollte der Herr Botschafter im Schwarzenberg-Palais noch geschlafen haben, so wurde er nun sicher geweckt. Der Hund in der Telefonzelle tobte fürchterlich. Ich aber flüchtete zum Jánský vršek und von dort über die Břetislavská, ehemalige Totengasse, hinunter zur Marktgasse. Eben kam eine Straßenbahn vom Kleinstädter Ring. Ich sprang auf und fuhr nach Smíchov.

Damals konnte man nämlich nicht nur auf die Straßenbahn aufspringen, sondern auch in elegantem Bogen abspringen. Das waren schöne Zeiten! Diesen ein wenig riskanten Sport betrieb man oft genug in den Prager Straßen.

Der Hund war weg. Ich atmete auf, aber nicht ohne bittere Gewissensbisse.

Armer, braver Ferdiš!

«U Anděla» (Zum Engel) stieg ich aus und ging in den Buchladen des heute schon ein wenig legendären Ota Girgal, meines Freundes, von dem ich wußte, daß er anders als Lord Byron Hunde nicht mochte. Ich fiel ihm um den Hals. Als ich meine Hundegeschichte zu Ende erzählt hatte, gab er mir die neue Nummer von Šaldas «Zápisník» (Notizbuch), klopfte mir auf die Schulter und meinte: «Gut gemacht!»

Mein Handel mit Schinken

Er war ein guter Kumpel, der Vincenc Mašek, Friede seiner Asche. Beschäftigt war er in der Druckerei im Hintertrakt des «Volkshauses». Ein gelernter Tischler, bereitete er auf einer kleinen Säge Holzunterlagen für die Klischees vor. Von seiner Werkbank konnte er über einen schmalen Hof auf meinen Redaktionstisch sehen. In der Redaktion, wohin er immer die fertigen Klischees für die Zeitung brachte, war er recht oft. Da der Redaktionsdiener nicht alle Botengänge und Besorgungen bewältigen konnte, half Mašek bereitwillig aus. Die Redakteure schickten ihn oft los, um ein Gabelfrühstück oder Bier zu holen. Bald wurde er für die Redaktion unentbehrlich, und in der gegenüberliegenden Druckerei suchte man ihn manchmal vergeblich. Aber sie drückten dort ein Auge zu. Mašek war fix und entgegenkommend, und immer brauchte irgendwer etwas von ihm. Am häufigsten war er bei mir. Und zwar nicht nur, weil ich vielleicht freigebiger war und mit ihm auch einen Schluck Wein teilte. Er mochte mich, und ich betraute ihn mit wichtigen Aufgaben. Er forschte nach meinen vergessenen Aktentaschen, und wenn er keine fand, kaufte er mir eine gleiche, damit man zu Hause nichts merkte. Ungefähr zweimal rettete er mir auch meinen vergessenen Mantel. Im übrigen holte er allen Bier und Wein aus der alten Weinstube im Haus.

Alles besorgte er schnell und bereitwillig. In der Redaktion nannte man ihn Geheimrat. Mit Recht: Er wußte jedes Geheimnis zu hüten.

Diese Idylle im sozialdemokratischen «Právo lidu» dauerte bis zu den verhängnisvollen Tagen, als die Deutschen kamen. Dann war es schlimm. «Právo lidu» wurde eingestellt und sollte durch «Národní práce» (Nationale Arbeit) ersetzt werden. Das Leben in der Redaktion wurde bald bitter. Einige Redakteure hat man verhaftet, viele aus den Büros der Sozialdemokratischen Partei flohen über die Grenze. Unter ihnen auch der Abgeordnete Jaromír Nečas, der nach der Okkupation öfter in die Redaktion gekommen war, um die Zeitung auf schwere Zeiten vorzubereiten. Nečas war ein ansehnlicher, angenehmer Mann und ein ehrlicher Sozialist. Wir hatten ihn gern. In London, wohin er bald floh, wurde er bald Mitglied der Tschechoslowakischen Regierung und starb leider vor der Zeit. Er ließ in Prag seine Frau und seine schöne Tochter, eine Studentin, zurück. Wir dachten an seine Ratschläge, obwohl er in vielem irrte. Die Dinge entwickelten sich anders, als er es sich vorstellte und wir es uns dachten.

Schritt für Schritt, doch schnell entbrannte der Krieg auf der ganzen Welt. Die Deutschen näherten sich bedrohlich Moskau. Ich erinnere mich an eine Begegnung mit meinem Freund Ladislav Khas in dieser Zeit. Irgendwo geriet er durch Zufall in eine spiritistische Séance, wo einige Eingeweihte an einem Tischchen saßen und fragten, ob die Deutschen Moskau erobern würden. Und das Tischchen schrieb angeblich mit großen und energischen Buchstaben ein einziges Wort: «NIEMALS».

In Prag schlichen sich schnell Mangel, Armut und Hunger ein. Eines Tages kam Mašek geheimnisvoll und aufgeregt zu mir. Er wollte mir rasch sagen, daß sein Bekannter, Eigentümer einer kleinen Schinkenräucherei fast mitten in Klein-Berlin – so nannte man damals einige moderne Häuserblocks um den Strossmayer-Platz in Holešovice –, ihm etwas Rares angeboten habe.

Wir gingen gleich zu ihm und kamen in die Werkstatt gerade, als er ein Stück Speck aus dem Feuer fischte, das ihm vom Haken gerutscht war. Er schnitt uns beiden von dem angebrannten Stück etwas ab und gab uns eine Scheibe weiches Brot dazu. Einen so guten Speck habe ich seitdem nie mehr gegessen.

Der Eigentümer der Räucherei schlug uns dann ein zu dieser Zeit schon recht riskantes Geschäft vor. Später stand darauf die Todesstrafe. Durch irgendeine gewagte Machination war es ihm gelungen, die deutsche Wirtschaft um sechsunddreißig frisch geräucherte Schinken zu betrügen. Er war bereit, sie uns zu verkaufen.

Zu dieser Zeit war Schinken in Prag nur eine wunderschöne Erinnerung. Und hier hingen auf schwarzen, durchfetteten Stangen sechsunddreißig Stück davon, und ihr Duft war eingehüllt in eine grobe Plane. Der Meister erwartete eine Kontrolle, die Schinken mußten verschwinden.

Unseren Plan, sie nach und nach mit der Straßenbahn ins «Volkshaus» zu schaffen, lehnte er ab. Er würde uns zwei große Selcherkörbe und eine Plane leihen, wir sollten uns einen Karren besorgen und die Schinken schnell wegbringen.

Den Karren trieb Mašek auf. Er wohnte auch in Holešovice und hatte überall Bekannte. Spät abends brachte er die Schinken durch die verdunkelten Straßen fort. Ich half Mašek mit den Körben durch die menschenleere Druckerei zum Holzsteg über den Hof. Dazu riefen wir auch den Nachtdienst, und er bekam einen Schinken dafür. So brachten wir die Konterbande glücklich in mein Zimmer.

Ich hatte das frühere Zimmer von Frau Marie Tilschová, die dort seinerzeit die «Pestré květy» redigiert hatte. Es war mit alten gebrauchten Möbeln vollgestopft. Dafür war es aber am Ende des Korridors hinter den Regalen mit alten Jahrgängen des «Právo lidu» etwas versteckt, weshalb ich das alte Gerümpel gerne duldete. Einen der Schränke hatte ich am Nachmittag ausgeleert und mit unbedrucktem Zeitungspapier ausgelegt. Dort stapelten wir die Schinken. Einen gab ich Mašek, einen nahm ich mit nach Hause. Wir mußten zu Fuß gehen, mit der Straßenbahn ging es nicht. Der Schinken duftete zu stark.

Es war eine ausgezeichnete Ware, echter Prager Schinken. Eher klein, golden, rosa und lächelnd wie lustige Püppchen. Der ganze Schrank war voll Schinken, und es war angenehm, ihn zu öffnen. Eine Duftwolke umfing einen. Ich machte den Schrank zu, öffnete das Fenster in die kühle Herbstnacht, und wir gingen nach Hause schlafen.

Morgens, als ich in die Redaktion kam, spürte ich den Duft schon auf der Treppe. Wir hatten die Putzfrau aus der Morgenschicht vergessen. Auch sie mußte einen Schinken bekommen. Sie hatte den Duft zwar mühelos bemerkt, aber sie war eine brave Frau.

Die verschenkten Schinken werde ich in den Preis einkalkulieren, tröstete ich mich und griff zum Bleistift. Aber auch der Chefredakteur entdeckte den Duft. Er war entsetzt. Streng trug er mir auf, bis zum Abend alle Schinken verschwinden zu lassen. Einen verkaufte ich auch ihm. Dann verteilten wir die Ware nach und nach unter die übrigen Redakteure. Selbstverständlich konnten wir die einzelnen Stücke nicht abwiegen, und so verkauften wir sie zum Stückpreis. Die Familien der Verhafteten bekamen die Schinken umsonst, und Mašek brachte sie ihnen in die Wohnung.

Auch an Frau Nečasová dachte ich. Wir hatten uns mit ihr und ihrer Tochter im Sommer in Čachrov im Böhmerwald getroffen, wo wir den Urlaub verbrachten. Frau Nečasová, eine Dame mit nur leicht angegrautem Haar und gütigem, angenehmem Gesicht, sowie ihre schwarzhaarige Tochter Věruška, eine frische, liebliche Blume von mädchenhafter Anmut, lebten nach dem Weggang von Nečas in nicht grundlosen Ängsten und machten aus ihrer Furcht keinen Hehl.

In Čachrov hatten wir mit ihnen einige angenehme Tage verbracht. Abends spielte immer jemand im Gasthaus Klavier, und man tanzte dort. Věruška zum letztenmal. Als Mašek zu ihrer Wohnung kam, war an der Tür das Siegel der Gestapo.

Beide waren verhaftet worden und wurden bald danach, ich

glaube noch im selben Jahr, ermordet. Ich möchte nicht in das vertierte Gesicht sehen, das es fertigbrachte, dieses schöne Mädchenleben zu vernichten.

Abends blieben noch drei Schinken übrig. Einen davon kaufte noch der Chef. Die letzten zwei teilten Mašek und ich unter uns. Am nächsten Tag war der Schrank leer, und wir alle atmeten auf.

Ich mußte noch das Geld von den Redaktionskollegen einkassieren und die Schinken bezahlen. Als ich das Geld beisammen hatte und nachrechnete, stimmte die Rechnung nicht. Ich mußte erkennen, daß ich beim Geschäftemachen gewiß auch die letzte Hose verlieren würde. Und so sprach ich mit Swinburne «einen kurzen Dank an Gott, wo immer er sei» dafür, daß ich Gedichte schreiben kann. Denn das konnte ich doch ein wenig besser als Geschäfte machen. Kurz und gut, ich rechnete anscheinend falsch zusammen. Rechnen war nie meine Stärke gewesen. Damit rühme ich mich gewiß nicht. Denn das ist heute ein ernster Defekt.

Es kostete mich ein Monatsgehalt. Macht nichts! Das Protektoratsgeld schätzten wir ohnehin nicht sehr. Einigen Leuten ging es ein paar Tage gut, mir auch. Mašek und seine Kinder erinnerten sich an diese Augenblicke dankbar während der Kriegsjahre. Wenn ich den alten, wackligen Schrank manchmal öffnete, roch er noch ein halbes Jahr später nach Schinken.

Und das war mir das Geld wert.

Corrig. von Hopp

Es ist Allerseelen, eine schmerzliche Zeit. Der Himmel milchig matt wie die Fenster im Behandlungszimmer eines Arztes, in die man nicht hineinsehen soll. Die tiefstehende Sonne durchstrahlt stumpf den Himmel. Der traurige Tag zwingt zu Erinnerungen. Der Himmel hängt voll von ihnen.

Ein Grab unter Gräbern auf dem Friedhof von Pisek. Hingehen sollte ich und an diesem Grab dankbar verweilen. Wenigstens in dieser Zeit der Andacht. Vilém Kostka war mein guter Bekannter. Es wäre nicht gerecht, würde die Zeit seinen Namen wegwischen und Gleichgültigkeit ihn verwehen. Er hätte es nicht verdient. Wenigstens nicht in unseren Tagen.

Geboren in Kopidlno, diente er während der Ersten Republik in der Nachrichtenabteilung des Generalstabes. Nach der Liquidierung dieser Institution durch die nazistischen Okkupanten schickte General Eliáš, Ministerpräsident der Protektoratsregierung, Vilém Kostka ins Ministerium für Volkskultur mit dem Auftrag, das tschechische Buch zu überwachen.

Wer aus der Reichweite der schwarzen SS-Uniformen nicht mehr fliehen konnte und sich so unfreiwillig entschloß, die verpestete Luft des Protektorats zu atmen, erinnert sich bei Gott nur ungern an diesen grausamen Uniformen-Mummenschanz, mögen diese mit Menschenblut durchtränkten Tage und Nächte auch schon weit hinter uns liegen.

Nie im Leben habe ich mich nach einer Waffe gesehnt. Das Soldatenhandwerk war mir fremd. Beim Militär war ich nie, und Töten habe ich nicht gelernt. Auch gehöre ich nicht zu denen, die nur diese Art Heldentum anerkennen. Trotzdem erlebte ich Augenblicke, in denen ich unsere Leute, die rechtzeitig entkommen sind und eine Waffe in der Hand hielten, ehrlich beneidete. Wie atemberaubend mußte es für sie sein, ein Gewehr fest zu umklammern. Das bedeutete Hoffnung und Sicherheit. In jenen bösen Zeiten, als das Gefühl der Wehrlosigkeit einen verzweifeln ließ, war das eine Schwinge der Freiheit.

Aber all das haben wir hinter uns. Geblieben sind nur abgeblätterte Inschriften «Zum Wasser», «In den Park» an Prager Häusern, deren Fassaden seit dem Krieg nicht renoviert worden sind. Und selbstverständlich Schmerz und Trauer derer, deren Tote in diesem schmutzigen Sturm begraben sind.

Bevor Kostka sein Amt antrat, wurde im Ministerium für Schulwesen und Volkskultur Dr. Augustin Hopp zum Vorstand der Abteilung für Presseaufsicht ernannt. Er war ein

Prager Deutscher, der in der Ersten Republik als Redakteur der «Prager Presse» gearbeitet hatte. Vielleicht war das gut und ungut zugleich. Gut war, daß Hopp nicht zu den wilden Feinden alles Tschechischen gehörte, weil sein Deutschtum doch einigermaßen durch das tschechische Milieu abgeschliffen war. Ungut war wahrscheinlich der Umstand, daß Hopp sich in tschechischen Dingen auskannte. Um so schwieriger war es deshalb, ihn zu überlisten.

Des lieben Kostka gedenke ich zuweilen mit Bohumil Novák zusammen, der ihn schon früher kannte und ihm freundschaftlich nahestand. Ich beeile mich, ihm das Wort zu erteilen. Soll er erzählen!

Dem Vilém Kostka begegnete Novák zum erstenmal im Sommer 1940, als er – er war Redakteur des Verlages František Borový – wegen einer Neuauflage des Wörterbuchs von Váša und Trávníček mit ihm verhandeln mußte. Freundschaftlich sind sie sich erst später nahegekommen, als sie einander einigemal im Zug begegneten. Novák fuhr nach Hause nach Hořátev bei Nimburg und Kostka ins heimische Kopidlno. Es war dieselbe Strecke. Sie hatten da eine viel bessere Gelegenheit, sich näher kennenzulernen als in Kostkas Büro. Zuerst fesselte ihn Kostka durch seine für einen Berufssoldaten überraschenden Kenntnisse der tschechischen Kultur. Besonders die moderne bildende Kunst kannte er. Er interessierte sich für Tichý, mochte Jan Zrzavý, Josef Čapek, Svolinský. Aber er war auch mit der modernen tschechischen Poesie vertraut. Er las Hora, Halas, Nezval und Hrubín. Über ihre Bücher wußte er mehr, als man selbst von einem verständnisvollen Leser hätte erwarten können. Kurz, Novák erkannte bald, daß Kostka ein guter Mensch und ein zuverlässiger Tscheche war. Seine Informiertheit, seine Interessen waren ihm ein guter Leitfaden für seine auf den ersten Blick nicht sehr schöne Arbeit. In seinem Büro in der Voršilská-(Ursuliner-)Gasse und später im Waldstein-Palais sprach er über Bücher, Autoren und Verleger, erklärte Novák ehrlich seine Tätigkeit und informierte ihn über seine Probleme. Und die waren keineswegs einfach.

Es wäre schade, bei dieser Gelegenheit die Geschichte mit Vlastimil Radas Buch «Das Gasthaus Zum steinernen Tisch» nicht zu erwähnen. Das war eine Gelegenheit, Kostkas Charakter zu testen.

Im Herbst 1940 rief Kostka Novák in sein Büro: Ein unbekannter Anonymus habe ihn darauf aufmerksam gemacht, daß es sich nicht um Radas Buch handle, sondern daß Rada nur den wahren Autor, Karel Poláček decke, der als Jude während des Protektorats keine Bücher herausgeben durfte.

Damals führte Kostka mit Novák etwa folgendes Gespräch: «Schauen Sie, Novák, jemand hat mich aufmerksam gemacht – und anscheinend ist das jemand aus dem Umkreis Ihres ein wenig unvorsichtigen Chefs –, daß bei euch ein Roman von Poláček erscheint und daß ihn der Maler Vlastimil Rada für seinen eigenen ausgibt. Ich habe das Manuskript gelesen und will Ihnen ganz offen sagen: Wenn Rada das geschrieben hat, dann hat er Poláček mit allem Drum und Dran plagiiert. Wenn Sie mir sagen, daß Poláček das geschrieben hat, haben Sie die Bewilligung schon in der Tasche. Sollten Sie aber dabei bleiben, daß Rada der Autor ist, bewillige ich das Buch nicht, rufe mir Rada und sage ihm, er solle sich dieses Plagiat gefälligst verkneifen, wenn er nicht eine Blamage erleben will.»

Novák fragte vorsichtig, warum ihm so viel daran liege, zu erfahren, ob Poláček oder Rada der Autor sei.

«Mir liegt schon deshalb viel daran, weil ich in Ihren Augen nicht wie ein Dummkopf dastehen will, der Poláček nicht erkannte und sich so leicht an der Nase herumführen ließ. Und wenn die Geschichte zufällig platzt und mir das Gefängnis droht, werde ich mich nicht mit der Wahrheit, die ich kenne, sondern mit einer Lüge verteidigen, die ich mir ausdenken und der Gestapo so servieren werde, daß sie wahrer als die Wahrheit sein wird. Und sollte man mich trotzdem einsperren, möchte ich gern wissen, warum!»

Nach diesen überzeugenden Worten gestand Novák die Wahrheit und verabschiedete sich nicht nur mit der Druckgenehmigung für den Roman, sondern auch mit der erfreulichen

Überzeugung, daß er sich nicht getäuscht habe und daß Kostka ein richtiger Mann sei.

Im Jahr 1940 sind noch zwei Gedichtbände erschienen: «Torso der Hoffnung» von Halas und meine Sammlung «Licht aus!». Licht aus – diese zwei Worte waren nämlich der Alarmruf, der in den Prager Straßen in den ersten Tagen der angeordneten Verdunkelung erschallte.

Aus der Sammlung von Halas wurden weder die schönen noch die leidenschaftlichen und antinazistischen Verse über Prag eliminiert. Der Zensor hatte sie zwar gestrichen, Kostka hob aber den Eingriff auf. Auch aus meinem, an einigen Stellen mit Rotstift markierten Buch fiel zum Schluß kein einziger Vers heraus. Sogar das Gedicht über die Mobilmachung im September blieb drin und mit ihm auch einige allzu deutliche Verse über unser Schicksal. Übrigens sind beide Bücher später als Neuauflagen ohne behördliche Bewilligung, aber mit stillem Einverständnis Kostkas erschienen.

Es würde mir leichter fallen, über die Bücher meiner Freunde Hora, Holan, Halas und Nezval zu schreiben. Ich fürchte, ich mache mich eitler Gefallsucht verdächtig, und ich habe immer getrachtet, diese peinliche Eigenschaft nicht mit meiner Person in Verbindung zu bringen. Aber von den Eingriffen des Zensors in ihre Texte weiß ich nicht so viel. Ich weiß jedoch genau, daß Kostka auch bei ihren Büchern nicht anders verfuhr. Die Streichungen der Zensur annullierte er, und die Bücher sind so erschienen, wie die Verfasser sie geschrieben haben, obwohl es Bücher waren, die größtenteils gegen die politischen Ereignisse jener Tage gerichtet waren. Manchmal getarnt, manchmal nur halb getarnt und oft auch ganz offen.

In meiner eigenen Sammlung strich der Zensor diese nur zu verständlichen Verse:

> Löscht die Lichter! Daß ich nicht den Tau
> von meinen Wimpern zittern muß, den feuchten.
> Nur leise, ohne Pathos sage ich
> zu mir: was war das für ein Leuchten

in jener Nacht, da alles dunkel wurde,
und wir am Baumstamm kauerten, verstört
wie Schatten! Ach, ich weiß, viel besser wärs gewesen,
wir hätten damals Dröhnen laut gehört.

Auch diese Verse gab Kostka frei, und auf dem Bewilligungsbescheid strich er: «Bewilligt – nein» durch und schrieb: «Bewilligt – ja». Der Bescheid war unterschrieben: «Corrig. von Hopp». Diesen Hopp hatte allerdings Kostka selbst unterschrieben. Dessen Unterschrift konnte er meisterhaft nachahmen und tat es auch oft.

Im «Fächer der Božena Němcová» wurden viele Verse vom Zensor angestrichen. Aber bevor ich in dieser Aufzählung fortfahre, will ich die Gelegenheit nutzen, anzumerken, wie dieses Buch und «Unsere Frau Božena Němcová» von Halas entstanden sind. Nämlich aus demselben Anlaß und auf ein gemeinsames Thema, ohne daß wir voneinander wußten. In diesem Jahr war das Jubiläum von Božena Němcová, ihr 120. Geburtstag. Ruda Jílovský, nach Fürths Abgang Chef des Hauses František Borový, entdeckte im Tresor des Verlages eine Mappe mit etwa zwanzig kolorierten Zeichnungen von Petr Dillinger zu dem Buch «Großmutter» und schlug mir vor, Gedichte dazu zu schreiben; er würde das Buch zum Jubiläum herausbringen. Ich hatte zu dieser Arbeit keine Lust, nahm also Jílovskýs Vorschlag nicht an, schlug aber selber vor, einen längeren Gedichtzyklus über Božena Němcová zu schreiben. Damit war Jílovský gerne einverstanden, wendete sich aber mit denselben Zeichnungen an Halas. Mit ihm wiederholte sich genau dasselbe: Auch Halas war bereit, einen Gedichtzyklus über Božena Němcová zu schreiben. Über unsere Zusage habe ich mit Halas nie gesprochen – wegen des Aberglaubens, daß man über künstlerische Pläne nie vor der Zeit sprechen soll, weil sie dann nicht gelingen. Auch Jílovský sagte nichts, und so erfuhren wir es erst, als der Chef beide Manuskripte auf dem Tisch hatte. Da mußten wir darüber lachen. Es ging also um keinen Wettbewerb, wie es irgendwer geschrieben hat.

Aber zurück zum Stift des Zensors. Aus dem «Fächer der Božena Němcová» sollten außer einzelnen Versen auch einige Strophen entfallen. Die erste fing mit dem Vers an: «Wen sollte dies Volk rufen...» Die zweite: «In diesem Dunkel jedoch dröhnte nur das Dunkel...» Und schließlich die dritte: «Was gab ihr das Schicksal als Morgengabe...» bis zum Schluß: «Ich rief sie, als die Angst kam.» Das Gedicht ist ohne diese Streichungen erschienen, und die ursprüngliche Bewilligung, nach der die gestrichenen Verse unerwünscht waren, ersetzte Kostka durch eine neue. Novák ließ alle Seiten, auf denen es Vermerke mit Rotstift gab, auf das gleiche Papier neu schreiben und legte dann in Kostkas Gegenwart diese neuen Seiten in das ursprüngliche, zur Prüfung vorgelegte Manuskript ein. Die alten Seiten mit den beanstandeten Versen haben die beiden selbstverständlich vernichtet: Sie warfen sie in den Ofen.

Auch «Die Lichtbekleidete», ein Gedicht, das mir lieber ist als viele andere – nicht weil ich seine Qualitäten so hoch schätzen würde, sondern wegen der Umstände, unter denen es entstanden ist –, dieses Gedicht also wurde vom Rotstift des Zensors so mißhandelt, daß es fast ausgeblutet wäre. Ich schrieb es während des Krieges am Küchentisch, an dem meine Frau gerade kochte. Den Zensoren mißfielen die Verse von den zerrissenen Spitzen auf dem Altar, von den Stiefeln, die über die Fliesen der St.-Veits-Kathedrale stampfen. Die Strophe: «Heute weiß ich schon, warum die Schwalbe wiederkehrt...» bis zu dem Vers: «stärker als Opium und Haschisch» schienen untragbar, und der Zensor hatte sie angestrichen. Vergeblich. Kostka befreite alle diese Stellen aus den Fesseln der roten Striche und ließ die Verse frei. Er stellte eine neue Bewilligung aus, unterschrieb sie mit Hopps Namen, und das Buch erschien unversehrt auch mit den Versen, die so offenkundig das richtige Zitieren von Kollárs Versen verlangten, die jedem Studenten geläufig waren:

Ein Gefangener weiß, die Zeiten ändern die Zeit,
ein Gefangener weiß, wohin seine Zeit ihn führt.

Diese Geschichte wiederholte sich auch, als mein letztes während des Protektorats erschienenes Buch «Die steinerne Brücke» vorgelegt wurde. So mancher Vers lohte schon in den Flammen des zensierenden Rotstiftes, aber das Buch, dessen wahrer Sinn auf der Hand lag, erschien vollständig.

Hier muß ich aber daran erinnern, daß dies in Tagen geschah, da in unseren Ohren noch das düstere Dröhnen der mit schwarzem Tuch bespannten Trommeln lag und in unseren Augen die Fackeln über den Köpfen der mitternächtlichen Gespenster leuchteten, als der Leichenzug sich in Bewegung setzte und der tote Heydrich zur Burg gefahren wurde. Dort wartete auf ihn der lebende Himmler. In der Zeit, als wir vor Entsetzen kaum zu uns kamen. Frank drohte damals in Prag, er würde jeden zehnten Einwohner männlichen Geschlechts hinrichten lassen, wenn die Attentäter nicht bis zu dem von ihm bestimmten Tag und zur bestimmten Stunde aufgespürt wären. Damals schwelten noch die Brandstätten von Lidice und Ležáky, und es weinten die Mütter, deren Kinder verschleppt worden waren. Es war in der schrecklichen und gefahrvollen Zeit, in der ein tschechischer Kopf nach dem anderen fiel, unter ihnen auch der schöne, edle Kopf Vladislav Vančuras.

Ich schäme mich, andauernd nur von meinen Büchern zu sprechen. Aber auch «Der Einklang» von Halas, «Das erste Testament» Holans, Horas Gedichte waren voller Streichungen, die Kostka für die Druckerei rückgängig machte. Und die einmaligen, beschwörenden Verse Holans: «Armes, armes Land, aber nur einmal Eins und als Eines will ich es sehen» ertönten feierlich zur richtigen Zeit. Das wohltätige Streicheln von Kostkas Hand verspürten auch Nezvals Buch «Fünf Minuten hinter der Stadt», Horas «Spielmann Jan» und «Die Lichtmeßkerze brennt» von Cassius. Wie viele wunderbar schöne Verse aus diesen Büchern wären damals unter den Tisch gefallen! Viele der Bücher wären überhaupt nicht erschienen und andere so verstümmelt und verkrüppelt, daß man nur hätte weinen können. Aber alle sind sie erschienen und alle so, wie wir sie heute in neuen Ausgaben vor uns haben.

Ich habe aber noch nicht die illegalen Nachdrucke erwähnt. Es gab Unmengen davon, und sie waren nicht minder riskant, da es bei diesem gefährlichen Spiel viel mehr Zeugen gab. Wenn es um ein Buch ging, von dem man annehmen konnte, daß es vergriffen sein würde, ersuchte der Verleger die Druckerei, den Satz nicht abzulegen, sondern stehenzulassen. War die erste Auflage vergriffen, druckte man mit Kostkas Zustimmung aufgrund der alten Bewilligung aus den Jahren 1942, 1943, 1944 eine neue Auflage, einen sogenannten Nachdruck ohne Änderung des Impressums. Da die Nazis gewöhnlich nur eine kleine Auflage bewilligten, war das, was Kostka tat, eine richtige Taschenspielerei, die zudem in der Regel mit einer Fälschung von Hoppes Unterschrift verknüpft sein mußte.

So erschien zum Beispiel mein «Frühling, ade» noch zweimal, ebenso wie «Die Lichtbekleidete»; «Die steinerne Brükke» ist sogar in etwa fünf Auflagen erschienen.

Jeder, der die Jahre des Protektorats durchlebt hat, wird Kostkas Mut zu schätzen wissen, den er bewies, als es um Eisners Bücher ging. Mit seinem Namen gedeckt hat sie Vincy Schwarz, der später hingerichtet wurde – als Deutscher, der verraten hat.

Im Sammelband «Ich sehe eine große Stadt» gab es dreihundert Eingriffe der Zensur. Kostka ließ kaum ein paar davon übrig. Mit seinem Wissen deckte ich Eisners Buch «Liebe in Liedern der ganzen Welt» mit meinem Namen.

Ohne Bedenken und ohne lange zu überlegen bewilligte er auch Fischers «Faust»-Übersetzung; sie deckte Vojtěch Jirát. Saudeks Übersetzung des «Hamlet» nahm Aloys Skoumal auf sich.

Kostka kannte jedoch nicht nur diese literarischen Mimikris und Tarnungen sehr gut. Tatkräftig half er auch dem unglücklichen Orten, der sich in seinen Büchern unter den Namen K. Jílek und J. Jakub verbarg.

Wie unvollständig ist doch diese Aufzählung! Und wie fragmentarisch! Weder Novák und noch viel weniger ich konnten wissen, was alles durch Kostkas uneigennützige Hände gegangen ist. Die Dichter von Borový waren gewiß nicht die einzigen. Vielleicht wußte es nur er allein.

Unmittelbar nach dem Krieg trafen wir uns öfter mit Kostka. Als ehemaliger Beamter des Protektorats hatte er gewisse Schwierigkeiten. Für die Eingeweihten war es aber nicht schwer, sie bald aus dem Wege zu räumen.

Einmal fragte ich ihn, ob er nie Angst gehabt habe. Besonders nach dem Attentat auf Heydrich.

«Hatte ich, selbstverständlich», lächelte Kostka, «aber was hätte ich tun sollen? Wer behauptet, er hätte noch nie vor etwas Angst gehabt, sagt nicht die Wahrheit. Jeder Mensch lernt in gewissen Momenten, was Angst ist. Aber Angst ist ja eigentlich nur so eine Art Vorspiel. Nach ihr muß die Tat folgen. Und so kommt es vor allem darauf an, was man nach der Angst aus ihr macht.»

Vilém Kostka war ein tapferer Tscheche.

Eine Flasche Burgunder

Vítězslav Nezval starb zu früh, er war noch nicht alt. Aber er starb leicht – so leicht, wie er seine Verse schrieb. Niemand ahnte, daß seine Krankheit tödlich war. Man dachte nur an eine Grippe. Plötzlich ließ er in den Armen seiner Frau den Kopf sinken, und in dem Augenblick verlor dieses Land einen seiner großen Dichter.

Ich lag nach einer Operation im Krankenhaus in Motol, und von Nezvals letzten Augenblicken erzählte mir seine Frau, als ich mit ihr später am Telephon sprach.

Damals hatte ich viel Zeit, um mir, die Augen auf die triste Zimmerdecke gerichtet, schnell aus den Tiefen des Gedächtnisses die fröhlichen Jahre hervorzuholen. Wie Nezval nach Prag kam, wie ich ihn bei einem Vortragsabend im Bürgerhaus traf, wie wir uns dann im Devětsil näherkamen. Es waren

Stunden voller Behagen, verrückter Einfälle und einmaliger Abenteuer. Nezvals großes Talent wirkte auf uns alle. Jedem von uns gab er etwas, jeden hat er angesteckt. Auch Teige! Wozu das leugnen. Mit einem habe ich mich aber um Nezval verdient gemacht. Ich machte ihn mit meinem älteren Freund, dem Dramatiker Jan Bartoš, bekannt, dem Autor der berühmten «Raben». Von da an war Nezval den geheimnisvollen Mächten verfallen, die ihn nicht schlafen ließen.

Bartoš war nämlich den okkulten Wissenschaften zugetan, jedoch auf gehobenem Niveau. Er verstand aber auch, aus der Hand zu lesen und konnte Horoskope berechnen. Ich ließ Nezval mein von Bartoš aufgestelltes Horoskop einsehen, und Nezval war überwältigt. Die merkwürdige, eigenartig strukturierte Persönlichkeit Bartoš' fesselte ihn. Ohne Rücksicht auf seine materialistische Weltanschauung lernte Nezval aus der Hand lesen, was ja nicht schwer ist. Besonders bei Mädchen, die ihn interessierten, hat sich diese Fähigkeit bewährt. Aber geduldig erlernte er auch das komplizierte Berechnen von Horoskopen. Er sagte sich selbst voraus, daß er zur Osterzeit sterben würde. Und er hat sich nicht geirrt.

In diesen Jahren meiner Jugend war ich im Kommunistischen Verlag angestellt. Neben meiner redaktionellen Arbeit und meiner Werbetätigkeit half ich, wo ich gebraucht wurde. Auf meinem Tisch landete täglich auch die Post.

So kam mir eine Postkarte in die Hände, die ein Laienschauspieler vom Lande unserer Buchhandlung schickte. Er bestellte zwei Bühnenstücke für seine Theatergruppe und schrieb:

Schicken Sie mir ein Lustspiel,
etwas Lustiges und Lächerliches.
Für das zweite Theater dann
ein sehr trauriges Buch,
etwas Trauriges.

Ich zitiere die Bestellung wörtlich, ordne aber die Sätze in unbeabsichtigte Verse; sie schreien danach. Am selben Tag zeigte ich die Karte Nezval. Er war entzückt. Ich mußte sie ihm schenken: Er wollte sie verwenden.

«Ich geb' dir eine Flasche Wein dafür.»

Ich winkte nur ab. Ich wußte ja, er würde es vergessen. Und so geschah es auch. Geld konnte er damals nur ziemlich schwer auftreiben. Die Verse verwendete er aber unter seinem Namen und veröffentlichte sie auch in seinem Buch.

Seit dieser holden Jugendzeit sind dreißig lange Jahre vergangen. Wir sind uns in dieser langen Zeit einige Male fremd geworden und kamen uns dann wieder näher, aber die Freundschaft war später nie wieder so herzlich wie zu Anfang. Die Menschen kommen zueinander und gehen auseinander, sagt Machar in seinen Erinnerungen. Der Surrealismus lockte mich nicht. Nachdem Nezval diese Bewegung, die er feierlich gegründet, ebenso feierlich verlassen hatte, suchte er mich hie und da auf. Er hatte viele seiner Freunde verloren. Er brachte mir auch sein letztes Buch. «Kornblumen und Städte». Als er mir auf das Titelblatt seine Widmung schrieb, blickte er plötzlich auf und lächelte mir zu:

«Ich schulde dir noch eine Flasche Wein.»

Dann griff er in die Aktentasche und zog eine Flasche Burgunder hervor. Eine Weile blickte er ernst, als ob seit seinem Versprechen nicht drei Jahrzehnte vergangen wären. Auf einmal fingen wir beide laut zu lachen an.

Es dauerte noch ein paar Monate, bis ich auf dem Friedhof auf dem Vyšehrad sein Grab neben dem Grab des Dichters Nebeský besuchen konnte. Nezvals Büste von dem Bildhauer Švec war schon aufgestellt. Bei ihrem Anblick stockte mir der Atem ein wenig. Mit zugekniffenen Augen blickt Nezval irgendwohin und irgendwen an, und ein zartes Lächeln huscht dabei über sein Antlitz. Diesen Ausdruck kannte ich gut.

Er hatte ihn immer dann, wenn er seine Verse vortrug. So blickte er, wenn er mit Frauen sprach und ihren Augen einen Blick zustimmender Liebe zu entlocken versuchte.

Und schließlich war es auch das Lächeln, mit dem er heikle erotische Witze erzählte. Nur: Witze erzählen konnte er nicht.

Längst hat schon jemand konstatiert, daß man in Paris auch von der Luft leben kann. Ich habe es nicht versucht, aber offenbar ist es in dieser schönen Stadt möglich. Der Maler Alén Diviš pflegte hinzuzufügen, man könne dort auch vom Duft der Rosen und dem Gesang der Vögel im «Luxembourg» leben. Und ihm können Sie es glauben. Er hat es ausprobiert.

Viele Jahre vor dem Krieg war nämlich der Maler Diviš auf Prag böse geworden und fuhr mit leeren Händen und leeren Taschen nach Paris. Er geriet unter die Tausende Pariser Maler aus der ganzen Welt, die dort mit unterschiedlichem Erfolg zu malen und von der Luft zu leben versuchten. Wer Diviš aus diesen Jahren in Paris kannte, erinnert sich nicht mehr, was er damals eigentlich malte. Es gibt Leute, die behaupten, er habe gar nicht gemalt. Er selbst sprach nie darüber. Wovon hat er also gelebt? Nun, eben von dieser Luft.

Jeden Tag am frühen Morgen mußte er sich beeilen, um rechtzeitig in die «Hallen» zu kommen, wenn die Händler die am Vortag unverkauften und schon verwelkten Reste von Gemüse oder andere, nicht mehr verkäufliche Lebensmittel loswerden wollten. Angeblich kann man von diesem Abfall ganz gut satt werden und den Magen so einigermaßen überlisten. Das ist die Pariser Luft. Manchmal hat man Arbeit genug damit. Er war nicht allein in den «Hallen». Es gab dort viele wie ihn. Manchmal begegnete er dort auch František Tichý.

Auch wegen anderer Bedürfnisse zerbrach er sich nicht den Kopf. Modisches Zubehör verachtete er. Manchmal trug er keine Strümpfe, ja nicht einmal Unterwäsche. Hose und Jacke auf dem bloßen Leib.

Über diese Art der Bekleidung lachte er gewöhnlich, fügte aber hinzu, daß auch die Modelle in einem Kaffeehaus am Montparnasse so angezogen wären; so mußten sie sich nicht lang anziehen, wenn sie aus dem Atelier auf einen Sprung ins Kaffeehaus kamen. Reiche Amerikanerinnen machten es ihnen dann eifrig nach und saßen dort wie die Modelle nackt herum, nur mit teuren Pelzen angetan.

Überdies trug Diviš hartnäckig einen schwarzen steifen Hut, Melone genannt.

Die gesammelten Essensreste trug er in sein Atelier. Die Spelunke, in der er schlief und arbeitete, trug jenen Namen ganz zu Unrecht. Ich hab' mir nichts ausgedacht, er hat das selber erzählt. Dort bereitete er sich die kärglichen Bissen wenigstens einigermaßen auf einem Spirituskocher zu. Das war freilich schon ein gewisser Luxus, denn die anderen verschlangen hungrig alles gleich an Ort und Stelle.

Die Kochkunst soll also leben, eine der größten Künste Frankreichs, die den Monsieur Savarin so berühmt gemacht hat.

Dieser grimmigen Idylle bereitete dann der Krieg ein Ende. Alén Diviš wurde zusammen mit den anderen Tschechen, die damals in Paris lebten, verhaftet und in die Santé gebracht, in dieses auch durch die Französische Revolution berüchtigte Gefängnis. Mit ihm waren dort Adolf Hoffmeister und Antonín Pelc inhaftiert.

Es lebe Frankreich, es lebe die tschechoslowakisch-französische Freundschaft!

Aus der Santé verfrachtete man sie in ein Konzentrationslager auf Martinique, von wo aus ihnen die Flucht gelang, und so kamen sie zu Beginn des Krieges alle drei nach Amerika. Über diese Reise hat er mir aber nie viel erzählt.

In New York überstand Diviš dank der dort lebenden Tschechen den ganzen Krieg. Er fing wieder zu malen an und hatte sogar Erfolg.

Der bittere Aufenthalt in der Santé war nämlich nicht ganz ohne Nutzen für ihn. Diviš malte für Amerikaner kleine Ölbilder, die für ihn eigentlich Erinnerungen an die Mauern des Pariser Gefängnisses waren. Auf diesen Wänden waren die verschiedensten Motive gezeichnet und eingeritzt: Galgen, Gesichter der Aufseher, nackte Frauen, verschiedene Inschriften, Monogramme, Symbole und Zeichnungen der weiblichen

Genitalien. In Öl und auf Leinen wirkten diese Zeichnungen interessant, und der malerische Einfall mit einer so exklusiven Thematik hatte Erfolg. In Amerika verkaufte Diviš angeblich eine stattliche Anzahl dieser Bilder. Wenigstens hat er das behauptet.

Als der Krieg zu Ende war, bedankte er sich nach kurzem Zögern bei der Freiheitsstatue für die Gastfreundschaft und kam zurück, aber nicht nach Paris, sondern nach Hause, nach Prag. Ich sage: nach Hause. Hier hatte er kein Heim, er mußte es erst suchen. Und damals lernte ich ihn kennen. Im Atelier von Jan Bauch in Bubeneč. Diviš war schon vom Aussehen her ein angenehmer, sympathischer Mensch von keineswegs zierlicher Statur... Wie sonst hätte er alles ertragen und gesund überstehen können!

Er lud mich in sein Atelier in der Plynární-Gasse in Holešovice ein. Es befand sich in einem schäbigen Vorstadtmietshaus, und auch die Einrichtung war schäbig und armselig. Aber es war ein Atelier mit einem Fenster im Dach! Auf zwei Kisten, auf denen er schlief, lagen Decken, in der Mitte des Ateliers die Staffelei und an ihr Hut und Mantel aufgehängt, unter ihr auf dem Boden die Palette und der Malkasten. Das alles kennt man.

Dafür standen auf einem wackligen Tisch eine Flasche ausländischer Herkunft mit einem Wein, dessen Geschmack uns im Krieg längst fremd geworden war, und einige kostbare ausländische, bei uns fast unbekannte Delikatessen. Eine Schachtel Feigen, französischer Käse und eine Dose Hummer. Einiges aus seinen Vorräten, anderes von seinen Freunden in den USA geschickt.

Sobald er sich nach der Rückkehr umgesehen hatte, fing er wieder mit der Arbeit an. Er malte noch ein paar Bilder aus der Santé, dann zeichnete er etwa dreizehn Farbzeichnungen zu Erbens «Hochzeitshemd». Adolf Hoffmeister eröffnete seine Ausstellung im Ausstellungssaal bei Melantrich am Wenzelsplatz. Sie war nicht groß, dafür hat aber Diviš alle Bilder verkauft. Ich schrieb ihm für diese Ausstellung ein paar Verse.

Die farbigen Illustrationen zu Erbens Gedicht, das war das Beste, was in diesen Jahren unter seinen Händen entstand. Zeichnungen und Text des Gedichts gab er später im Verlag «Vyšehrad» in der schönen Ausstattung von František Tichý heraus. Aber der Maler fluchte: Die Reproduktionen seien nicht originalgetreu. Sie waren lediglich in Offset gedruckt, und die Farben waren damals nach dem Krieg nicht erstklassig. Aber auch diese Publikation hatte Erfolg und war bald vergriffen.

Vladimír Holan war von den Zeichnungen so fasziniert, daß er äußerte, Erbens Text würde das künstlerische Niveau der Zeichnungen nicht erreichen. Sie fesselten zwar auch mich, aber ich bin der Meinung, daß Holan sie doch überschätzt hat.

Offenbar führte diese Erbensche Ballade Diviš in eine düstere Atmosphäre des Todes und der Eitelkeit alles Menschlichen. Er begann den Tod zu malen. Mit einer Hingabe, wie andere Maler ihre Geliebte porträtieren.

Ich trat in sein Arbeitszimmer, und von den Wänden blickten mich leere Augenhöhlen von Menschenschädeln an. Sogleich schenkte er mir eine Kohlezeichnung: Menschliche Gebeine mit einem Totenschädel, wie aus einem Schlachtfeld herausgeackert. Diese Zeichnung ist mir zu Hause schon ganz vertraut geworden.

Die für die Ausstellung improvisierten Verschen hatten ihre Geschichte. Eine besonders merkwürdige. Sie waren nicht besonders, und das sage ich nicht aus Bescheidenheit. Soviel ich weiß, gefielen sie nur zwei Menschen: dem Maler und einem Beamten der Kulturabteilung der amerikanischen Botschaft, der ganz gut tschechisch konnte und eine der Kohlezeichnungen von Diviš kaufte. Ein schlanker Frauenschädel, von dem der neue Eigentümer überzeugt war, daß er sanft lächelt. Und er bat mich, ihm meine Verse unter die Zeichnung zu schreiben. Ich mußte sie mit Tusche schreiben, und ich tat es recht ungern und widerwillig. Nur des Interesses halber zitiere ich ein paar Verse dieses zweifelhaften Gedichts:

Ein Maler, der kann auch mit Erde malen,
mit Grabeserde und den andern allen.
Er kann mit Asche zeichnen und mit Nacht,
was er im Traume sah, den er durchwacht.
Maler, Maler, dreimal Maler, der malt auch
mit einer längst verloschenen Kerze Rauch.
Mit Blau kann er den Samt der Stille steigern,
dort, wo dem Dichter Worte sich verweigern.

Dann habe ich es aber nicht bereut. Der Amerikaner schickte mir eine Flasche damals kostbaren Whiskys und zwei Kartons Camel-Zigaretten.

Ein anderes Mal wieder saß ich mit Diviš im Atelier, auf wackligen Stühlen, dafür aber vor einer Flasche herrlichen Weins aus der Gegend von Bordeaux. Der Wein war schwer und voll, dabei aber seidig; noch lange trug ich den köstlichen Geschmack auf der Zunge. Da klingelte es.

Es war Diviš' gute Freundin, die Bildhauerin Hedvika Z. Sie kam mit dem Motorrad aus einem Ort in der Nähe von Prag. Motorrad fuhr sie wie bei einem Rennen. Auf dem Rücken trug sie einen großen, schwarzen Sack.

«Alén, ein Stück Papier! Ich möchte es ausschütten», sagte sie, ließ den Sack von der Schulter fallen und schüttete den Inhalt aus: einige Totenschädel, alle möglichen Gebeine und Knochen und die dazugehörigen Kiefer mit Zähnen, und alles noch voll feuchter Erde.

«Das gab mir der Totengräber bei uns. Ein Teil des alten Friedhofs wurde aufgelöst.»

Diviš jauchzte. Bis dahin mußte er seine Skelett-Stilleben nach kalten und toten Photographien malen. Jetzt hatte er endlich echte Modelle. Und was für schöne und geduldige!

Es lebe der Maler Alén Diviš! Doch der Ruf kommt leider zu spät. Diviš starb, traurig und überflüssig. Er starb im Krankenhaus in Motol. Oft haben wir dort Veilchen gepflückt, die am Zaun des Krankenhauses wuchsen.

Sie wachsen nicht mehr dort.

Diviš bekam einen Herzinfarkt. Nicht einmal einen schlimmen, alles hätte noch gut ausgehen können. Aber seine eigene Güte tötete ihn.

Im Krankenhaus lag neben ihm ein schwerer Fall. Ein Pflegefall, wie ihn die Schwestern nannten. Der Kranke wurde in der Nacht wach und klingelte nach einer Schwester. Vielleicht funktionierte die Klingel nicht, vielleicht war die Schwester anderweitig beschäftigt... Er klingelte vergeblich, und die Schwester kam nicht. Der Kranke jammerte herzzerreißend. Da kletterte Diviš, der aufgewacht war, aus dem Bett, nahm seinen Nachbarn auf die Arme und trug ihn auf die Toilette. Dann trug er ihn wieder ins Bett und legte sich ruhig schlafen. Am Morgen war er tot.

Ich erinnere mich an sein Atelier. Vielleicht stand damals auf dem Tisch eine Kerze, festgeklebt auf einem umgekehrten Kompottglas, daneben eine halbleere Weinflasche und ein Senfglas. Was wohl seine Freunde mit dem Sack Schädel und Knochen gemacht haben, der in einer Ecke seines traurigen und verlassenen Ateliers lag? Ich weiß es wirklich nicht.

Die drei Lieben des B. M. Klika

Daß B. M. Klika gestorben sei, erfuhr ich von einer mir bekannten Ärztin am Telephon. Bevor ich mir ihre unheilvolle Nachricht anhören konnte, mußte ich das Gespräch für einen Augenblick unterbrechen, um das Radio abzustellen, das mich störte. Als wir zu Ende gesprochen hatten, fiel mir ein, daß man ja gerade einen bekannten Walzer von Nedbal gespielt hatte. Diese bange Melodie eines traurigen Walzers war zufällig auch die Melodie von Klikas ganzem Leben.

Er war ein von Grund auf guter, aber keineswegs erfolgreicher Mann, früher auch Verleger. Auch nicht gerade mit Erfolg. Trotzdem lächelte er ständig.

Der selige B. M. Klika – das große Glück hat ihn im Leben nicht verfolgt. Dafür hatte er aber zwei riesengroße, wenn auch unglückliche Lieben: das Ballett und die Bücher. Oder besser: die Bücher und das Ballett. So ist es richtig, denn den Büchern opferte er alles. Zum Schluß sogar sein Leben. Zuerst allerdings in der Jugend sein ganzes Vermögen. Das Erbteil nach den Eltern, das geerbte Haus und schließlich auch die Mitgift seiner Schwester, die nicht geheiratet hatte und gewissenhaft für den Bruder sorgte. Der blieb aber auch in diesem Lebensbereich erfolglos und hat den Hochzeitskuchen auf seiner eigenen Hochzeit nie gekostet.

Wir kannten einander viele Jahre, wirklich, viele lange Jahre. Freundschaftlich kamen wir uns näher, als Vladislav Vančura und ich in den Redaktionsrat der «Družstevní práce» (Genossenschafts-Arbeit) eintraten, wo Klika angestellt war, denn mit seinem eigenen Verlag war er gänzlich gescheitert.

In der «Družstevní práce» bildeten wir dann eine geheime Front, die von Zeit zu Zeit mit den übrigen Redaktionsmitgliedern auf freundschaftliche Weise aneinandergeriet. Diese Herren hatten außer Fragen der Kunst und der Leserschaft auch geschäftliche und wirtschaftliche Dinge im Auge, wozu sie natürlich verpflichtet waren. Und hier knirschte es gelegentlich zwischen uns. Ich möchte aber betonen, daß diese Auseinandersetzungen nicht nur freundschaftlich, sondern auch selten waren. Auch diesen Herren ging es stets um das schöne Buch, und obwohl vorwiegend Bankangestellte, verehrten auch sie die Literatur. Die Erfolge der «Družstevní práce» sind schließlich ein Beweis dafür.

Klika war ein unverbesserlicher Idealist. Heute hat diese Bezeichnung einen bestimmten philosophisch-politischen Klang, aber ihr werdet euch sicher erinnern, wen man früher gewöhnlich so nannte. Meist die, die im Leben nicht allzuviel Geschicklichkeit bewiesen haben oder kläglich unpraktisch gewesen sind.

Klikas Tätigkeit als Verleger war nicht allzu umfangreich, aber für die Zeit reich an Entdeckungen und bemerkenswert.

Was Übersetzungen angeht, denke ich da zum Beispiel an Rostand, Romain Rolland, Miguel Cervantes. Von den tschechischen Autoren verlegte er Otakar Fischers zweiteilige Monographie über Heinrich Heine. Und seine ganze Reihe «Stilleben, Bücher des Herzens und der Seele» hatte ein beachtliches Niveau. Soviel ich weiß, mußte Klika wegen der mutigen Monographie Fischers alle Federn lassen, wie man sagt. Heute ist das ein äußerst seltenes Buch: Man könnte es kaum auftreiben. Klikas Zukunftspläne waren großartig. Er wollte neue Shakespeare-Übersetzungen mit K. Svolinskýs farbigen Illustrationen herausbringen. Mit Fischer hatte er schon verhandelt und suchte ihn auf neue Übersetzungen festzulegen. Ohne großen Erfolg, fürchte ich. Als Geschäftsmann verfuhr aber Klika etwas sonderbar.

Ich weiß nicht mehr, in welchem Jahr es war, als ich seinen Laden auf dem Prager Kai besuchte. In den kleinen Raum unter dem Straßenniveau stieg man drei Stufen hinunter, ein Firmenschild gab es nicht. Ich kam gerade, als man ihm einige Kisten mit der Ausgabe eines der Theaterstücke von Shaw brachte.

Klika öffnete eilig eine der Kisten, entnahm ihr etwa zwanzig Exemplare und nagelte dann die Kiste wieder zu. Ein Exemplar schenkte er mir gleich, ein zweites legte er in seine Aktentasche. Dann setzte er sich auf diese Kiste und begann, das Buch aufzuschneiden. Mit fast feinschmeckerischer Lust. Ich habe den Eindruck – vielleicht tu' ich ihm damit ein wenig Unrecht –, daß dies so ziemlich alles war, was er für dieses Buch getan hat, nachdem er noch die paar Exemplare aus der Aktentasche an Bekannte und Redaktionen verschenkt hatte. Ich war nämlich dabei, als die «Družstevní práce» ihm die restliche Auflage abkaufte. Die Kisten kamen mir bekannt vor. Sie waren in demselben Zustand, wie man sie aus der Druckerei gebracht hatte. Nein, Klika gehörte nicht zu denen, die an Büchern ein Vermögen verdienen wollten.

Und das Ballett? Auch da bewies Klika seine Begeisterung und seine Torheit. Sein Interesse war völlig uneigennützig.

Zusammen mit Opernlibretti gab er nämlich auch Ballettlibretti heraus. Wer so ein Libretto schon einmal in der Hand gehabt hat, wird mir zustimmen, daß sich schwerlich zehn Leser finden lassen, die nach so einem Libretto für Fachleute greifen würden. Für einen Laien ist es fast unlesbar. Es gab aber wohl kaum eine Ballettvorstellung im Nationaltheater, die Klika versäumt hat. Ich hatte ihn im Verdacht, daß ihn nicht allein die Kunst des Tanzes anlockte, sondern auch die, die sie ausführten. Aber warum soll ich ihm etwas vorwerfen, was man auch mir vorwerfen könnte?

Als mir Klika einmal eine Karte für «Schwanensee» anbot, saßen wir zusammen im Parterre des Nationaltheaters.

Leicht und fast unhörbar schwebten auf Befehl der Musik die Tänzerinnen herbei und glichen zum Boden gekehrten Hochzeitssträußen. Dann stellten sie sich auf eine Fußspitze, und ihre Tanzschuhe kreisten vor unseren Augen wie Schwalben. Ich war erregt. Wie denn nicht! Das klassische Ballett ist heute nicht mehr modern, ich weiß, aber das stört mich nicht im geringsten. Wenn ein Baum blüht, so ist das eine Pracht, und wenn eine Balletteuse tanzt, auch. Ich wandte mich zu meinem Nachbarn und flüsterte ihm ins Ohr:

«Eine Wonne, nicht wahr?»

Aber er hörte mich überhaupt nicht. Seine Augen schwelgten in den gekräuselten kurzen Röckchen aus Musselin und Spitzen. Er nahm nichts wahr, nur diese durch die Musik in Bewegung gebrachten Bilder von Degas.

War diese Verzauberung einzig und allein auf die Kunst des Tanzes zurückzuführen, so muß die Macht dieser Kunst tatsächlich so groß gewesen sein, daß sie meinen Nachbarn buchstäblich betäubte. Es war aber wohl auch die junge, in Sehnsucht vergehende Weiblichkeit auf der Bühne, die mit uns machen konnte, was sie wollte.

Ich hatte Klika gern, und er tat mir ein wenig leid. Er war einer von denen, die von Frauen nicht auf Händen getragen wurden, obwohl ihnen das bei seiner zierlichen Gestalt keine große Mühe bereitet hätte.

Die Lieben seines Lebens und die Bewunderung für sie bewahrte er sich bis ans Ende. Bis zur Stunde seines Todes, obwohl die Endphase seines Lebens alles andere als gütig oder lächelnd war. In seinen alten Tagen verlor er den Kopf und verliebte sich in ein hübsches Mädchen von zwanzig Jahren aus den Beskiden. Er fuhr gerne nach Frenštát pod Radhoštěm. Einige Jahre bin auch ich hingefahren. Er kam mir meist auf dem Bahnhof entgegen; und da er nur in Hemd und Hose war und nie ohne ein Buch das Haus verließ, trug er das Buch so, wie Polizisten den Revolver tragen: im Gürtel.

Das Mädchen, das seiner Gesellschaft sicher nicht abgeneigt war – er war amüsant und nett –, hatte keine Ahnung, an welchen Abgrund sie ihn führte. Und so verwundete sie ihn, ohne es zu wollen und zu wissen, beinahe tödlich. Klika war allzu kindlich naiv, und in späten Jahren wird solche Naivität schwer bestraft. Von dem erbarmungslosen Schlag, der seiner Liebe widerfuhr, erholte er sich nur schwer und langsam. Doch als er sich mit dem Schicksal ausgesöhnt hatte, war sein Lächeln verschwunden. Kurz darauf erkrankte er. Vielleicht war die Krankheit nicht einmal so ernst, aber sie bezwang ihn. Klika starb.

Die Ärztin, die uns am Telefon von seinem Ende berichtete, war zu spät zu dem Kranken gerufen worden. Sie verriet uns, er sei an völliger Erschöpfung gestorben. Sein erbärmlich ausgemergelter Körper hielt dem Ansturm der Krankheit nicht stand. In seiner Wohnung fand man weder Geld noch irgendwelche Lebensmittel. Auf dem Tisch lag nur ein Haufen neuer Bücher, die in diesen Tagen gerade erschienen waren. Er hatte sie sich von seinem bescheidenen, offensichtlich letzten Geld gekauft und starb fast vor Hunger. Dabei bewahrte er in seiner großen und reichen Bibliothek auch einige Dutzend heute wertvoller Zeichnungen von Brunner auf. Hätte er nur einen Teil verkauft, so hätte er lange davon anständig leben können. Er brauchte ja nicht viel.

B. M. Klika war ein Verleger, aber vom tschechischen Buch, das er so liebte, wurde er ausgebeutet.

Abschied von Karel Konrád

Dieses Jahr, das demnächst zu Ende geht, bleibt für uns, die wir die tschechische Literatur lieben und ihre Schöpfer schätzen, für immer unheilvoll. Es war ein schlimmes, unbarmherziges Jahr. Am ersten Tag des ersten Frühlingsmonats starb viel zu früh František Hrubín, im Sommer dann der wunderbare Bohumil Polan, der Freund der Dichter und unermüdlicher Führer durch ihr Werk und ihr Leben, und im Spätherbst Josef Kainar. Und am Ende dieses Herbstes kamen wir, um von Karel Konrád Abschied zu nehmen, einem der interessantesten Prosaschriftsteller, den die Nachkriegsgeneration des Devětsil der modernen tschechischen Literatur geschenkt hat. Und laßt uns noch hinzufügen: von einem vor allen anderen lieben Freund.

Karel Konrád starb über den Seiten seines neuen Romans, ohne ihn – leider – so weit vollendet zu haben, daß man beurteilen könnte, was er mit dieser Arbeit versucht hat. Aber welcher schöpferische Mensch verläßt diese Welt ohne das Gefühl, mit seinen Augen würden auch die Gedanken verlöschen, die er noch aussprechen wollte?

Wer diesen Prosaiker, der zugleich Dichter war, nicht persönlich gekannt hat, entsinnt sich bei seinem Weggang vielleicht der Titel seiner Bücher: «Dinah», «Rinaldino», «Robinsonade», «Weggetreten!» und «Betten ohne Himmel». Jedes von ihnen und fast alle übrigen bedeuten Bewegung, bedeuten eine Stufe und einen Schritt in unserer Prosa. Mal einen größeren, ein andermal vielleicht einen kleineren. Aber alle sind sie von dem Licht froher Schaffenskraft überflutet. Konrád schrieb zwar nie hastig, aber mit einer Lust, die man auf den Seiten seiner Bücher erkennt.

Für mich bedeutet sein Name noch um vieles mehr.

Mehr wegen der Erinnerung an die sorglos-selige Zeit unserer Jugend.

Und, Jugend, was hast du überhaupt für Sorgen?

Wir lebten damals nahe beieinander, zwar mit leeren Taschen, aber die Köpfe voller Pläne und Sehnsucht. Und was gab es damals Schöneres, als einander die ersten Erfahrungen in Leben und Literatur anzuvertrauen und zu schreiben und wieder zu schreiben – zwischen Mädchenküssen und einem Glas Wein.

Mehr auch wegen der schönen Freundschaft, deren Wert wir immer erst später schätzen lernen. Ein junger Mensch denkt über diese Dinge nur wenig nach.

Und mehr schließlich auch wegen eines unvergeßlichen Besuchs bei F. X. Šalda. Der alte Herr – aber nein, Šalda war damals noch nicht alt; alt war er übrigens nie – nahm mit neugierigem Wohlgefallen die ersten Prosaarbeiten Konráds auf, an deren Sprache er nicht nur die fein ziselierten Sätze schätzte, sondern auch das sympathische Bemühen um einen neuen, originellen Ausdruck, und er wünschte, den Autor kennenzulernen.

Ich erinnere mich gut, wie Konrád bei diesem Besuch vor Witz und Ideen geradezu sprühte, und wie Šalda, der einen glücklichen Tag hatte, schallend lachte. Dabei schaukelte er auf seinem Stuhl und schlug lachend auf die Armlehne. Er war so lustig, daß das fürsorgliche Fräulein Lenka die Tür halb öffnete, um nachzuschauen, was da eigentlich vorging.

Welch schöne Erinnerung fürs ganze Leben!

Karel Konrád und sein Freund fürs Leben, unser aller Freund Kostă Biebl, stießen zu uns, zwei, drei Jahre älter als wir. Den Krieg hatten sie als Soldaten noch aus der Nähe kennengelernt. Während vor uns die grausame Kriegsmaschinerie stehengeblieben ist, die Menschenleben mechanisch an den Rand des Verderbens schiebt, stapften Konrád und Biebl noch durch den blutigen Schnee und Schlamm.

Das Mal des Geschauten, ihnen vom Krieg eingebrannt, bereicherte – wie grotesk klingt hier doch dieses Wort! – auch ihr Werk. Sie waren um diese schlimme Erfahrung reicher. Und Konráds Kriegsroman gilt als sein Meisterwerk.

Doch bin ich nicht gekommen, um in diesen unwirtlichen

kalten Mauern der Leichenhalle dein literarisches Werk zu bewerten. Das mögen andere tun. Zumal ich mich dazu nicht berufen fühle.

Ich erinnere mich, daß du zuerst Antonín Sovas Gast gewesen bist, um dann sein junger Freund zu werden. Darum beneidete ich dich. Doch auch wir hatten deine eigenartige Heiterkeit gern, deinen unverwüstlichen Optimismus und deinen Witz, der auch nicht versagte und nicht erlosch, als dich die lange und schlimme Krankheit niederbeugte.

Auf meinem Tisch liegen die Seiten deines Feuilletons, das du mir in jenen unfrohen Tagen gewidmet hast. Du hast es geschrieben, als der Tod schon nach deiner Feder griff. Ich wollte mich bedanken, aber ehe ich dazu kam, mich an den Tisch zu setzen, kam schon die Todesanzeige im schwarzen Rahmen.

Manchmal, wenn wir unsere Kinder in ihrem Beisein loben wollen, sagen wir ihnen, sie sollen nicht zuhören. Sie könnten sich etwas darauf einbilden! Hör also auch du nicht zu!

Wieviel frische Freude, wieviel schönen Optimismus bewahrte sich dieser Dichter bis ins hohe Alter! Die Krankheit konnte ihn nicht zermürben. Und tapfer war er! Ungebrochen auch in den schwersten Augenblicken seiner Krankheit. Jawohl, er blieb ehrlich, treu und tapfer. Und das sind Eigenschaften, die man heute suchen muß!

Und jetzt darfst du wieder zuhören: Ade und gute Nacht, alter Freund!

1971

Tomaten auf provenzalisch
und ein Glückwunsch für Jan Zrzavý zum achtzigsten Geburtstag

An der Neuen Schloßstiege und am Ort der früheren Weinberge unterhalb der Prager Burg stehen einige Häuser aus dem 16. Jahrhundert. Eines von ihnen kaufte die Bildhauerin Hana Wichterlová, und hier wohnt und arbeitet der Maler Jan Zrzavý. Er lebt in einer kleinen Wohnung im zweiten Stock. Noch vor einiger Zeit war die Treppe dort so ausgetreten, daß sie geradezu lebensgefährlich war. Im größeren der zwei kleinen Zimmer richtete sich Zrzavý ein bescheidenes Atelier ein.

Vor Jahren wohnte er in Bubeneč. Dort hatte er eine schöne, moderne Wohnung in einem Neubau mit Fenstern fast über dem Baumgarten. Zufrieden war er dort aber nicht, denn er sehnte sich nach dem alten Prag. Gerne verzichtete er auf Komfort und eine gewisse Bequemlichkeit und zog in dieses alte Haus um.

Aus den zwei kleineren Fenstern des Ateliers blickt man auf die Dächer des Palais Thun, auf die Kleinseite und den Petřín (Laurenziberg). Aber obwohl diese Aussicht herrlich ist, muß man doch an die geräumigen und luxuriösen und zudem noch von Sonne und weißem Licht durchfluteten Ateliers in den Dachstühlen moderner Prager Mietshäuser denken. Bei Zrzavý ist es zwar nicht gerade dämmerig, aber allzu viel Licht gibt es dort nicht. Doch der Maler ist zufrieden. Still lebt er dort.

Bei einem meiner Besuche schlug mir ein kräftiger, angenehmer Duft aus der Küche entgegen. Der unbekannte Duft einer unbekannten Speise.

«Ich habe mir Tomaten gemacht, wie man sie in der Provence zubereitet. Sie sind sehr gut, ich gebe Ihnen das Rezept. Und ich bereite mich auf Venedig vor. Gerade habe ich den Kapuzinern dort geschrieben, bei ihnen wohne ich. Venedig möchte ich noch einmal malen.»

Venedig! Die alte Stadt der verfallenen Schönheit, diese «Gitarre voll Wasser», die mindestens tausendmal – nein, auch das ist sicher zu wenig! – von Malern aller Länder und Zeiten dargestellt worden ist, sie ist der Ort von Jan Zrzavýs langer und treuer Liebe. Und einer ganz und gar nicht vergeblichen Liebe.

«Zum Malen haben Sie es hier ein wenig zu dunkel.»

«Das macht mir eigentlich nichts. Hauptsache, ich kann zwischen diesen alten Prager Mauern leben. Danach habe ich mich immer gesehnt.»

«Und warum malen Sie dann nicht Prag, so wie Sie Venedig und die Bretagne gemalt haben?»

«Weil ich das nicht kann, und ich will Ihnen auch gleich sagen, warum. In Venedig kann ich mir erlauben, einen Turm dort zu malen, wo es ihn in Wirklichkeit gar nicht gibt, oder ihn dort, wo es ihn gibt, wegzulassen, wenn er mir nicht paßt. Aber in Prag geht das nicht. Und so male ich Prag lieber nicht. Damit ich's aber nicht vergesse, ich muß Ihnen ja sagen, wie man diese Tomaten zubereitet. Nein, Sie brauchen sich nichts aufzuschreiben, es ist ganz einfach.

Auf den Boden einer größeren Kasserolle legen Sie die Tomaten und begießen Sie reichlich mit Öl. Dann schneiden Sie die Zehen zweier großer Knoblauchknollen in kleine Scheibchen, verteilen sie auf den Tomaten und lassen alles dünsten, bis die Tomaten ganz weich sind.»

Ich bin über diese Unmenge Knoblauch erschrocken.

«Nein, das ist gar nicht viel! Der Knoblauch verwandelt sich in den angenehmen Duft, der Sie so überrascht hat.»

In dieser so altväterlich lieben Umgebung lebt und malt Jan Zrzavý schon viele Jahre. Überall ist es peinlich sauber, im Küchenschrank, den er sich sogar aus Paris mitgebracht hat, Mutters weiße Spitzen, wie sie früher die Hausfrauen hatten. Die Fenster blitzen vor Sauberkeit, die Pinsel und die Stifte liegen geordnet da. Eine alte Uhr tickt laut. Und zwischen diesen vertrauten Dingen feierte Zrzavý den achtzigsten Geburtstag.

Lieber Herr Zrzavý!
In Ihrem Werk, so groß und umfangreich, gibt es mehrere Bilder von geradezu magischer Anziehungskraft, die uns erbarmungslos in den Bann ihrer eigenartigen Welt ziehen. Sie bemächtigen sich unser und fesseln uns dann für immer an sich. Niemals mehr befreien wir uns von ihrem Zauber. Eines dieser Meisterwerke sind die «Freundinnen».

Das Kerzenlicht, das die beiden Frauen, den Tisch, zwei Briefe und die Stuhllehne beleuchtet, hat die Aussagekraft einer tiefen Stille. Aufmerksam lausche ich ihr schon über fünfzig Jahre. Selbstverständlich ahne ich nicht, was diese zwei Frauen, die von irgendwo aus Zeyers Gärten kamen, einander erzählen, aber ich verstehe die innige Stille dieses Gemäldes. Diese fünfzig Jahre sind ein ganzes Stück Zeit, wenigstens unserer Zeit. Und ich darf von Glück sagen, daß es mir vergönnt war, Ihre Arbeit von den ersten Anfängen an – und manchmal auch aus der Nähe – zu verfolgen, seit Sie zum erstenmal mit Ihren Bildern an die Öffentlichkeit traten.

Wir waren damals noch jung, knapp über zwanzig, Sie haben uns aber im Nu gefesselt. Es war wie eine Offenbarung. Und sie brachte uns eine große Botschaft aus einer Welt, in die wir eben aufbrechen wollten. Es waren die Regionen einer neuen Phantasie und eines leidenschaftlichen Lyrismus, die wir damals vor uns ahnten, die wir aber nicht zu erobern vermochten, auch wenn es nicht Mut war, woran es uns fehlte. Wir liebten den Rausch Ihrer Visionen.

Es dauerte nicht lange, und wir kamen Ihnen auch persönlich näher. Reiche Jahre waren das, Jahre voll schöpferischen Bemühens und herrlicher Freundschaften.

Bei großen und außerordentlichen Persönlichkeiten begegnet man in der Regel und offenbar gesetzmäßig vielen Paradoxen. Nicht anders war es auch bei Ihnen. Erlauben Sie mir, Ihnen in diesem feierlichen und, gestehen wir es: auch unvergeßlichen Augenblick wenigstens in einigen Sätzen meine Bewunderung auszudrücken und auch mein bescheidenes Urteil zu sagen.

Sie waren sicher der Hartnäckigste aller «Tvrdošíjní» [Hartnäckigen], und dieser Name der Gruppe, mit der Sie angetreten sind, könnte von Ihnen erfunden worden sein. Denn gerade durch Sie wurde er damals und auch weiterhin in höchstem Maße gerechtfertigt. In dieser Hartnäckigkeit und Treue zu sich selbst ließen Sie alle im Stich, die versuchten, Sie irgendwie zu vereinnahmen oder auch nur einzuordnen. Und darin waren Sie ehrlich bis zum Äußersten.

Josef Šíma erzählte in Paris, wie Sie einmal ein Kunsthändler aufsuchte, der mit modernen Bildern handelte. Er sah Ihre «Witwe» und bot Ihnen sofort einen sehr vorteilhaften Vertrag für alle Bilder an, die Sie noch malen würden. Etwas, was sich viele Maler vergeblich wünschen. Sie aber nahmen das Angebot nicht an und erklärten ihm, auf die Art, die ihn für Sie gewonnen habe, würden Sie nicht mehr malen. Sie haben eine Gelegenheit ausgeschlagen, die Ihnen ein bequemes Leben und Arbeiten in Paris gesichert hätte.

Und so sind Sie ganz gewiß eine Persönlichkeit, der sich keine der Ästhetiken bemächtigen und die keine der Ästhetiken überwältigen konnte, denen Sie begegnet sind und gegen die Sie sich in hartnäckiger Selbstverteidigung auflehnten, um sich in Ihren eifersüchtig gehüteten und hermetisch abgeschotteten intimen, künstlerischen und menschlichen Mikrokosmos um so erfolgreicher einzuschließen. Und in dieser Ihrer Welt gab es für die Orientierung der Malerei eine einzige dauerhafte Konstante. Wirklich eine einzige, wiewohl wir sie mit vielen Namen belegen könnten: Antiimpressionismus, Antinaturalismus, Antimaterialismus ebenso wie Symbolismus. Es war und ist bisher das Suchen nach einem Stil, der kein Stil wäre und der schließlich auch zu keinem Stil geworden ist.

Sie sind ein einziger, ein Einmaliger, und unter den Künstlern gibt es keinen, der es wagen könnte, Ihnen auf ihrem Weg zu folgen. Anfangs haben Sie provoziert und viele auch beleidigt, durch Ihre «Deformationen» ebenso wie durch die Dringlichkeit Ihrer Botschaften. Allmählich reiften Sie zu der Schlichtheit heran, in der der Maler selbst immer mehr in den

Hintergrund tritt, mit einer Ruhe, die um so größer ist, je selbstverständlicher die Gewißheit der Authentizität, der Echtheit des Lebenswerks, also seiner Einzigartigkeit. Sie fügten sich ein in das, was wir mit einer gewissen Unbekümmertheit unter dem bequemen und zudem verschwommenen Begriff der modernen Kunst zusammenfassen, obwohl Ihnen, man kann sagen fast die ganze sogenannte moderne Kunst existentiell fremd geblieben ist. Ich denke hier namentlich an den Kubismus oder an den Surrealismus, aber auch an die kalte und heiße Abstraktion – sie alle gehören der Zeit an, in der Sie im eigenen und im allgemeinen Himmel der Malerei tätig sind. Denn der Himmel ist für Sie nicht der Raum, in dem Sie existieren, sondern – wie auch immer vermittelt – Gegenstand und Thema Ihrer Malerei.

Sie sind ein Fanatiker der Kunst – genauer gesagt: Ihrer eigenen Kunst, und dabei wenden Sie sich immer mehr ab vom Künstlichen und suchen eine, ich möchte sagen, unmittelbare Ausstrahlung der Geistigkeit, Innerlichkeit, Inbrunst. Künstlerische Virtuosität, Handfertigkeit verachten Sie.

Als vor Jahren Ihre große Ausstellung im «Mánes» war, hörte man eine bemerkenswerte Äußerung, die später auch die Zeitungen brachten. Sie soll nicht vergessen werden. Vor einem Ihrer Venedig-Bilder sagte ein unbekanntes Mädchen seufzend zu ihrem Begleiter: «Das ist so schön, daß man es eigentlich gar nicht ausstellen sollte!» Was dieses bezauberte Mädchen sagte, war gar nicht so naiv, wie es scheinen könnte. Wie viele Ihrer Bilder kann man als Kronjuwelen der tschechischen Kunst bezeichnen! Und die Zeit steigert noch ihre Kostbarkeit und Heiligkeit. Sie sind unser erster großer Maler, der mit solchem Erfolg durch Kunst und Leben gepilgert ist.

Ich sprach von dem Glück, das mir beschert war, da ich lange Jahre Ihre Bilder verfolgen und Ihnen nahe sein durfte. Von allem Anfang an. Aber ich will auch von der Ehre reden, die mir zuteil geworden ist, indem ich Sie begrüßen und Ihnen in Freundschaft die Hand reichen darf.

* * *

Als ich bei einem meiner Besuche schon im Weggehen war, sah mich Zrzavý bedeutungsvoll an und fragte mich, ob er mir schon die Alchimisten-Werkstatt im Hof gezeigt habe. Unmittelbar an der Burgmauer liegt ein kleiner Bau mit einer dunklen Tür, hinter der sich, so Zrzavý, einst das Laboratorium eines Alchimisten befand. Bei diesen Worten gebärdete er sich ein wenig verschwörerisch.

Stille, Nacht, Träume, Sterne und all das Unerklärliche und Geheimnisvolle, Grauenvolle und Schöne interessierten Zrzavý sein ganzes Leben lang. Erst im Alter bahnte er sich einen unsichtbaren Pfad von der Schloßstiege zu den Kapuzinern auf dem Loretto-Platz. Das Kirchlein dieses Ordens – auf der ganzen Welt sind Kapuziner-Kirchen in ihrer Architektur fast völlig gleich – lockte ihn durch seine Armut zum Gebet. Zrzavý ist fromm, aber gegenüber der Kirchenlehre hat er bestimmte Vorbehalte. An ein Fortleben nach dem Tode glaubt er nicht.

Der kleine Platz vor dem Kirchlein mit dem Eisenkreuz und mit den Marterwerkzeugen Christi bot Zrzavý das Thema für viele Bilder. Er hat den Platz oft und auf verschiedene Art im Bild festgehalten.

Als die Engländer 1922 das Grab Tutanchamuns entdeckten, beschäftigte das Zrzavý lange. Teige traf ihn in der «Slávia», als er in der Zeitschrift «Graphic» blätternd die Abbildungen der Grabfunde aufmerksam betrachtete. Vor allem eine Sessellehne mit einem gehämmerten Relief aus Gold interessierte ihn. Eine wunderbare künstlerische Arbeit.

«Herr Zrzavý, wissen Sie, daß man im Grab eine tönerne Lampe gefunden hat, die noch brannte?»

«Das kann doch nicht sein.»

«Doch», erwiderte Teige, «es war das ewige Licht!»

Der Maler wurde stutzig und sah Teige überrascht an, und es dauerte doch ein paar Sekunden, bis er lachte.

Ein merkwürdiger Traum war auch für sein Lebensschicksal bestimmend. Zrzavý erinnert sich, wie sein Vater ihm, als man über seine Zukunft entschied, zur Handelsschule riet. Im letzten Augenblick hatte aber Zrzavý einen Traum: Er träumte, daß man ihm eine Kiste brachte, die voll schöner Farben war. Und es war Leonardo da Vinci, der sie ihm schickte. Dieser Traum wurde für sein Leben bestimmend.

Jan Zrzavý ist schon alt, aber er arbeitet immer noch. Wenn er aber Pinsel und Palette zum letztenmal weglegen und sagen wird: «Genug, es reicht» – Gott gebe, daß dieser traurige Augenblick im Unabsehbaren liegen möge –, dann wird die Glocke an seiner Tür ertönen. Der Besucher wird sicher der Aufforderung folgen, die der Maler an der Glocke befestigt hat: Stark klingeln und klopfen – er hört schlecht.

Und ein Engel wird eintreten. Ernst und würdevoll.

Diesen Engel kenne ich gut. Zrzavý zeichnete ihn vor vielen Jahren. Er ist von fraulicher Anmut, und über seine schönen Wangen fallen zwei lange Lockenringel. Als ich eine meiner Gedichtsammlungen herausgab, lieh ihn mir der Maler für den Buchumschlag.

Im Atelier wird der Engel die Palette mit den noch feuchten Farben aufheben und wieder auf die Pawlatsche hinausgehen. Dann wird er sich über das Geländer schwingen und, die Palette auf den Fingerspitzen beider Hände tragend, über die Dächer der Häuser und die Türme der Burg emporschweben und im Unendlichen verschwinden. Und dort irgendwo zwischen den Sternen – wissen wir denn, wo der Himmel eigentlich ist? – wird er die Palette Leonardo da Vinci zu Füßen legen.

Die Gabe der Poesie

Wenn man aus dem Bahnhofsgebäude in Hořice hinaustritt, umweht die Wangen sofort frische, würzige Luft. Eine Brise aus dem nahen Riesengebirge. Gierig atmet man den Duft seiner Wälder und Wasser ein. Für die Menschen in dieser Gegend hat dieser Duft schon nichts Überraschendes mehr, sie haben sich an ihn gewöhnt, aber wir, die wir ankommen und die Wolken aus Prager Rauch, Ruß und Staub hinter uns gelassen haben – wir finden uns plötzlich in einer völlig anderen und schöneren Welt. Es lebe Hořice, die Stadt am Riesengebirge, die Stadt der Steine und Bildhauer!

Von Jičín, wo ich mich ganz gut auskenne, ist es nach Hořice eigentlich gar nicht so weit, aber das Hořicer Land ist doch eine etwas andere Gegend, obwohl ebenso anmutig und interessant. Es wird von Bergen abgeschlossen, und das ist sehr schön. Dort gibt es viele Wälder, und der Charakter der Landschaft wird auch von einigen Steinbrüchen geprägt, die noch in Betrieb sind. Wie wir uns weißes oder schwarzes, weiches oder härteres Brot aussuchen, so schneidet man dort unterschiedliche Sandsteinquader für die Bildhauer. Die Steinbrüche sind uralt. Aus ihrem Stein meißelten schon die gotischen Bildhauer ihre schlanken, schönen tschechischen Madonnen, und Matthias Braun wählte hier passende Quader aus für seine Plastiken «Tugenden» und «Laster» im Garten des Schlosses Kukus des Grafen Spork.

Wenn der Bildhauer Josef Wagner vor so einem Sandsteinquader stand, pflegte er zu sagen, daß er in dem Stein eine Mädchenstimme höre. Ich selbst habe leider nie etwas gehört, aber als ich mich einmal am Rande eines Steinbruchs ganz nah an einem dichten Thymianstrauch niederließ, da schien es mir, daß ich viele im Stein verborgene Mädchenbrüste sähe. Stimmen aus der toten Materie zu hören, ist wohl nur Bildhauern vergönnt.

Vom Bahnhof in Hořice ist es nicht weit zum Haus des Bildhauers Wagner. Ein paar Minuten. Diesmal wird mich Wagner nicht mehr begrüßen. Er ist tot und liegt bei den Seinen am Hügel beim Sankt Gotthard.

Bei Wagners fliegenden «Wolken» auf der Treppe des Hauses erscheint seine Frau Marie. Auch sie ist Bildhauerin. Und nicht irgendeine, obwohl sie sich mit Ausdauer im Schatten ihres Mannes zu verbergen sucht. Sie ist bescheiden. Noch etwas mehr als bescheiden. Zierlich und zart empfängt sie den

Gast, der sich diese Frau nicht vorstellen kann, wie sie mit Meißel und Hammer hantiert und mit ihnen auf den harten Stein einschlägt. Ein kleines Kompliment, übrigens ein völlig unschuldiges und aufrichtiges, wäre gewiß am Platze.

«Täuschen Sie sich nur nicht! Sie hätten mich im ‹Mánes› sehen sollen, wenn ich kegelte und dabei Virginias Zigarren rauchte!»

Nein, das kann nicht wahr sein. Und doch, es stimmt! Ich erinnere mich, wie Wagner erzählte, wie ihm bei schweren Arbeiten Frau und Bruder halfen.

Übrigens versteht es die charmante Frau Marie nicht nur, mit Meißel und Spitzhammer umzugehen. Sie genießt einen ausgezeichneten Ruf als Schülerin des Monsieur Pomian und beherrscht auch das Werkzeug, das heutzutage viele Frauen schon verachten: Pfanne und Kochlöffel. Dabei ist sie eine unermüdliche Gastgeberin.

Und außerdem versteht sie es, ausgezeichnete Hořicer Hohlhippen zu backen.

Ihre Statuen der drei schmalhüftigen Mädchen an der Fassade der Kunstakademie in Brünn rauben mir den Schlaf. Ich muß nicht nur wegen ihrer mädchenhaften Grazie an sie denken. Sie sind ein Zeugnis dafür, was eine Frauenhand vermag, wenn sie nur einer echten Bildhauerin gehört.

Ich trete ein und gehe durch die Zimmer, in denen Wagner zu Hause war, und zu den Stellen, wo er arbeitete. Es ist mir, als ob an allen Dingen dieses Hauses sein Blick wie ein stilles Licht haften würde. Er war ein schöner, liebenswerter Mensch, die verkörperte Güte. Sein offenes, argloses Antlitz erweckte Vertrauen. Dieser Mensch war nicht fähig, jemanden zu verletzen. Vielleicht nicht einmal in Gedanken. Ohne ihn ist es leer und traurig. Doch seine Frau hütet sorgsam alle seine Erinnungen.

Alles ist in Sicherheit, weil sie ihm ähnelt wie ein Kieselstein dem anderen, wie Eheleute nach langen Jahren im Wesen und sogar im Gesicht einander ähnlich sind. Und nur das Weibliche kommt bei ihr noch hinzu!

Ich zermalme schon die dritte knusprige Hořicer Hohlhippe zwischen den Zähnen und höre interessiert zu, was sie in diesem Haus noch alles vorhat. Sie hat zwei Söhne, der eine ist Maler, der andere Bildhauer, aber beide sind Alleskönner. Im Garten des Hauses wollen sie einen hellen Pavillon bauen, um die Skulpturen des Vaters und vor allem Abgüsse derjenigen Statuen dort unterzubringen, deren Originale schon längst in Galerien tschechischer und mährischer Städte verstreut sind. Frau Marie spricht mit Bewunderung und Liebe vom Werk ihres Mannes.

«Sie kennen den Bethlehemsberg noch nicht, wo wir gelebt haben und wo Wagner arbeitete. Und Sie haben auch die merkwürdigen und bewundernswerten Statuen von Braun dort, wo wir gewohnt haben, noch nicht gesehen. Gleich heute nachmittag fahren wir hin. Wir werden über Erbens Miletín fahren – die Miletíner Gebetbüchlein kannten Sie doch gewiß!»

Miletíner Gebetbüchlein? Und ob ich sie kannte. Ich pflegte sie meinen Kindern auf dem Jahrmarkt in Jičín zu kaufen. Das sind kleine Lebkuchen, die mit einer Nußfülle zusammengeklebt sind. In die Oberfläche des einen sind Mandeln so eingedrückt, daß sie ein kleines Kreuz bilden. Das war in dieser Gegend eine beliebte Näscherei für Kinder, und sie war mächtig gut, wie der jüngere Wagner-Sohn Jan, der Bildhauer, betonte.

Sporks Bethlehem! Und es ist ein schöner Frühlingsnachmittag. Wieviel besondere, außergewöhnliche Stimmung brachten doch die Natur und mit ihr auch die Menschen in diese Waldesabgeschiedenheit. Wir setzten uns auf einen Stein, auf dem angeblich einst der Graf gesessen hatte, wenn er die Arbeit an dem monumentalen Relief «Die Anbetung der Heiligen Drei Könige» beobachtete. Es ist ein Relief, tief in einen niedrigen Felsen gemeißelt, dessen Oberfläche mit Moos bewachsen ist. Und in den Felsen gegenüber hatte Braun einen niedrigen Sitz gehauen, damit der Graf es bequemer hätte. Frau Marie brachte aus dem nahen Brunnen frisches Wasser und schnitt eine

Scheibe von dem selbstgebackenen Brot ab. Das wäre eine Delikatesse für wahre Feinschmecker gewesen. Und eben an dieser Stelle, zwischen dem Bethlehem, dem zerstörten Jakobsbrunnen und dem Seligen Onufrius, den Braun aus einem zufälligen, im Boden steckenden Felsen gehauen und den Dichter so bezaubert hatte, baute sich Wagner eine schöne und bequeme Blockhütte. Die Waldesstille und Wagners Hammerschläge erfüllten diesen idyllischen und glücklichen Winkel mit Harmonie.

Und hier unter den auf- und abwippenden Zweigen der alten Fichten und bei Vogelgesang drängte aus dem Inneren des Steins das edle Antlitz von Wagners «Poesie» hervor, deren Kopf nur leicht gestützt ist. Der Bildhauer schuf diese Statue in einer einzigen schöpferischen Anspannung und nicht ohne leidenschaftliche Hingabe. Und als das Werk fertig war, schrieb Wagners Meißel eine für ihn so typische Widmung: Er widmete sie allen verdammten Dichtern.

Wir werden eine Weile schweigen. Frau Marie erinnert sich.

In diesem Waldeswinkel lebte sie mit Wagner nur einige Jahre vor dem Krieg. Das waren Jahre des Glücks. Frühmorgens im Sommer, wenn die Hasen hier am saftigen Klee knabberten und der Tau wie ein duftender, lauer Sprühregen von den Bäumen fiel, zogen sie sich hohe Stiefel an und gingen Pilze suchen. Nachher machten sie sich zusammen auf ins nahe Dorf, um einzukaufen. Sie kamen mit einem Fünf-Kilo-Laib Brot, dicker Milch und einem Stück Butter, das in nasse Kohlblätter eingewickelt war, zurück. Wenn Josef sich an die Arbeit machte, schien die Sonne schon warm. Es war ein lohnendes Schauspiel, wie er sich fröhlich in die Hände spuckte und mit welcher Wonne er den Stein zu behauen anfing, den er selbst im nahen Steinbruch gebrochen hatte. Ja, das wird die «Poesie» werden, diese merkwürdig schöne Statue mit einem Lorbeerstrauß, den sie sich an die Schläfen drückt. In dieser Statue vereint sich Monumentalität mit einer Inbrunst, die nicht so bald ihresgleichen findet. Sie lag dort in der Mittagssonne im Moos, noch ganz mit Staub bedeckt. Josef, glücklich und zufrieden mit seinem Werk und selber noch ganz verstaubt, machte sich daran, die Statue zu glätten und zu säubern.

«Sie kennen ja diese Freude und Befriedigung, wenn Ihnen ein Gedicht gelingt und Sie vom Schreibtisch aufstehen!»

Doch noch ein wenig von der unerläßlichen Prosa: In der Küche duftet ein Pilz-Omelett. Was will man mehr?

Einige Schritte weiter kann man im hohen Gras auch heute noch Reste der Grundmauer entdecken. Hier blüht der Löwenzahn – das einzige Gold, das aus jener Zeit hier übriggeblieben ist.

Die Erinnerungen lassen die Augen von Wagners Frau aufleuchten wie die Augen blutjunger Mädchen, die das erste Glück ihres Lebens gekostet haben.

Manchmal kamen auch Prager Freunde, Bildhauer und Maler aus dem «Mánes» auf den Bethlehemsberg, und dann gab es leidenschaftliche, aber begeisterte Gespräche über Kunst, die nicht enden wollten. Und das waren Augenblicke, ohne die dieses Glück bei weitem nicht vollständig gewesen wäre.

Im Winter gingen die Wagners in den Wald und suchten kleine Baumstümpfe. Aus einigen schnitzte Josef kleine Torsi, die sie aber nicht mehr wegschaffen konnten, als die Okkupation sich heranwälzte. Nach dem Krieg fanden sie die Blockhütte ausgeraubt und zum Teil zerstört vor, auf der ausgebrochenen Tür ein gemeines deutsches Schimpfwort eingeritzt. Die Blockhütte haben sie nicht wieder aufgebaut und sagten schweren Herzens der Bethlehemer Idylle Lebewohl.

Wagner wurde dann Professor an der Fachhochschule für Kunstgewerbe, der Umprum, und begann mit der Arbeit an den Denkmälern Smetanas und Vrchlickýs, nachdem er beide Ausschreibungen gewonnen hatte. Aber alles wurde schwieriger und schwieriger, und langsam nahte das frühzeitige und traurige Ende seines Lebens.

Anfang März 1976 kamen einige von Wagners Schülern nach Hořice, um in seinem Geburtsort und an seinem Grab seines fünfundsiebzigsten Geburtstages zu gedenken. Sie brachten einige Dutzend Briefe mit, die Wagners Schüler geschrieben hatten, und legten sie in ein Messingkästchen mit einem metallenen Flügel auf dem Deckel. Dem fügten sie Photographien ihrer neuen Arbeiten bei und auch die Photos der in den letzten zwanzig Jahren schon Verstorbenen. Es waren einige.

In den Briefen gedachten sie ihres verehrten Lehrers. Eigentlich war das ein einziges, im Chor gesungenes Lied, ein Lied mit fast denselben Worten und mit gleich inniger Melodie. Wagner hatte seine Schüler gern, und sie liebten ihn. So entstand ein Band fürs Leben. Alle Briefe sprechen von Hochachtung, und alle Schreiber sagen aufrichtigen Dank und sprechen von ihrer Liebe zu seinem Vermächtnis. Ich durfte diese Briefe einsehen und las sie wie gebannt und nicht ohne aufrichtige Erregung.

«In der Zeit der Hoffnung und des Vertrauens (es war das Jahr 1945) hatten wir das Glück, daß unser Professor an der Schule Josef Wagner war, ein Bildhauer, dessen Werk und Verhalten als Mensch sich harmonisch ergänzten, und beides formte uns durch sein Beispiel», schrieb Miloš Chlupáč in seinem einleitenden Brief.

«Ich bin glücklich, daß ich meine ersten Schritte als Bildhauer unter der Führung von Professor Wagner machen durfte», fängt ein anderer Schüler seinen Brief an. Und dieser Gedanke kehrt in verschiedenen Variationen in den meisten dieser Briefe wieder.

Eine schöne und menschliche Szene, die viel aussagt, erzählt die Bildhauerin Zorka Soukupová-Kořánová.

Wagner wünschte nicht, daß die Assistenten in die Arbeiten der Schüler anders als beratend eingriffen. Einmal arbeitete die junge Bildhauerin an einer stehenden Männergestalt, und ein Bein wollte ihr nicht gelingen. Assistent Malejovský merkte ihre Verlegenheit, korrigierte das Bein ein wenig und vollendete es. «Er faßte mein Bein an», sagte die Bildhauerin übermütig. Da kam der Professor, um sich die Arbeit anzusehen. «Das Bein sitzt irgendwie nicht richtig, es ist Ihnen nicht gelungen.» Die Bildhauerin, die, wie sie zugibt, oft unüberlegt spricht und aus der Hüfte schießt, platzte heraus: «Das hat gerade der Assistent Malejovský gemacht.» Der Professor verstummte, eine Weile blieb es still, und seine Augen wurden feucht. Es ist klar, was jeder andere getan hätte: Der Schülerin den Kopf waschen und sich dann den Assistenten vornehmen. Aber der Professor ging fort und büßte alles selber ab.

Die Bildhauerin Eva Kmentová erlebte in der Schule einen unglaublichen, schicksalhaften Augenblick. Als sie einmal im Atelier war und Wagner bei der Arbeit zusah, enthüllte sich ihr für ihr ganzes Leben etwas unermeßlich Wichtiges und Wesentliches. Sie kann diese Szene nicht genau beschreiben. Sie weiß nur, es war ein sonderbares Glücksgefühl und das Gefühl der Größe, das den ganzen Raum und auch den Raum ihrer Seele erfüllte. Das kann sie nie vergessen. Sie ist aber überzeugt, daß ihr Leben ohne dieses Erlebnis ganz anders aussehen würde.

Ich gestehe, daß ich ihr unbedingt glaube. Etwas Ähnliches habe auch ich erlebt. Ich kann nicht behaupten, ich würde etwas von Bildhauerei verstehen. Aber nach einer Weile, die ich bei Wagner im Atelier verbrachte, kann ich sagen, daß ich heute weiß, worum es geht.

Auf sein Grab legten die Schüler Kränze und Blumen nieder. Eine der Kranzschleifen trug die Aufschrift: «Für das Vermächtnis der Poesie.»

Ich bewundere Wagners Torsi, sei es der «Torso auf einem Kieselstein», der «Fliegende Torso» oder der schönste von ihnen, der «Liegende Torso». Ohne billige und einschmeichelnde bildhauerische Effekthascherei, nur mit sparsamen Eingriffen des Meißels in Holz oder Stein erweckt der Bildhauer die tote Materie zum Leben, zu einem Leben, das mit der Vollkommenheit der Formen in die Ewigkeit zielt. Diese Torsi sind eindrucksvoll. Aus seinem umfangreichen Werk aber liebe und bewundere ich die Mädchenskulpturen, seinen «Frühling», seine «Kunst», seinen herrlichen «Lorbeer» und besonders seine «Erde», die mit Antlitz und lieblicher Geste mein

Herz behext hat. Ich möchte mich neben dieser Statue hinsetzen und lange ihre dunkle Herrlichkeit, ihre Gebärde und ihr beseeltes Antlitz betrachten. Wie schön ist doch das Menschenleben, wenn solche Statuen beinahe vor unseren Augen entstehen können.

Der Schoß dieser keuschen Mädchen der Artemis, wie Pečírka sie nennt, ist zwar verhüllt, um so unverhüllter tritt aber die Lieblichkeit ihrer Gesichter hervor, auf denen die jugendliche Schönheit seiner Frau wie hingeflüstert liegt. Und sie unterwerfen uns mit ihrer Poesie, einer Poesie ohne Literatur. Die inbrünstige Melodie läßt die Schwere des Steines erbeben. Der Stein überredet uns durch sein tiefes Schweigen. Eine Poesie, nur von den einfachen, uralten Bildhauerwerkzeugen und der Kunst des Bildhauers entfacht ist. Als ob einmal der rauhe Stein seiner Heimat von weicher Menschenhand bearbeitet wäre und ein andermal der scharfe Spitzhammer einen freien Schleier über sein Frauenantlitz webte. Meißel und Hammer, diese zwei Stücke schweres Eisen, verlieren an der Oberfläche der Skulpturen ihr Gewicht und ihre Last, indem sie nur der feinen Linie des Traums des Bildhauers folgen.

Wagner liebte Musik und Gedichte, und sie erwiderten seine Liebe. Seine Mädchenstatuen macht das Liebeslied leichter, dem die menschlichen Augen lauschen. Er war ein Bildhauer, der Gedichte in den Stein schrieb, und ein Dichter, der statt Rhythmen Statuen meißelte.

Zur Weltausstellung in Paris im Jahr 1937 schickte man Wagners «Poesie». Sie wurde mit dem Grand prix ausgezeichnet. Als die Bildhauer Maillol und Despiau zu dieser Statue kamen, zog Maillol symbolisch den Hut: «Also das da ist ein Herr Bildhauer!»

Im März, am Tag seines fünfundsiebzigsten Geburtstags, bin ich wenigstens in den Lobkowitz-Garten zu Wagners Denkmal Jaroslav Vrchlickýs gegangen, eine seiner letzten Arbeiten. Wagners Grab in Hořice wäre für mich schon zu weit gewesen. Der Frühling stand vor der Tür, die Luft war feucht und voll Duft, die Amseln wählten schon die Bäume für ihre Frühlingsabenteuer und Lieder aus. Es wollte mir aber scheinen, als ob die beiden Musen, die auf dem Denkmal den Dichter tragen, verweinte Augen hätten.

Nein, sie waren es nicht! Nur mir war traurig zumute, als ich an das schwere Schicksal dieses schönen Menschen dachte, der nur kurz in mein Leben getreten ist.

Ich kannte ihn zwar aus dem «Mánes» lange genug, aber als Freunde kamen wir uns erst näher, als er bei uns im Benediktinerkloster der hl. Margarete in Břevnov Skulpturen restaurierte.

Eines Abends saß er nach der Arbeit mit dem Maler Tichý im Garten des Restaurants «U Lorety». Als ich durch den Laubengang eilte, sah mich Tichý und rief mich an. Ja doch! Wir fühlten uns wohl dort. Zwei Tage zuvor hatte ich mit František Tichý die Vorstellung eines bescheidenen Zauberkünstlers in einem Tanzlokal an der «Marjánka» besucht, und nun führte uns Tichý beinahe virtuos dessen Taschenspielereien und Tricks vor, und Wagner amüsierte sich. Dann entschlossen wir uns, Tichý in seine geliebte Weinstube von Hora in der Karmelitergasse zu begleiten. Dort schloß man aber bald, und so gingen wir in die nahe Weinstube «U Malířů» am Malteserplatz – nur auf einen kurzen Sprung. Von dort nur über die Karlsbrücke, um bei Binders am Altstädter Rathaus hineinzuschauen. Der Wein war dort gut, aber es war zu voll, und so sind wir nach einer knappen Stunde wieder aufgebrochen und in die «Réva» gegangen, wo wir den einsamen Halas fanden, der uns freudig begrüßte. Als dort nach Mitternacht geschlossen wurde, wechselten wir in die Spálená zu den Šupas. Dort saß Olbracht, der den letzten Zug nach Krč verpaßt hatte. Und dann weiß ich wirklich nichts mehr. Frau Marie soll angeblich am Morgen etwas zornig gewesen sein, aber der Zorn war weder groß noch anhaltend.

Wagner lud mich ein, ihn in seinem Atelier in der Schule zu besuchen. Ich freute mich und ging gerne hin. Ich hatte noch die Hand an der Türklinke, da öffnete er schon eine Flasche Rotwein. Wagner war kein Trinker, aber wenn er sich unterhielt, trank er gerne ein wenig. An diesem Tag wurde eine Freundschaft bis zum Tod geschlossen. Sie währte leider nur kurz. Der Tod stand schon vor der Türe. Gute, ehrliche Menschen werden aber leicht zu Freunden und sind fröhlich, wenn es nur eben möglich ist.

Ich betrachte die offene Pelerine Jaroslav Vrchlickýs, und Erinnerungen nageln mich an der Bank fest.

Wenn ich als Junge mit meiner Mutter auf den Olšaner Friedhof zu den Gräbern von Bekannten mitging und am Grab herumlungerte, sagte meine Mutter zu mir, ich solle beten. Und ich tat so, als ob ich betete. Heute würde ich von Herzen gerne aufrichtig beten, aber ich kann es nicht mehr. Ich habe die Worte vergessen. Mutters Gebetbuch, auf dessen Buchdekkel ein Bild der Jungfrau Maria mit dem von sieben Schwertern durchbohrten Herzen abgebildet war, nahm meine Schwester mit sich, und ich habe nichts.

Hätte ich doch wenigstens die Miletíner Gebetbüchlein. Aber selbst diese Devotionalie wird in Miletín nicht mehr hergestellt.

Meißner Porzellan

Es war im Jahr fünfzig. Oder vielleicht später? Ich weiß es wirklich nicht mehr. Ich war in Marienbad zur Kur und genoß das schöne Septemberwetter auf der Kolonnade, wo ich sorglos einen Becher Rudolfsbrunnen nach dem anderen trank. Sorglos? Nicht so ganz. Die Sorgen begleiten uns ja, auch wenn wir meinen, wir seien glücklich. Das Orchester spielte den «Postillon von Longjumeau» zu Ende, und ich sagte mir, ich könnte eine Tasse Mocca trinken und ging in die «Alexandria». Das ist eine nette, kleine Konditorei direkt unter der Kolonnade. Und während man auf der Kolonnade Blicke nur aus der Ferne wechselte, begegnen sich in der «Alexandria» die Blicke aus der Nähe, ja manchmal sogar an demselben Tischchen.

Gleich von der Tür aus sah ich Ivan Olbracht. Er hatte, wie ich wußte, irgendwo oben hinter der Kladská eine kleines Haus, aber im Bad habe ich ihn noch nie gesehen. Er saß da mit einem mir unbekannten Mann in Grün. Ich suchte mir ein freies Tischchen, doch noch bevor ich mich setzen konnte, rief mich Olbracht an. Seit dem Bruch mit Helena Malířová und ihrem Tod war seine Freundschaft gar nicht mehr herzlich. Und ging es nicht mir nur so. Sein Begleiter ging gerade fort. Es war ein Forstingenieur, der Olbracht mitgenommen hatte und ihn wieder zurück zu seinem Häuschen fahren wollte.

Wir hatten uns lange nicht gesehen, und Olbracht fragte nach diesem und jenem. Er hatte von meiner Krankheit gehört. Als ich wissen wollte, wie es ihm ginge und warum auch er sich in Marienbad kuriere, winkte er ab. Während wir so plauderten, setzte sich eine junge Frau von auffälliger Schönheit, die gar nicht tschechisch war, an ein Tischchen neben Olbracht. Sie hatte dunkelschwarzes Haar, und auch ihre Augen waren dunkel. Solchen Frauen war ich einst im ehemaligen Karpato-Rußland begegnet, in Užhorod oder eher noch in Mukačevo. Sie erinnerte mich an die Heldin einer schönen und bekannten Erzählung Olbrachts. Ich beugte mich zu ihm: «Schau mal, Hana Karadžičová ist gekommen!» Olbracht sah sich unauffällig um.

«Ach wo», erwiderte er, «das sind bei weitem nicht die Augen der Hana Karadžičová!»

Die Augen der Hana Karadžičová!

Und sofort zitierte, besser gesagt, sang er geradezu einige einleitende Worte aus seiner Erzählung vor:

«Es waren die schönsten Augen von ganz Polana. Mandelförmig, schwarz und tief, auffallend groß, und wenn jemand hineinblickte, wurde ihm schwindelig. Augen mit langen Wimpern, die die Süße und den Glanz dämpften, der sonst für ein Männerherz schwer zu ertragen gewesen wäre.»

Tatsächlich, so etwa fängt die Erzählung an. Danach haben wir uns eine Weile an einige zauberhafte Stellen in Karpato-Rußland erinnert, an die Polana und die schönen Almen unter dem Menčul, an ein Glas Rahm in einer Sennerei auf dem Gipfel, der dem Rahm in den Alpen gleichkam. Olbracht hatte in diesem Land längere Zeit gelebt und kam nach Hause mit dem «Nikola Šuhaj» und dem «Golet im Tal». Der «Šuhaj» hat mich gepackt, die Geschichte von der Hana aus dem «Golet» hat mich für immer verzaubert. Den Roman von Anna, der rothaarigen Proletarierin, las ich als erster und übergab ihn recht zögernd der Druckerei, als wir zusammen mit Neumann den «Reflektor» redigierten.

Es war ein wunderschöner Septembertag, wie er in Marienbad häufig ist. Und obwohl Olbracht vorher über sein Herz geklagt hatte, fühlte er sich in diesem Augenblick wohl, war in glücklicher Stimmung und kramte in humorvollen Erinnerungen an seinen Aufenthalt unter den Juden in Karpato-Rußland. Er kannte sie gut, ihr Privatleben und ihre religiösen Sitten und auch ihr von polnischen Rabbinern stark beeinflußtes geheimnisvolles Ritual. Die waren damals berühmt und hochgeschätzt. Ich fragte Olbracht nach dem Geheimnis des Talmud und nach dem Wirken der Wunderrabbis. Einer von ihnen hatte einmal auch Marienbad besucht.

«Ich will dir was erzählen», sagte Olbracht statt einer Antwort. «Du mußt mir aber versprechen, daß du darüber weder schreiben noch sprechen wirst!» Ich versprach es und habe mein Versprechen nicht gehalten. Es ist ja schon so lange her! Und lächelnd begann Olbracht zu erzählen:

«Vor einer Woche besuchte mich meine Frau in der Hütte. Nur auf einen Sprung. Sie war in Karlsbad gewesen und wollte am nächsten Tag wieder nach Prag zurückfahren. Als das Auto stehenblieb, holte sie ganz vorsichtig ein großes, aber offenbar nicht schweres Paket hervor. Altes Porzellan, wie sie sagte. Ich habe nie etwas gesammelt, aber meine Frau verliebte sich in alte Scherben. Auf der Alten Wiese in Karlsbad hatte sie sich eben dieses Meißner Kaffeeservice gekauft.

Ich muß gestehen, ich habe für Porzellan überhaupt kein Verständnis. Bei uns zu Hause in Semily hütete die Mutter in einem Glasschrank zwar auch irgendwelche Kännchen und

Täßchen, aus denen Neruda getrunken haben soll, aber wir haben sie nie benutzt, damit sie ja nicht kaputtgehen. Und so wischte Mutter immer nur von Zeit zu Zeit vorsichtig den Staub von ihnen ab.

Slávinka öffnete das Paket ein wenig und nahm eine weiße Tasse heraus, um sie mir zu zeigen. Als sie sie wieder zurücklegen wollte, bat ich sie, mir doch eins von den Dingern hierzulassen. Ich teilte die Hütte mit der Gendarmeriestation, und gelegentlich besuchte mich einer von den Gendarmen; dann hatte ich nichts, worin ich ihm Kaffee anbieten könnte.

Slávinka sah mich beleidigt an. Wie ich mir das vorstelle, ich sei ein Barbar! Das wäre doch altes Meißner Porzellan, das auf der ganzen Welt schon unerhört kostbar sei!»

Hier will ich Olbracht im Geist für einen kurzen Augenblick unterbrechen. Altes Meißner Porzellan! Weiß wie frischer Schnee, zart wie ein Feiertagstüchlein in Mädchenhänden. Tippt man die Tasse mit dem Fingernagel an, so seufzt sie leise auf. Und auf dem Boden jeder Tasse und auf ihrer Untertasse ein einziges liebliches Röslein. In zartem Rot. Und diese Schönheit für die bärtigen Gendarmen aus dem Kaiserwald! Dabei möchte man Goethes schönes Lied singen:

Röslein, Röslein, Röslein rot,
Röslein auf der Heiden.

Olbracht fuhr fort: «Wenn sie nichts hergibt, auch gut, sagte ich mir, macht nichts. Und meine Frau wickelte die Tasse wieder sorgfältig in Holzwolle und legte sie zu den anderen. Am nächsten Tag fuhr sie nach Prag zurück und trug das Paket mit aller Vorsicht ins Auto.

Wie du weißt, sind die Züge jetzt sehr voll. Sie fuhr also vorsichtshalber in der ersten Klasse, aber auch dort war es voll. Unterwegs haben wir natürlich noch ein wenig gestritten. Als Slávinka einen Platz gefunden hatte, reichte ich ihr das Paket mit dem Porzellan durchs Fenster. Und halb im Scherz, halb im Ernst begleitete ich es mit einem Fluch. Einem alten und fürchterlichen rabbinischen Fluch. Du fragtest doch nach den Wunderrabbis? Ich sah noch, wie die arme Slávinka einen kleinen Schreck bekam. Sie wurde blaß, doch da pfiff der Zug.

Mit dem Paket auf dem Schoß erreichte sie glücklich Prag: Der Fluch ließ ihr aber keine Ruhe. Als der Zug am Bahnsteig stehenblieb, wartete sie noch eine Weile, bis alle Reisenden ausgestiegen waren; dann rief sie einen Träger und vertraute ihm vorsichtig die kostbare Beute aus Karlsbad an. Der übernahm das Paket und trug es sorgsam, aber gerade in diesem Moment rollte eine mächtige und starke Woge von Reisenden aus den entfernteren Waggons heran.

Der Herbst begann, und die Menschen kamen aus dem Urlaub zurück, es war Sonntagabend nach einem schönen Tag, und die Menschen strömten aus ihren Wochenendhäuschen nach Hause. Einer der Reisenden rempelte unvorsichtig den Träger an und stieß ihm das unförmige Paket aus den Händen. Auf dem Pflaster ertönte der leidvolle Klang des Porzellans. Die anderen konnten nicht mehr ausweichen, und da ihnen weitere nachdrängten, die keine Ahnung hatten, was da geschehen war, lag das Paket unter ihren Füßen, und so vollendeten sie das Werk des Verderbens.»

Wenn Olbracht manchmal über sein Herz klagte, trösteten ihn seine Freunde, er würde so lange leben wie sein Vater! Das sagt man so dahin. Der alte Herr war achtundachtzig, als er still starb. Aber Olbracht schüttelte den Kopf: «Aber wo!» Und wirklich starb er, als er nicht einmal siebzig war. Es dauerte ein Vierteljahrhundert, bis ich erfuhr, unter welchen Umständen er gestorben ist.

Ich war krank und lag im Krankenhaus in Vinohrady, als mich Karel Nový besuchte. Er wohnt nicht weit. Und so plauderten wir. Sie wissen ja, wovon wir sprechen konnten – von Krankheiten und von Freunden und Bekannten, die schon gestorben waren.

Nový platzte heraus: «Du weißt doch sicher nicht, wie Ivan Olbracht gestorben ist?» Und fuhr fort:

«Den Dr. Racenberg hast du gewiß nicht gekannt. Er arbeitete auch einige Zeit in diesem Krankenhaus. Später wurde er Chefarzt irgendwo im Westen. Er hatte eine Tante, die war im Staatlichen Sanatorium in Smíchov angestellt, wo Olbracht lag. Zusammen mit seiner Frau Slávinka pflegten sie Olbracht. Einmal mußte Slávinka kurz zum Telephon, und als die Schwester von Ivans Bett ein Stöhnen hörte, kam sie rasch, um dem Patienten das Kissen unter dem Kopf zu richten. Sie beugte sich über ihn, und der Kranke flüsterte:

«Diese Augen!» Er starrte in ihr Gesicht. «Diese Augen kenne ich von irgendwoher! Aber woher? Ach Gott, Hanele! Das sind die Augen der Hana –», aber da sank sein Kopf wieder auf das Kissen, und nach einigen Augenblicken ist er gestorben.

Unterwegs von Máchas Grab

Der September ist in der Regel schön, schöner oft als der kalte Mai. Der Herbst kommt auf goldenen Pfaden, und die Traube legt sich behäbig auf ihr Blatt, das wir von Evas Schoß so gut kennen.

Eine zarte Bangigkeit liegt in der Luft.

Im September des Jahres 1936 war ich mit Hora und Halas in Leitmeritz. Wir kamen zur feierlichen Enthüllung des Mácha-Denkmals. Wir gingen zu den Šustrmandln und standen in Gedanken an Máchas Grab. Auf dem Weg vom Friedhof begegneten wir Professor Albrecht Pražák. Wir wollten nach Žernoseky auf ein Glas des dortigen Weines, und er kam mit.

In Žernoseky fanden wir mühelos eine kleine Weinwirtschaft, gingen aber nicht ins Haus. Am Rande des Weinberges war eine nette Laube, fast völlig versteckt zwischen Rebstökken. Die heranreifenden Weintrauben hingen an den Wänden der Laube, und zwischen Trauben und Blättern bot sich der Blick auf das weit bis nach Prag hin ausgebreitete Land. Prag war freilich nicht mehr zu sehen. Wir fühlten uns wohl, wenn auch die Atmosphäre in dieser Gegend schon durchtränkt war von Hitlers Raserei. Die Weinwirtschaft war deutsch.

Beim Anblick der Trauben fiel es einem schwer, nicht im Geist im Alten Testament zu blättern und an die berühmtesten Liebesverse in Salomos Hohellied zu denken. Ich war fünfunddreißig, war verliebt, und wohin ich damals auch sah, immer fielen mir lockende und süße Trauben in die Augen.

Mein Gott, war das schön! Und schön ist es immer noch!

Wir schauten in das schöne, weite Land und sprachen über Mácha und über seine merkwürdigen Reisen aus Leitmeritz nach Prag. Wenn Mácha abends seine Arbeit in der Kanzlei beendet hatte, legte er den Federkiel hin und ging zu Fuß nach Prag. Es war schon spät, aber trotzdem suchte er in Prag noch Lori auf und, da er über alle Maßen eifersüchtig war, gab es statt Küssen und Umarmungen heftigen Streit mit seiner Geliebten. Schade, daß ich nicht wiederholen kann, was Hora dazu sagte – es geht wirklich nicht! Dann stand der Dichter auf und machte sich wütend auf den Heimweg. Und am nächsten Tag amtierte er wieder im Notariat.

Der alte Herr lächelte. Die neue und offenkundig auch richtige Ansicht der Literaturhistoriker über den Dichter des «Mai», wie sie Hora geäußert hatte, war ihm doch ein wenig zu drastisch und schockierend, obwohl er sicher viel über Máchas Leben wußte. Jene Ansicht war ihm eben nicht angenehm.

Aber mein Gott! Ich sage *alter Herr*, dabei war er damals erst sechsundfünfzig! Heute bin ich fast zwanzig Jahre älter, als er damals war, und spricht man von mir als vom «alten Herrn», bin ich zwar nicht beleidigt – so dumm bin ich nun doch nicht –, aber auch heute fühle ich mich noch nicht alt genug für diese Anrede. Was für ein alter Herr! Was soll diese Ehre!

Auf der Rückfahrt nach Prag waren wir allein in einem kleinen Abteil. Und da wir noch kurz zuvor im Staub der letzten Wege des Dichters gewandert waren, verließen wir die Welt der Poesie auch auf unserer Heimfahrt nicht. Professor Pražák fing von Vrchlický an, den er so gut gekannt hatte. Er sprach von ihm mit der ganzen Güte seines Herzens. Das Lächeln, mit dem er hie und da seine Worte auflockerte, galt nur ihm. Pražák liebte und verehrte Vrchlický. Er sprach während der ganzen Fahrt; hörte er einmal auf, so baten wir ihn fortzufahren. Er sprach fesselnd und verriet manches, was wir kaum kannten und allenfalls ahnten. Und vieles erwähnte er, wovon wir nichts wußten.

Er schilderte Vrchlickýs Besuch in Pražáks Geburtsort Chroustovice, wo er mit dem Dichter in dessen Garten zusammenkam, um den sich nur Pražáks Vater kümmerte. Dann von der ersten Begegnung in Königgrätz. Dort sah er den Dichter bei einer Lesung, als er seine Gedichte vortrug, zum erstenmal. Und schließlich, wie er das erste Mal auch mit ihm sprach, als er seine Vorlesungen besuchte. Dann erzählte er, wie Vrchlický ihn bat, die Übersetzung der «Drei Musketiere» nach Diktat zu schreiben. So kam Pražák sogar in Vrchlickýs Familie und wurde Zeuge ihrer Freuden und Leiden. Er lernte alle kennen, besonders Frau Vrchlická, und war mitfühlender Beobachter der kläglichen Zerrüttung der Familie. Voll Rührung erzählte er von diesen traurigen Dingen, und bei aller Liebe und grenzenlosen Verehrung für den Dichter nahm er Frau Vrchlická in Schutz; gegen sie hat sich sehr oft die Meinung der Freunde und der Öffentlichkeit gewendet, soweit diese unerquicklichen Geschehnisse bekanntgeworden sind.

Jakub Seifert, ein sehr entfernter Verwandter von mir, wie mir Pražák zu beweisen versuchte, war die Ursache dieser Zerrüttung. Als dieser beim Prager Publikum ungewöhnlich beliebte Schauspieler in der Theatergarderobe einmal mit seinen Erfolgen in der Liebe prahlte, wies ihn Eduard Vojan empört und heftig zurück.

Lebhaft erinnere ich mich, wie Pražák uns schließlich ungewöhnlich taktvoll auch Vrchlickýs Episode mit Frau Bezdíčková darstellte. Die attraktive Dame, die in gewisser Hinsicht an Maupassants Heldin in «Bel ami» erinnerte, hatte Vrchlickkýs Liebe unentwegt zurückgewiesen. Sie war ihrem Beichtvater genauso hörig wie Frau Walter in Paris. Herr

Duroy freilich benahm sich wesentlich brutaler, als es Vrchlický gekonnt und fertiggebracht hätte. Und so nahm sich Frau Vrchlická der Angelegenheit an. Diskret und offenbar mit einer gewissen Gewandtheit arrangierte sie diese delikate Angelegenheit und überredete Frau Bezdíčková zur Liebe. Übrigens, «Die Blumen der Perdita», diese der Frau Bezdíčková gewidmete Gedichtsammlung, spricht deutlich genug davon.

Pražák verstand es, für alle diese Vorkommnisse einfühlsame und zarte Worte zu finden. Es war eine wahre Freude, ihm zuzuhören. Und in seinem ganzen Bericht gab es nicht einmal einen Schatten dessen, was man hätte erwarten können.

Als sich der Zug Prag näherte und wir aufstanden, schlug ich Pražák vor, diese Erinnerungen doch aufzuzeichnen. «Družstevní práce» würde sie sicher mit Freuden herausgeben.

Pražák versprach es – und versprach es auch nicht. Aber auch dieses vage Versprechen gab mir das Recht, ihn immer wieder zu mahnen. Kein anderer wäre dazu berufener gewesen. Es sei ewig schade, wenn gerade er seine Erinnerungen nicht aufschriebe. Es gab ja nur sehr, sehr wenige, die von diesen Dingen wußten. Pražák entschuldigte sich damit, daß er es nicht wage, über so persönliche Dinge zu schreiben, und daß er sich alles noch einmal überlegen müsse.

Während des Krieges, wahrscheinlich in den düsteren, wenn auch nicht hoffnungslosen Monaten, begann Pražák doch zu schreiben und beendete das Buch. So, wie Karel Čapek in den Tagen des Ersten Weltkriegs in der Übersetzung französischer Dichter Trost suchte, kehrte Pražák in die Vergangenheit zurück, zu diesem einzigartigen tschechischen Menschen, den er liebte.

«In Vrchlickýs Nähe» ist ein wunderschönes Buch. Eines der entzückendsten von Pražáks Büchern und eines der besten, die je über Vrchlický geschrieben wurden.

Es erschien in der «Družstevní práce» im Dezember 1945 und hatte bei den Lesern ganz offensichtlich Erfolg. In aller Bescheidenheit schreibe ich an diesem Buch auch mir ein kleines Verdienst zu.

Aber nochmals zurück zu den paar Augenblicken im Weinberg von Žernoseky.

Ein recht ansehnliches Mädchen im rot-grünen Dirndl brachte uns nicht nur eine ausgezeichnete Forelle auf Sardellenbutter, sondern auch einen hervorragenden, nein, lieber: einen geradezu herrlichen Weißwein.

Professor Pražák sprach ihr dafür ein galantes Kompliment aus. Das Mädchen errötete schön, und das stand ihm gut. Oh, hoffentlich ist aus ihr später nicht eine Nazi geworden!

Mein Freund Frantisek Čebiš pflegte vom Žernoseker Wein zu sagen, das sei der Wein, der von allen Weinen, die bei uns gedeihen, das lieblichste Bukett habe.

Und Čebiš hat von Weinen etwas verstanden!

Der Danse macabre in Smíchov

Männer kennen sich in vielem, oder besser: in allem aus. Sie beherrschen komplizierte Mechanismen und beugen sich weniger verlegen über eine kybernetische Maschine als eine Tippmamsell über ihre Schreibmaschine. Nähern sie sich aber einer Frau, verstehen sie sie oft überhaupt nicht. Ich weiß, man wird einwenden, die Frau sei eben keine Maschine. Das ist sie ganz gewiß nicht, aber trotzdem! Andere Männer berechnen mit Bravour die Abweichung der Bahnen nie gesehener und unsichtbarer Sterne, aber mit den Frauen, denen sie auf deren Umlaufbahnen täglich begegnen, kennen sie sich nicht aus. Das so Außergewöhnliche und Einmalige im Verhalten und in den Gebärden der Frauen entgeht ihnen einfach.

Auch Schriftsteller waren so! Auf den Seiten ihrer Bücher ergründeten sie überzeugend die Seele der Frau, denn auf Psychologie verstanden sie sich ja, aber ihre Ehen sind durch eigenes Verschulden kläglich gescheitert. Und das waren berühmte und hochangesehene Schriftsteller. Und am schlimmsten ergeht es gewöhnlich denen, die in den Gärten der Philosophie wandeln.

Als ob das anziehende Geheimnis der Frau überhaupt ein Geheimnis wäre! Oder ist es doch eins?

Ich will aber von Karel Teiges Tod erzählen und fange ganz unpassend beinahe mit dem Ende an. Doch man muß von Anfang an erzählen. Der Tote selbst verlangt es.

Als Teige und ich uns entschlossen, zum erstenmal nach Paris zu fahren, überredete er mich, wir sollten uns für die Reise neue, schöne Anzüge machen lassen. Um unser Land zu repräsentieren, was ja niemand von uns verlangte, aber auch um ein wenig unsere moderne Kunst zu vertreten, und das wollten wir selber. In Prag gingen wir nicht gerade elegant gekleidet.

Teige kannte auf der Národní třída einen bekannten Schneider, Herrn Turek, der seine Werkstatt über dem einstigen Café «Union» hatte. Er war nicht irgendein Schneider, auch nicht gerade billig. Ich hatte nur sehr wenig Geld und schwankte etwas, schließlich ließ ich mich überreden. Herr Turek suchte uns einen grauen englischen Stoff aus, den man «Pfeffer und Salz» nennt, und bald waren unsere Anzüge fertig. Schon vierzehn Tage später schlenderten wir darin über die Boulevards mit «köstlich abgewetzten» Hütchen, wie Milena Jesenská, damals noch Modereferentin, zu sagen pflegte.

Der Eiffelturm, den wir vorher recht andächtig angebetet hatten, sah gleichgültig auf uns herab.

Auch wenn es regnet, ist es in Paris wunderschön. Und erst recht bei Sonnenschein. Damals war ein duftiger Sommertag, und wir waren mit dem Maler Šíma verabredet. Wir suchten die Rue Séguier 14, als vor uns eine schöne junge Frau aus einem Auto sprang. Selbstverständlich war sie elegant. Sie war wie aus einem Roman der Colette ausgeschnitten. Ihre Augen waren von keinem Schleier verdeckt, und an ihrem Handgelenk klimperte das glitzernde Gold der Armbänder. Sie schwebte in einer Parfümwolke an uns vorbei, und wir waren so verzaubert, daß wir stehenblieben und einander ansahen.

«Schade, daß ich keine Zeit hab'», sagte Teige auf einmal, «mit der würde ich anbändeln!»

Zwar überraschte mich das ein wenig, aber Teige sagte das mit einer solchen Selbstverständlichkeit, daß ich schwieg. Übrigens haben wir einander in solche und ähnliche Dinge nie hineingeredet.

Heute, nach fünfzig Jahren, erkenne ich, daß mein Staunen überflüssig war. Ein Mann ist nun mal ein Mann und soll seine Ziele immer etwas höher als sein Können stecken. Übrigens entstehen nur so jene schönen und interessanten unglücklichen Lieben, von denen die Leser so gerne lesen.

Ade, Paris, du wirst nie wieder so schön sein!

Als wir nach Prag zurückkamen, waren wir etwa fünfundzwanzig Jahre alt, in unseren Augen leuchteten Begeisterung und Sehnsüchte! Schade nur, daß wir uns damals der Gegenwart unseres Glücks so wenig bewußt waren. Leider kommt man erst dann darauf, wenn alles schon vorbei ist.

Devětsil wuchs, es kamen ständig neue Mitglieder hinzu. Um so mehr überraschte es uns, daß Teige anfing, die Zusammenkünfte in der «Slávia» zu schwänzen. Er kam unregelmäßig und verschwand immer spurlos. Abends überredete er uns nicht mehr, in die Bars zu gehen, wo die Saxophone zu den Tänzen verführerisch seufzten und die Tänzerinnen ihre offenen Arme anboten.

Toyen – damals nannten wir sie noch Manka – sagte es Teige rundheraus:

«Du hast dich verknallt, nicht wahr?»

Etwas verlegen gab es Teige zu. Seit seiner Jugend bekannte er sich zum Recht auf freie Liebe. Die Ehe – das war ein bürgerliches Überbleibsel.

Einmal trafen wir Nezval auf der Straße, der gerade ein Bügelbrett nach Hause trug. Offenbar hatte man ihn damit nicht in die Straßenbahn gelassen. Er hielt das Brett wie eine Gitarre, was ganz komisch aussah. Toyen lachte laut heraus, und Teige war böse ironisch. Nezval, ganz rot, war verlegen.

Das Leben ging weiter und floß dahin, es donnerte und

verstrich. Jeden Tag starben wir ein wenig, wie Tristan Tzara meinte, aber niemand dachte über die Zeit nach. Wir brachten Buch auf Buch heraus, und unsere Taschen waren prall gefüllt mit Gedichten. Wir wollten ein «Bürgerschreck» sein, waren es aber wahrscheinlich zu wenig. Die Bürger hatten keine Angst vor uns.

Im Jahr 1929 unterschrieb auch ich ein Manifest von sieben Schriftstellern. Ich war der Jüngste. Meine Freunde Teige, Nezval, Halas und Píša gaben mit anderen Autoren ein Gegenmanifest heraus, und ich wurde auf Vorschlag von Julius Fučík aus dem Devětsil ausgeschlossen.

Das tat mir damals nicht mehr so weh. Die schöpferische Sendung des Devětsil im tschechischen Kulturleben ging langsam zu Ende, und seine schöne und reiche Geschichte näherte sich ihrem Abschluß.

Die Mitglieder brauchten allmählich keinen jungen Verein mehr, damit er ihnen bei ihrer Arbeit helfe. Viele Anliegen der Avantgarde-Generation waren schon durchgekämpft, und jeder von uns war so weit fertig, daß er seinen eigenen Weg gehen und nicht durch die Spielregeln eines Vereins gefesselt sein wollte, die wir uns für Devětsil ausgedacht hatten und die Teige recht streng durchsetzte.

Zudem begannen in die regelmäßigen Zusammenkünfte unsere Damen direkt und indirekt einzugreifen, und so blieben immer mehr Stühle um den Tisch leer.

Man kennt das ja. Wenn Frauen wollen, können sie Reiche zerstören. Was ist da für sie ein Künstlerverein. Aber es waren ja nicht die Frauen, die die schönen Freundschaften des jungen Vereins zerstörten. Nein, die Frauen waren es wirklich nicht.

Nezval erzählt in seinen Erinnerungen, wie ich Abend für Abend, nachdem ich mich spät abends von meiner Freundin verabschiedet hatte, dorthin eile, wo ich meine Freunde vermutete. Nezval hatte recht – so war es. Vor allem nach Teige sehnte ich mich aber; ich hatte immer das Bedürfnis, mit ihm zu sprechen. Er wußte stets Rat und war ein unermüdlicher und verläßlicher Freund.

Was mich beim Auseinandergehen am stärksten traf, war, daß die Freundschaft mit Teige ein wenig angeknackst war. Obwohl wir uns anfangs beide bemühten, es nicht dazu kommen zu lassen, sahen wir uns immer seltener. Und als Nezval und Teige später den Surrealismus aus Paris mitbrachten, kam ich mit beiden seltener zusammen. Sie hatten neue Freundschaften mit französischen Künstlern geknüpft, und Nezval stürzte sich mit seiner ganzen brutalen Robustheit in den Strom der neuen Bewegung. Während Teige sein Interesse außer auf den Surrealismus auch auf die moderne Architektur konzentrierte.

Und so begann ich die Stufen in die «Slávia» zu meiden und fleißiger die «Réva» in der Voršilská-Gasse zu besuchen, wohin ich schon früher mit Hora und Halas gegangen war. Dort traf ich auch Mathesius und manchmal Holan. Selten Josef Palivec. Devětsil wurde für mich mit der Zeit zu einer lieben, aber ein wenig bitteren Erinnerung und Vergangenheit!

Ich wohne nicht allzuweit vom Krankenhaus in Motol. Seit Jahren schon, immer in der Vorwinterzeit, sammeln sich über dem Krankenhausgelände die Raben und zerreißen mit ihrem unangenehmen Geschrei die Stille. Und sie fliegen auch zu uns herüber. Manchmal haben wir den Himmel voll von ihnen. Und hier, an dieser Stelle des Buches und in dem Augenblick, in dem das Geschrei der Raben zu mir dringt, wie das Memento der Zeit, die sich für mich schon erfüllt, möchte ich meinem geliebten, toten Freund noch danken. Solange ich noch ein wenig Zeit habe! Bevor es zu spät wird!

Es war nicht wenig, was er mir gab – außer der schönen Freundschaft. Und es war mehr, als meine jugendliche Einbildung zugab.

Er erschloß mir Schritt für Schritt die Welt der modernen Kunst, die ich nicht kannte und bei meinen geringen Sprachkenntnissen auch nicht kennen konnte. Ich mochte die Poesie, aber Teige lehrte mich, sie zu lieben, ebenso wie die bildende Kunst. Er lehrte mich moderne Bilder und Skulpturen zu betrachten. Und lehrte mich die Vorsicht, die in der Welt der

Kunst notwendig ist. Nicht alles ist Kunst, was sich so nennt, was man uns als Kunst darbietet und was uns manchmal als Kunst aufgezwungen wird.

Ich erinnere mich, wie der noch sehr junge Teige mit seinem Freund Vladimír Štulc, der über Musik schrieb und später auch Mitglied des Devětsil wurde, die Proben des Tschechischen Quartetts besuchte. Es war eine Familienfreundschaft, ich weiß nicht mehr, was für eine. Teige hatte Musik zwar gern, verstand aber nicht allzuviel von ihr. Und nach einer Probe äußerte er den für ihn bezeichnenden Verdacht, ob der Primgeiger K. Hoffmann auf seinem Instrument nicht nur *so* schön spiele, wie Švabinský male. Und als jemand in der Presse eine vergebliche Umfrage startete, um statt des deutschen Wortes «Kitsch» (tschechisch kýč) ein tschechisches zu finden, schlug Teige ohne Zögern, aber ein wenig hart «R. U. R.» vor. Dabei kannten wir die Čapeks gut und liebten ihre «Leuchtende Tiefen», «Rübezahls Garten» und «Martersäule». Und auch den Namen Devětsil verdankten wir ihnen.

Nur in einer Sache hatte Teige bei mir keinen Erfolg. Hartnäckig, aber vergeblich redete er mir zu, moderne Tänze zu lernen. Er bot sich sogar an, mich selbst zu unterrichten, und Nezval sollte zu diesen Tanzstunden Klavier spielen.

Teige tanzte gern und voller Hingabe. Mit einem Reißnagel hatte er an seinem Bücherschrank das Titelblatt einer alten Nummer von «L'Illustration» mit einer entzückenden Zeichnung von Gavarni befestigt, auf der ein blutjunges Mädchen, soeben vom Ball heimgekommen, noch im Ballkleid am Tisch eingeschlafen ist; und darunter standen die nur leicht variierten Worte Christi: «Vieles wird ihr vergeben werden, denn sie hat viel getanzt.»

In den dreißiger Jahren traf ich mich mit Teige nur selten und eher zufällig. Dafür aber öfter während des Krieges, als die «Družstevní práce» bemüht war, Schriftstellern, die nicht publizieren konnten oder durften, das Leben möglichst zu erleichtern. Zusammen mit Pavel Eisner war es auch Teige, der unter ihrem freundlichen Dach Zuflucht fand. Es gab damals eine Art Vertrag, aufgrund dessen man Teige einen Vorschuß gewähren konnte. In die Sache selbst war ich aber nicht mehr eingeweiht.

Nach dem Krieg traf ich Teige öfter. Er pflegte in Ota Girgals Buchhandlung zu kommen. In dem kleinen und engen Raum «U Anděla» in Smíchov war es manchmal ganz voll. Früher kam auch Josef Hora, wenn er aus seiner Wohnung in Košíře vorbeifuhr, und auch St. K. Neumann stellte sich ein. Girgal kaufte von Teige, sicherlich großzügig, Bücher für sein Antiquariat, denn auch nach dem Krieg ging es Teige keineswegs gut.

Mit alter Begeisterung, die ich von den Anfängen des Devětsil so gut kannte, erzählte mir Teige von einer kleinen Gruppe seiner Freunde, surrealistischen Malern und Dichtern, mit denen er zusammenkam. Unter ihnen auch Mikuláš Medek und Vratislav Effenberger. Teige arbeitete zu dieser Zeit an einer Phänomenologie der modernen Kunst, an Büchern, die er schon während des Krieges geplant hatte und die man in der «Družstevní práce» in Erwägung zog.

Schon damals klagte er über Magenschmerzen. Diese Krankheit wurde auch behandelt, aber die Schmerzen ließen nicht nach. Es war ja nicht der Magen, und es war auch nicht Krebs, vor dem er Angst hatte. Es war das Herz. Daran hatte er nicht gedacht.

Teige starb am 1. Oktober 1951. Es war ein bedrückender Herbsttag. Das Elektrokardiogramm hatte gelogen. Der Arzt, der es kurz vor Teiges Tod las, konnte aufgrund der Aufzeichnung des Apparats nichts anderes feststellen, als daß Teiges Herz völlig normal arbeitete. Das stimmte nicht. Normal arbeitete es schon lange nicht mehr. Das Herz war so zerklüftet, daß der Arzt, der später die Obduktion vornahm, nicht glauben wollte, daß er mit diesem Herzen und dazu noch so lange hatte leben können.

Das war die Folge der intensiven Arbeit, die ihn buchstäblich um den Schlaf brachte. Er arbeitete ganze Nächte durch. Abends nach 22 Uhr setzte er sich zu Hause an den Schreibtisch und arbeitete bis zum Morgengrauen. Ihn trieb die Furcht an, sein Buch nicht vollenden zu können. Denn zu jener Zeit wurde er in scharfer und ungerechter Weise in der Prager Presse systematisch angefeindet. Er war völlig wehrlos, und so sind nach seinem Tod verschiedene Gerüchte aufgekommen, die auch durch das Schweigen verursacht wurden, das plötzlich seinen Tod, seinen Namen und selbstverständlich seine Bücher umgab.

In seiner Monographie über die Malerin Toyen führt André Breton eines dieser Gerüchte als Tatsache an: Karel Teige soll in dem Moment, da er verhaftet wurde, Gift genommen, und seine Frau soll sich gleich danach aus dem Fenster gestürzt haben. Tatsache ist, daß Teige weder verhaftet noch verhört worden ist.

Die allerdings ebenso dramatischen Ereignisse spielten sich in Wirklichkeit anders ab.

Es gibt Frauen – meist sind es jüngere, aber manchmal auch ältere –, die, wenn ihnen das Unglück widerfährt und ihr Mann stirbt, vom Begräbnis heimkommen und weinen. Sie weinen einige Tage. Dann wischen sie sich die Tränen ab, pudern sich die Nase und schauen sich in der Welt um. Ich werfe ihnen das nicht vor. Das Leben ist eben so. Und ich halte zu den Frauen.

Der wunderbare französische Dichter Alfred de Vigny, der selbst in einer wackligen Ehe lebte, sagte von den Frauen, sie seien Vernichterinnen der Verzückung. Nicht alle! Unser Petr Bezruč zitierte mit Vorliebe einen Aphorismus über die Frauen: «Die Mutter ist die einzige Frau, die einen Mann uneigennützig liebt», und setzte hinzu, daß das die Franzosen sagen und die seien doch ganz entschiedene Frauenkenner.

Ich lasse mir von niemandem den Mythos entreißen, mit dem die Männer seit altersher die weibliche Schönheit bekränzen. Weder Alter und Krankheit, noch Schmerz, ja nicht einmal Enttäuschung, die wohl das Schlimmste ist, können meine alten Augen um dieses schöne Bild der Frau bringen. Ich bin eben ein starrsinniger Feminist. Und ich verteidige die Frauen, obwohl sie das heute nicht mehr brauchen. Sie tun es selbst gut genug.

Diese paar Sätze über Frauen sind das Vorspiel. Der Vorhang hebt sich, und auf der Szene steht ein Mann mit seiner Frau. Jemand klopft an der Tür, und eine zweite Frau tritt ein. Um Gottes willen, nein, hier beginnt keine der Ehekomödien, wie wir sie dutzendweise aus allen Theatern kennen. Im Gegenteil, es beginnt eine einmalige Handlung: die Tragödie eines Mannes und zweier Frauenherzen.

«Wie Sie wissen», schrieb mir Teiges junger surrealistischer Freund Vratislav Effenberger, «war Karel Teige in seinem Romantismus von der freien Liebe eingenommen. Seine Frau liebte er aufrichtig. Und als er zu Anfang des Krieges Fräulein E. kennenlernte, suchte er sich selbst und beiden Frauen zu beweisen, daß ihre Beziehung glücklich und harmonisch sein könne.»

Ich wußte von Teiges neuem Verhältnis. Seine Frau kannte ich noch aus der Zeit meiner Jugend. Sie war eine ernste, reizvolle und liebenswerte Frau. Seine Freundin lernte ich nur oberflächlich bei Girgal kennen. Auch sie war eine ungewöhnliche Frau, auch sie anziehend und sicher interessant. Bei einer unserer Begegnungen lud mich Teige herzlich zu sich in die Šalamounka in Smíchov ein. Das war nicht lange vor seinem Tod. Wie leid tut es mir, daß ich der Einladung nicht gleich gefolgt bin. Kurz darauf war es schon zu spät.

Nie zweifelte ich an dem Ernst seiner Beziehungen zu den beiden Frauen. Er wollte und sicherlich konnte er auch nicht Schauspieler in einem banalen Ehedreieck sein. Ich wundere mich nur, wie dieser ungewöhnlich scharfsinnige und gescheite Mensch annehmen konnte, er würde zwischen den beiden Frauen ein ruhiges und harmonisches Verhältnis schaffen können. Er hätte wissen müssen, daß, wenn es um echte Liebe geht, derartiges unter Frauen unmöglich ist. Er selber konnte beide Frauen aufrichtig lieben, aber eine Frau, wenn sie liebt, kann in ihrer Liebe mit niemandem teilen. Das lastete auf ihm wie eine schwere Bürde, es kostete ihn viel ständige Anspannung. Und seinem niedergeschlagenen kranken Herzen gab es keine neuen Kräfte. Offenbar litten alle drei darunter.

Abend für Abend arbeitete Teige zu Hause. Erst gegen Morgen ging er zu Bett, vormittags schlief er. Mittags besuchte er seine Freundin, die nahe am Arbes-Platz in Smíchov wohnte. Dort aß er zu Mittag, und am Nachmittag half ihm Fräulein E. beim Exzerpieren für sein Buch. So vergingen die Tage, und so vergingen drei Jahre von 1949 bis zum Oktober 1951.

An jenem schicksalhaften Oktobertag entschloß sich Fräulein E., Teige, der nicht kam, entgegenzugehen. Sie hatte lange vergeblich gewartet. Unterwegs verpaßten sie sich. Erst auf dem Rückweg traf sie Teige auf der Verkehrsinsel am Arbes-Platz. An die gußeiserne Säule gelehnt, rief er sie. Sein Gesicht war von einem schmerzhaften Krampf verzerrt und schon vom Tod gezeichnet. Mühsam brachte sie ihn in ihre Wohnung. Das Gehen war für ihn nur noch eine Qual. In der Wohnung setzte er sich hin und fühlte sich beklommen und schlecht. Sie eilte, einen Arzt zu holen, es dauerte aber eine Weile, bis sie ihn erreichte. Als sie zurückkam, war Teige tot. Ohne zu überlegen, entschloß sie sich, auch zu sterben. Zuerst mußte sie aber Teiges Frau von seinem Tod verständigen. So schrieb sie einen Brief: «Karel ist nicht mehr. Er starb heute mittag.» Und schickte ihn mit einem Taxifahrer in die Šalamounka.

Teiges Frau las die Nachricht und verbrannte sofort seine gesamte Korrespondenz. Das war nicht wenig. Obwohl er mit beiden Frauen täglich beisammen war, schrieb er beiden fast täglich Briefe. Und nach dieser traurigen Zeremonie vergiftete sie sich mit Gas.

Fräulein E. lebte nur noch wenige Tage. Sie nutzte die Zeit, um die Manuskripte, soweit Teige sie bei ihr hatte, zu ordnen und sie den Freunden zu übergeben. Dann folgte sie Teiges Ehefrau. Sie öffnete den Gashahn.

Mit ihrem Tod endete dieser traurige Totentanz, von dem die Öffentlichkeit nicht viel erfuhr «dank» den Maßnahmen, die auf Teiges Tod folgten.

Mit was für einem schönen und ungewöhnlichen Menschen und Künstler haben wir doch gelebt! Welche Kräfte hat seine starke Persönlichkeit ausgestrahlt!

Die Friedhofshalle war bei Teiges Begräbnis beinahe leer. Nur ein paar seiner jungen Freunde waren da, die ich damals noch nicht kannte.

Von Freunden und Bekannten unserer Generation – der Generation Teiges und nicht Wolkers, wie sich schon eingebürgert hatte – war keiner da. Mit dem treuen Maler Muzika standen wir allein hinter leeren Stühlen.

Auf dem Bahnsteig in Kralupy

Es war zu Ende des verfluchten Krieges, in der zweiten Märzhälfte des Jahres fünfundvierzig, als eine meiner Verwandten etwas heftig an unserer Gartentür klingelte. Eine ältere Frau. Sie hatte früher in Kralupy gelebt, und nachdem sie umgezogen war, fuhr sie nur gelegentlich nach Kralupy auf den Friedhof. Sie wohnte in Prag nicht weit von uns. Dort auf dem Friedhof in Kralupy hatte sie an dem schicksalhaften Märztag Augenblicke der rasenden Bombardierung der Stadt erlebt.

Gleich am nächsten Tag kam sie zu uns und war noch voll des Grauens. Die auf die Stadt fallenden Bomben überraschten sie zwischen den Gräbern. Der Friedhof liegt über der Stadt in der Nähe der alten Erdölraffinerie, der Petrolejka, wie man sie dort nannte.

Die alte Frau ließ sich schnell zwischen zwei Gräber fallen und preßte das Gesicht an eines von ihnen. In schrecklicher Angst fing sie an, zu den Toten in der Erde unter sich zu beten, die sie so gut kannte. Die Luft war schon frühlingshaft mild, und die erwachte Erde begann zu duften. Die Frau hatte nicht nur in den Haaren Erde, sondern auch im Mund. Die Erde knirschte zwischen ihren Zähnen. Wie nah hat es der Mensch zur Erde!

Verworren, aber trotzdem eindringlich schilderte sie uns den Verlauf der Bombardierung. Es schien ihr, als ob die

Bomben neben ihr aufschlagen würden, auf dem Friedhof selbst. Die Gräber erbebten, als ob sie lebendig wären. Und die Grabmäler mit ihnen. Was für eine irre Vorstellung – ein lebendiges, sich bewegendes Grab! Sie stand nicht auf, auch nicht, als der Alarm abgeblasen wurde. Noch geraume Zeit blieb sie wie tot dort liegen. Aus ihrer Deckung zwischen den Gräbern konnte sie fast nichts von dem sehen, was unten in der Stadt vorging. Aber sie erblickte doch die Luftwirbel und Staubwolken, die sich über den getroffenen Häusern wie unheilvolle schwarze Flügel erhoben, während die Mauern in ihre Fundamente zusammenbrachen. Der Druck der Luftwellen nach den einzelnen Detonationen drang wuchtig bis auf den Friedhof, und die Papierblumen raschelten auf den Kränzen vom Vorjahr. Als die Stille doch schon lange anhielt, stand sie langsam auf und verließ zögernden Schrittes den Friedhof. Auch von der Straße, die vom Friedhof zur Stadt hinabführt, war noch nicht zu sehen, was in der Stadt geschah. Die Straße machten einen Bogen um den ehemaligen städtischen Schlachthof, zu dem Stufen von der Straße hinunterführten. Man konnte sich den Weg in die Stadt so um ein paar Minuten abkürzen. Wenn man an diesem Schlachthof im Sommer vorbeiging, sah man dort Schwärme metallgrüner und schwarzer Fliegen, die sich summend auf den Blutlachen und auf den Bütten voll eingeweichter Därme niederließen.

Einige Schritte von diesem Schlachthof entfernt war ein unscheinbares Häuschen, das dazugehörte und das fast verloren inmitten eines Gärtchens lag. Dieses Gärtchen hatte mich schon seit meiner frühesten Jugend maßlos fasziniert. Bis zu seinem kläglichen Ende. Wir gingen dort oft vorbei, und es geschah nie, daß wir im Frühling oder im Sommer nicht wenigstens für einen Augenblick stehengeblieben wären. Neugierig schauten wir hinter den wild überwucherten und verwahrlosten Zaun, der unter der Last des Grüns auf den Weg sank. Durch Lücken zwischen den wilden Obstbäumen drängten sich die satt duftende Melisse und die Minze, die mit ihrem Duft auch den Geruch von Menschenblut überdeckt, wenn man ihr frisches Blatt zwischen den Fingern zerreibt. Sicher wurde das Gärtchen mit Abfällen vom Schlachthof reichlich gedüngt. Alles wuchs hier wild und stürmisch, drunter und drüber, eines ins andere. Und so bot es, obwohl anscheinend einst im gepflegten Stil unserer Großmütter und Urgroßmütter angelegt, doch ein ziemlich ungewohntes Bild.

Ich kannte viele Gärten, die schöner waren, aber in diesem wuchsen eine Menge Blumen, die ich gern hatte. Und die ich eigentlich bis heute mag. Altmodische und längst nicht mehr moderne. Bis heute liebe ich das zarte Tränende Herz. Es gab dort mehrere Sträucher davon. Ihre rosa Herzchen mit weißem Flämmchen, am Stengel vom Kleinsten zum Größten aufgereiht, sind lieblich und zum Weinen zärtlich. Jeder sieht sie gern an und denkt dabei an etwas Schönes. Und überhaupt liebe ich diese Blümchen aus alten Gärten, und ich liebte sie schon, bevor ich ihr aufrichtiges Lob in Čapeks Feuilletons las. Aber ich müßte mir Vorwürfe machen, würde ich die bescheidene grüne Reseda vergessen, die in den Sonntagssträußen der Dorfmädchen nie fehlen durfte. Schön waren auch die Wilden Nelken. Ihre Blüte roch zwar nicht, erinnerte aber an einen Strauß von Tränen, der mit einem Baumwollfaden zusammengebunden ist. Wenn der Sommer kam, füllte sich das Gärtchen mit den Blüten der erstaunten Arnika, und neben ihnen dufteten die dunkelbraunen Levkojen. Ihr samtiger Duft war berauschend. Und hinter ihnen, wie auf Wache, standen die Malven. Die gab es in Mengen und sie leuchteten mit ihren Kokarden schon von weitem. Und unter ihnen war eine Bank, ganz bewachsen mit hellgrünen Flechten. Aber niemals saß jemand auf ihr.

War das eine Pracht! Diese Blümchen stickten sich die Mädchen früher in ihre Brautausstattung. Und mit getrockneten Blumen brachten sie den Duft in ihren Kleiderschrank.

Als meine Verwandte über die Treppe zum Häuschen hinunterlief, trug man gerade aus den halbzerstörten Mauern eine Tote heraus. Das Häuschen war zum Teil getroffen worden, und es waren Menschen darin, die sich zufällig dorthin geflüchtet hatten. Der Garten um das Haus war von Dachziegeln und Ziegelscherben fast völlig durchpflügt.

Als die Frau die Tote – sie war eine Bekannte von uns – sah, floh sie. Aber sie flüchtete aus einem Grauen in viele weitere. Der Anblick der Straßen von Kralupy war entsetzlich. Es gab zahlreiche Opfer. Und auch zerstörte Häuser. Zwei Drittel aller Dächer waren gänzlich oder zum Teil zerstört. Kralupy war nach den offiziellen europäischen Statistiken unter den zehn am meisten betroffenen Städten dieses Erdteiles. Nach Guernica, Coventry, Warschau und Nürnberg.

Die ganze Stadt war mit einer dicken Schicht von grauem Staub bedeckt. Wohin man auch ging, überall hinterließ man Fußspuren. Nur die Fabrik, die angeblich zerstört werden sollte, blieb unversehrt. Die riesigen Erdöl- und Petroleumtanks, dunkel und monströs, blickten wie spöttisch auf die zerstörte Stadt. Auch der Friedhof blieb verschont. Es ist schon fast grotesk, aber den Toten in ihren flachen Unterständen geschah gar nichts.

Nach diesem unseligen Besuch der Unheilsbotin nahm ich mir vor, gleich in die unglückselige Stadt zu fahren, wo ich schon in meiner Jugend jedes Jahr einige glückliche Wochen verbracht hatte und die, obwohl nicht besonders anziehend, mir doch ans Herz gewachsen ist. Der Krieg ging aber schon zu Ende, und die Fronten kamen näher. Auch erwarteten wir, die Deutschen würden bei uns wütend die Tür zuknallen, wenn sie abziehen müßten, und so verschob ich die Reise auf ungewisse Zeit.

Ich fuhr dann wie alljährlich erst fast vor Weihnachten nach Kralupy. Das ist eine freudige Zeit, namentlich wenn sich der Winter schon ein wenig ankündigt, wenn es schneit und wenn erleuchtete Schaufenster in das Schneetreiben strahlen. Zu dieser Zeit verweile ich gerne unter meinen Toten. Dort sind alle, die mir nahegestanden haben und die ich von ganzem Herzen gern hatte. Sie liegen nebeneinander, und es will mir scheinen, daß sie mich aus leeren Augen anschauen und daß ich ihnen zulächle. Also, wie geht's ruch hier, meine Lieben? Ich weiß ja, das ist dumm! Sie sind ja nur mehr tot, und trotzdem haben sie noch Macht, viele angenehme und liebe Erinnerungen zu wekken. Besonders in dieser Vorweihnachtszeit.

Manchmal fällt mir ein, welch eine Macht die Vergangenheit besitzt, besonders die noch nicht allzu ferne. Sie saugt uns in sich hinein, zieht uns an sich, in die unmittelbare Tiefe der Zeit, wo uns vieles oft schöner und feierlicher erscheint. Obwohl alles ganz anders war. Vergeblich verfluchen und beschwören wir unser gegenwärtiges Sein, vergeblich machen wir uns unsere Fehler, Irrtümer und offenkundigen Bosheiten von gestern bewußt. Das Jetzt scheint uns zu alltäglich, nüchtern, unerwünscht und selbstverständlich. Gerne setzen wir uns an den Tisch, an dem einst unsere Eltern und Urgroßeltern gesessen, gerne trinken wir aus alten Tassen und Gläsern, aus denen sie getrunken, und schauen neugierig durch Fenster, durch die sie geschaut haben, möchten gerne das Schweben ihrer Mäntel oder das Wippen der alten geblümten Röcke sehen. Als ob wir dort etwas von unserem längst vergangenen Glück erhaschen könnten. Ich denke oft an die schweren, geschliffenen Teegläser. Sie waren zum Trinken bestimmt, man konnte sich aber an ihnen auch die klammen Finger wärmen. Und ich frage in diesem Augenblick, ob wir es sind, die zu unseren Toten zurückkehren, oder ob sie zu uns kommen. Die Teegläser habe ich schon lange nirgendwo gesehen.

Als ich am ersten Weihnachtsfeiertag nach Kralupy kam, an die bekannte Tür klopfte und die Tür sich öffnete, wehte mir ein vertrauter Duft entgegen. Auf dem Brett lagen acht frisch gebackene Weihnachtsstollen. Einer wie der andere, geradezu auffallend gleich. Sie waren ganz golden und nur in einen Schleier aus Staubzucker gehüllt, der mit den gerösteten Edelsteinen gehackter Mandeln durchwoben war. Das alles für drei Töchter, die in Prag wohnten. Die vierte blieb zu Hause, sie war krank und hat nie geheiratet. Sie lenkte aber die ganze Familie mit gütiger Strenge. Auch mich. Früher hatte ich ehrliche Angst vor ihr. Ich hatte und habe noch immer eine schändliche Handschrift, und so mußte ich während der ganzen Ferien Tag für Tag einige Seiten im Heft abschreiben, um meine Hand weich zu machen, wie man damals sagte. Eine schöne Handschrift war ja damals nichts Überflüssiges. Schreibmaschinen gab es noch nicht, alles schrieb man mit der Hand, und für einen Beamtenposten kam man nur mit einer gefälligen kalligraphischen Schrift in Frage. Meine Mühe war umsonst. Es ging nicht. Die Tante war verzweifelt und ich auch.

Kaum war ich in diesem historischen Jahr fünfundvierzig aus dem Bahnhof in Kralupy hinausgetreten und hatte mich in den Straßen umgesehen, wurde mir klar, daß der Schatten der Märzkatastrophe noch über der Stadt lag. Sie kam mir vor wie ein schwer verwundeter Patient im Krankenhaus, den die Schwestern waschen und für das Bett zurechtmachen. In Prag strahlten schon die Schaufenster, und die Straßen waren voller Menschen, die Straßen in Kralupy zeigten sich grau und fast menschenleer. Nirgendwo etwas Festliches. Als ob der Wind an den Straßenecken statt Kehricht Schmerz, Tränen und Seufzer aufwirbeln würde. Überall stapfte man über traurige und häßliche Erinnerungen. Als ich vom Friedhof zurückkam, ging ich von Trümmerhaufen zu Trümmerhaufen, von Baulücke zu Baulücke und stellte mir im Geiste die Häuser vor, die dort gestanden hatten. Ich war mit ihren Fassaden vertraut, ich kannte auch die meisten ihrer Bewohner. Die Trümmer waren schon zum größten Teil weggeräumt, aber auch die Baulücken, leer und erbärmlich, klagten an. Ich suchte alle drei Häuser auf, in denen wir gewohnt hatten. Wir waren von einem ins andere umgezogen, nicht aus Rastlosigkeit, sondern weil wir eine niedrigere Miete zahlen wollten. Alle drei Wohnungen waren aber geräumig und auf ihre Art auch schön. Am besten erinnerte ich mich freilich an die dritte, die im Haus der Post war und wo wir am längsten gewohnt hatten. Das zweite Haus, U Jiterských, fand ich ziemlich ramponiert. Aber nicht die raschen Bomben, die langsame Zeit hat seine Fassade abgeblättert.

In diesem Haus durchlebte ich einige heiße Stunden. Einmal um Mitternacht brach im Hof ein Feuer aus. Die Metzgerei und Selcherei brannte. Und gleich daneben stand ein Schuppen mit Benzinfässern. Bald kam die Feuerwehr. Da hörte man jemanden schreien. Man konnte das schwere Eichentor nicht öffnen. Ich fing an zu zittern. Mir fiel ein, wie ich am Nachmittag, als ich am Haus herumlungerte, einen blechernen Hosenknopf ins Schlüsselloch gesteckt, ihn dann nicht mehr herausbekommen und schließlich steckengelassen hatte. Nach langer Anstrengung gelang es dann, das Tor aus den Angeln zu heben, so daß man ins Haus eindringen und Schläuche legen konnte. Der Brand wurde zwar in kurzer Zeit, doch erst im letzten Moment gelöscht. Der Schuppen fing schon zu brennen an, und man konnte die Fässer durch das Feuer nicht heraustragen. Alles ist gut ausgegangen, aber bis zum Morgen saß ich zähneklappernd im Bett, und das Herz schlug mir bis zum Halse.

Ich muß gestehen: Zum erstenmal bin ich diesmal aus Kralupy feige davongelaufen. Erst als ich auf den Bahnsteig trat, hatte ich ein Gefühl der Erleichterung; als ob ich mich mit diesem einen Schritt aus etwas Traurigem und Verzweifeltem gerettet hätte. Wann der Zug abfahren sollte, wußte ich nicht. Es gab noch keinen genauen Fahrplan. Zudem hatte der Zug aus Bodenbach auch noch eine Stunde Verspätung. Ich ging auf dem Bahnsteig auf und ab wie damals, als hier noch der frühabendliche Korso stattfand. Am Sonntag promenierte man über den Ring und an Wochentagen – nicht regelmäßig - auf dem Kraluper Bahnsteig. Vielleicht deshalb, weil hier doch etwas los war: Menschen kamen an und fuhren fort, Lokomotiven pfiffen und Güterwagen wurden rangiert. Hier geschah eben mehr als in den stillen Gassen. Der Bahnhof erinnerte an die Kolonnade in Marienbad, nur war er armselig und trauriger. Manchmal war dort alles voll Rauch, aber von Zeit zu Zeit wehte ein frischer Wind und trug Rauchschwaden davon, so daß man den Duft des gegenüberliegenden bewaldeten Hanges spüren konnte.

Wenn ich als kleiner Junge auf dem Bahnsteig in Kralupy ankam, weinte ich stets vor Freude. Und wenn ich wieder wegfuhr, flossen mir die Tränen der Trauer.

Irgendwoher von Mělník wälzte sich auf Kralupy zu eine schwere, schwarze Wolke voller Schnee.

Ich war schon mehrmals auf und ab gegangen, als mir plötzlich eine unbekannte Frau den Weg vertrat. Sie hielt mich fast nur durch ihr Lächeln auf. «Erinnern Sie sich nicht mehr an mich?» Ich blickte in ihr sichtlich noch schönes, aber doch von Leid und Jahren gezeichnetes Gesicht und stieß hervor: «Elsička!» Erfreut reichte sie mir beide Hände.

«Das ist brav von Ihnen, daß Sie mich noch erkannt haben. Meine Bekannten erkennen mich oft nicht mehr. Ich habe Sie sofort erkannt. Also bin ich vielleicht doch noch nicht so sehr gealtert.»

Elsa, Elsička! In Kralupy gab es vor dem Krieg besonders unter den Kaufleuten viele jüdische Familien, und Elsa stammte aus einer von ihnen.

«Stellen Sie sich vor, aus meiner ganzen Familie in Kralupy habe nur ich allein mich retten können. Und jetzt erwarte ich hier meine Cousine aus Kanada, die mich zu sich eingeladen hat. Und ich werde fahren. Hier schmerzt mich alles, hier bin ich verzweifelt.»

Elsa war seinerzeit eines der schönsten Mädchen in Kralupy. Gekannt habe ich sie schon von klein auf, aber eigentlich nur vom Sehen. Gesprochen habe ich mit ihr nur zwei- oder dreimal, und nur ein paar zufällige und flüchtige Worte. Und immer errötete ich dabei vor Scham. Sie wohnte unweit von uns und gefiel mir sehr. Immer grüßte ich sie scheu, und sie dankte mir mit einem Lächeln. Das war alles. Sie war zwei, drei Jahre jünger, und nie hätte ich gewagt, sie anzusprechen. Stets war sie es, die bei mir stehenblieb. Sie war schön. So auffallend schön, daß sogar Frauen sich nach ihr umsahen. Vielleicht war sie gar nicht so eingebildet und stolz, wie es auf den ersten Blick schien. Stolz war aber ihr Gang. Meine Tante pflegte zu sagen, sie schreite dahin wie die französische Königin; an welche sie dachte, weiß ich nicht. Auch den schönen Kopf hielt sie so, als ob sie andere Leute verachten würde.

Elsa nahm vertraulich meinen Arm und begann, mir aufgeregt und hastig die düstere Tragödie ihrer ganzen Familie zu erzählen.

Vater und Mutter starben schon vor vier Jahren kurz nacheinander in Theresienstadt. Sie selbst und ihre zwei Brüder wurden nach Auschwitz verschleppt. Ihr Mann war bald nach der Hochzeit verhaftet worden und starb in Mauthausen, wo man ihn zwang, schwere Felsblöcke steile Treppen hinaufzutragen. Beide Brüder starben in den Gaskammern, und auch sie war schon an der Reihe. Als die Deutschen sich auf die Flucht vor der Roten Armee vorbereiteten, gelang es ihr aber, mit einigen anderen armen Jüdinnen zu fliehen, und im Rücken der Roten Armee kehrten sie allmählich in die Heimat zurück. Ihre von den Deutschen ausgeraubte Wohnung in Kralupy wurde nach dem Umsturz von einigen Familien besetzt, deren Wohnungen zerstört worden waren. Sie lebe in Kralupy bei Bekannten. Und so bleibe ihr nichts übrig als die Reise in die Ferne. Sie könne hier nicht leben. Und sie wolle es auch nicht. Und wieder versicherte sie mir, wie froh sie sei, daß ich sie erkannt habe.

Zusammen gingen wir auf dem Bahnsteig auf und ab, und sie bat mich, ihr von Kralupy zu erzählen, wo sie glücklich, jung und sorglos gewesen war. Als ich erwähnte, wie schön sie einst gewesen sei und wie sie jedem gefallen hatte, lächelte sie zuerst – und dann weinte sie.

Kurz darauf pfiff der verspätete Zug aus Bodenbach, mit dem ich nach Prag fahren wollte und mit dem ihre Verwandte kam. Ihre dunklen, tiefen Augen leuchteten auf wie einst, als sie lachte.

Mit dem Mund der schönen, doch verzweifelten Francesca da Rimini sagt Dante im fünften Gesang der «Hölle»:

> Es gibt kein größeres Leid,
> als sich in Stunden des Elends zurückzuerinnern
> an eine glückliche Zeit.

Das sind bekannte, oft wiederholte Verse. Gewiß! Der Dichter hat mit ihnen aber nicht recht. Wirklich, diesmal hat Dante nicht recht.

Der Zug nach Prag wartete in Kralupy noch etwa zwanzig Minuten. Kein Gleis war frei. Elsa habe ich aber nicht mehr gesehen. Vom dunklen Himmel fing es an zu schneien. Zuerst größere Flocken, dann kleinere, aber dichter und dichter. Dann setzte ein heftiger Schneesturm ein. Zuerst entschwand der dunkle Bahnsteig meinen Blicken, dann das ganze Bahnhofsgebäude und schließlich ganz Kralupy mit all seinen Wunden, seiner Trauer und seinem Leid.

Ade also!

Nach vielen, vielen Jahren machte ich mich an die Übersetzung von Salomos «Hohemlied», und wenn ich nach Worten für die Sprache der Liebe suchte, tauchte vor mir das jugendliche und liebreizende Antlitz der Kraluper Elsa auf. Es tauchte vor mir auf aus der Tiefe der Jahrtausende, kam zu mir, und ich sprach ihr die Verse des unbekannten jüdischen Dichters:

«Du bist wie die Lilie unter den Grashalmen. Wie eine Palme ist dein Wuchs; deine Brüste sind wie Trauben. Deine Augen glänzen wie Tauben im Schatten des Schleiers. Steh auf, meine Liebe, meine Schöne, komm doch! Denn vorbei ist der Winter, die Zeit der Gesänge bricht an, die Stimme der Turteltaube ist zu hören. Dein Schoß ist ein Garten von Granatäpfeln und in ihm köstliche Früchte, Henna und Narden. Von deinen Lippen tropft Honig, unter deiner Zunge ist Honig und Milch.»

Ich saß im wartenden Zug und schaute durchs Fenster, hinter dem nichts war als ein Schneesturm. Ich schaute auf das Fensterglas, aufmerksam und starr, wie wenn ich auf den Bildschirm eines Simulators schaute, sah aber nichts, nur fallende Schneeflocken. Ich sah sie stürmisch herabsinken und überlegte, auf wie viele Arten Menschen sich auf dieser schönen, aber traurigen Welt küssen. Was für Küsse sich die Liebe ausdenkt, wenn sich das Gesicht des Mannes dem der Frau nähert. Und was die Frauen?

Es gibt einen ersten und einen letzten Kuß. Aber warum sollte man mit diesem traurigen Lied von der Liebe beginnen?

Es gibt leidenschaftliche Küsse, bei denen die Liebenden fast die Zungen mit den Wurzeln herausreißen. Aber dann gibt es auch Küsse der Liebe, bei denen Leidenschaft zu Zärtlichkeit sublimiert wird. Das sind feuchte, lange und innige Küsse, und der menschliche Atem ist wie eine unsichtbare Blume, die Gesicht und Nase beider umschmeichelt.

Es gibt aber auch Küsse, die an die ausgestreckte Hand eines Bettlers erinnern, und es gibt Küsse, die wie eine Münze sind, die in diese Hand geworfen wird.

Auch völlig verzweifelte Küsse gibt es, aber von denen wollen wir nicht sprechen.

Und es gibt Küsse, bei denen die Lippen das Herz der Frau küssen. Sie wirken wie eine Herzspritze. Sie muntern das träge Herz auf und wecken das noch schlafende. Und denke ich an den Körper der Frau, gibt es noch andere. Oh, du mein Gott!

Es gibt Küsse voller Lächeln und Freude. Küsse voller Sehnsucht und mit ihnen auch Küsse der Erfüllung.

Es gibt auch Küsse ohne Liebe und Wärme. Sie berühren kaum die Haut. Sie sind lediglich diktiert von Gewohnheit, von nichts anderem. Es gibt süße und bittere Küsse.

Den Judaskuß rechne ich nicht mit.

Nein, man kann sie gar nicht alle aufzählen. So wie es auch nicht möglich ist, die Schneeflocken in diesem kleinen Waggonfenster zusammenzuzählen.

Da ertönte das bekannte Signal, und der Zug setzte sich langsam in Bewegung, in Richtung Prag.

Aber noch einen Kuß gibt es! Den Kuß als Dank für das Heraufholen einer schönen, schon verschütteten, von Tränen überschwemmten und unter Steinen begrabenen Jugenderinnerung.

Der aber gehört zu den süßen. Und vielleicht zu den allersüßesten.

Eine goldene Haarlocke

Man sagt, jedes Menschenalter habe seine Freuden. Mag sein. Offenbar soll das ein Trost für den alternden Menschen sein. Sicher hat aber das Alter die wenigsten Freuden. Das weiß ich gut. Das Leben zerrinnt mir zwischen den Fingern wie der letzte Tropfen Wasser, und dabei bin ich nicht imstande, mich nach den schwindenden Stunden und den erbarmungslos fliehenden Tagen und Jahren umzublicken.

Wenn der Mensch auf die Welt kommt und weint, ergreifen ihn zarte Schwesternhände und reichen ihn den liebevollen und gütigsten Händen der Welt. Und die wenden dann alle Mühe auf, ihm die Wärme zu ersetzen, die ihm für immer verlorenging in dem Augenblick, da er in unsere unfreundliche und böse Welt trat.

Ist der Mensch einmal alt, so beschleicht ihn oft Trauer. Die Menschen kommen und gehen, der alte Mensch fühlt sich immer einsamer, und diese Einsamkeit, die trostlos zu sein pflegt, schließt ihn allmählich ein. Und wenn sich der schwerste Augenblick nähert und der Tod sich anschickt, die Seele seinem Leib zu entreißen, dann stirbt der alte Mensch schon völlig einsam. Welche Freuden also in diesem Menschenalter?

Es gab Zeiten, da habe ich gern Wein getrunken. Im Laufe der Jahre lernte ich, guten von schlechtem Wein zu unterscheiden. Besonders nachdem ich zwei Weinkurse absolviert hatte. Den ersten bei meinem Freund Fr. R. Čebiš und den zweiten bei seinem und meinem Freund Jan Goldhammer. Ich nehme an, ich verstehe ein wenig vom Wein. Mindestens passiv. Was sind mir aber heute all diese Kenntnisse wert, wenn ich nur dann und wann die Zunge mit einem oder zwei Gläschen benetzen darf. Das reicht gerade, daß man den Wein riechen und schmecken kann. Dann streichle ich nur traurig Flasche und Etikett und stelle die Flasche wieder ins Schränkchen. Dabei soll der Wein die Milch der Greise sein!

Im Ersten Weltkrieg haben wir genug hungern müssen. Oft

warteten wir die ganze Nacht vor geschlossenen Rolläden auf Brot, und wenn wir dann den kleinen Laib zerschnitten, fielen ein paar Hände voll gelblicher Krumen heraus. Ich wußte deshalb nach dem Krieg schmackhaftes Essen zu schätzen. Ich aß gern und aß mich gern satt.

Später bekam ich in dieser Kunst noch Nachhilfe von Professor Cibulka. Jetzt habe ich dreierlei Diät, und wenn ich mir im Restaurant die Speisekarte anschaue, so kommen mir die Tränen.

Was bleibt mir also? Ein Glück, daß ich noch zauberhafte Verse lesen und schöne Frauen betrachten kann. Sonst hätte ich die Augen nur noch zum Weinen.

Wenn alljährlich im Frühling alles aufblüht, eile ich in den Seminar-Garten und auf den Petřín. Vom oberen Břevnov haben wir es nicht weit. Aber was sage ich: «eilen»! Fast zwei Stunden lang humpele ich an zwei französischen Krücken hin. Bis dorthin aber muß ich es um jeden Preis schaffen, um wenigstens irgendwo eine liebe Erinnerung pflücken zu können. Und dann will ich mich am blühenden Prag satt sehen. Wenigstens an seinem allerschönsten Teil. Die Betonkästen interessieren mich nicht mehr. Die sind ja alle gleich. In Prag wie in Paris und in Paris wie in Kalkutta.

Im heurigen Frühling setzte ich mich neben dem Gartenhäuschen auf dem Petřín nieder, in der Nähe des verlassenen Restaurants, des allerschönsten in ganz Prag – wenigstens was die köstliche Aussicht auf den Hradschin betrifft, bevor die Schienen der Zahnradbahn wie alte Hosenträger geplatzt sind. An diesem Anblick der Stadt konnte ich mich nie satt sehen. Jedes Jahr sage ich mir, es ist vielleicht schon das letzte Mal, daß ich so schauen kann, und bringe es nicht fertig, meinen Blick loszureißen. Ich stand auf, ging über sanfte Wege hinunter zum Denkmal Máchas, wo ich mich ausruhen wollte.

An der Wegkreuzung spielten Kinder Blindekuh. Nach vielen Jahren hörte ich aus dem Kindermund wieder diesen ureinfachen Reim. In diesem Frühling klang er mir inmitten der Blumen wie eine kleine weihevolle Hymne auf die Kindheit, die auch ich einst gesungen habe, als ich fünf, sechs Jahre alt war. In der grauen Vorstadt auf Straßen, wo die Kloaken stanken und die Hauseinfahrten schwarz waren.

Blinde Kuh, wohin führ' ich dich?
                    In die Ecke nebenan.
Was hast du in der Ecke dort?
                    Einen Hahn, einen Hahn.
Und was noch? Und was noch?
                    Ein goldnes Garn.
Blinde Kuh, so fang mich doch!

Die Kinder liefen los und stießen neckend den an, der mit verbundenen Augen den Stimmen nachlaufen mußte. Der Kleinste von ihnen, ein kraushaariger Junge mit Sommersprossen, den jeder leicht erwischt hätte, sprang jedesmal auf den Denkmalsockel und versteckte sich fast unter Máchas Mantelschößen. Dort hat ihn nie jemand gesucht.

Wenn ich mich auch so verstecken könnte, sagen wir hinter der Krinoline der Poesie, wenn mich der Tod suchen wird! Er findet zwar jeden, aber manchmal ist er doch blind.

Die Kinder liefen bald davon, und auf dem grünen Grund, in dieser Stille blieb ich allein. Von Zeit zu Zeit ertönte das Glockenspiel des Turms von St. Veit. Als ob seine melodische Stimme aus der Tiefe der alten Burgmauer emporstiege und die fliegenden Wolken erbeben ließe. Dieser einschmeichelnde, samtene Ton riet den jungen Menschen, ohne Säumen den Augenblick zu nutzen, und die Alten gemahnte er an die Eitelkeit aller Dinge. Für junge Menschen war er ein Lied, für die Alten der furchtbare Rabengesang des Dichters.

Und die alten Menschen? Es ist ein Irrtum, ihnen die Weisheit des Alters zuzusprechen. Das Alter ist meist gar nicht weise, viel öfter ist es töricht. Es hat zwar viele und oft auch recht kostspielige Erfahrungen. Aber was soll man damit? Junge Menschen kümmern Erfahrungen nicht und den alten nützen sie nichts. Was bleibt ihnen also schließlich übrig, wenn sie, dem Tode nahe, dem Glück nachjagen?

Nur eines bleibt ihnen. Eine lange und schwärmerische Sehnsucht. Sehnsucht nach etwas, wovon sie sehr wohl wissen, daß sie es niemals erreichen können. Und deshalb sollten sie lieber das Gesicht ins Kissen vergraben, um nichts mehr um sich herum zu sehen. Denn was sie in diesem Moment von der wirklichen Welt sehen könnten, das würde sie der Torheit überführen und ihre Träume im Nu um jeden Zauber bringen.

Es gibt Menschen, die bereit sind zu behaupten, sie hätten sich mit dem Alter schon abgefunden. Ich weiß, das wäre vollkommen richtig. Nur glaube ich ihnen nicht. Andere wieder wollen uns einreden, daß sie um nichts auf der Welt wieder jung sein möchten. Sie lügen. Mit welcher Freude würde jeder auch zu dem ärgsten Leid seiner Jugend zurückkehren, wenn das Leben nur wie ein Tonband wäre und sich zurückspulen ließe. Wie ungleich und schlecht ertragen doch die Menschen die ersten Runzeln und grauen Haare! Besonders freilich die Frauen.

Frau Jiřinka K., Gattin eines bekannten tschechischen Schriftstellers, war durch ihren besonderen Charme wirklich berühmt. Wenn ihr Hanuš Jelínek, dieser liebenswürdige und witzige Lausbub, im Theater nach den Premieren galant in den Mantel half, vergaß er nie, ihr zu versichern, daß er sie viel lieber ausziehen würde. Also diese vernünftige und kluge Frau sagte immer – und dabei knirschte sie zart mit den Zähnen –, die Regierung sollte hübschen jungen Frauen verbieten, sich so schön anzuziehen. Sie sagte das zwar lächelnd, aber immerhin...

Auf dem Weg am Denkmal, wo ich saß, kamen junge Paare vorbei. Ich schaute ihren unsichtbaren Spuren nach und hätte meinen Kopf dafür verwettet, daß sie in diesem einmaligen Garten, der den Verliebten gehört, zum Tor der Frühlingsliebe wollen. Und ich kenne die Orte gut, zu denen sie eilen. Im Seminargarten gab es einen Obstbaum – vielleicht steht er heute noch da –, dessen Äste auf den Boden reichten, und eine Bank, die sich an den Baumstamm lehnte, mit einem lebenden, blühenden Paravent verdeckten.

Unlängst schickte man mir aus dem «Grammophon-Klub» eine Schallplatte mit einigen bekannten Arien aus dem Repertoire von Ema Destinová. Die Arie der Marie aus der «Verkauften Braut», die Arie der Carmen, die Arie der unglücklichen Japanerin aus «Madame Butterfly» und einige andere. Auf der Plattenhülle war eine kleine, uralte Photographie der Ema Destinová aus der Zeit ihres Ruhmes. Eine junge, selbstbewußte Frau mit einem in die Stirn gesetzten Hütchen, wie man es damals am Anfang des Jahrhunderts trug. Sie war von einer herausfordernden Schönheit und hatte tiefe, bezaubernde Augen. Lange betrachtete ich dieses interessante und ungewöhnliche Antlitz auf der bescheidenen Photographie. Am nächsten Tag suchte ich die Schallplatte nochmals heraus, nur um die Augen wiederzusehen. Und am nächsten Tag wieder, und die reizende Madame Butterfly weinte dann für mich viele Male in meinem Zimmer. Als mich am vierten Tag wieder etwas trieb, die Schallplatte herauszusuchen und mich wieder in das eigentlich schlecht reproduzierte Gesicht zu vertiefen, da mußte ich mir eingestehen, daß ich mich in diese schöne Frau verliebt hatte. Was liegt daran, daß ihr berühmter Name schon längst in die Gedenktafel auf dem Slavín gemeißelt ist. Für mich war sie auf einmal mehr als lebendig. Und ein ungewollter Seufzer ließ mein Herz schwingen.

Ich sehnte mich nach einem Blick in ihre Augen, und ich wollte mich ihren geschlossenen Lippen nähern, die so viel Schönheit in die Welt gehaucht haben. Ich sehnte mich danach, an der Seite ihres Körpers zu ruhen, um mich von der Welle ihrer reifen Weiblichkeit umspülen zu lassen.

Was liegt daran, daß diese edle, einmalige Stimme auf den Bühnen längst verklungen ist!

Als Junge habe ich diese Stimme vernommen. Meine Mutter sagte mir, eine solche Stimme steige zum Firmament empor und werde im Himmel zu Rosen. Sie lieh mir ein kleines und schon altes Opernglas. Es war aus Perlmutter. Ich starrte damit in dieses Antlitz, aber ich sah noch nichts. Oder besser: ich ahnte nichts.

Damals war ich freilich geradezu auffallend jung und hatte keine Ahnung, was Liebe ist. Keiner hatte mich aufgeklärt, es würde reichen, sie nur mit der Zungenspitze zu kosten, und wer sie gekostet, könnte auch tot umfallen. Die Liebe ist gefährlicher als Schierling, der, wie man weiß, in seinen Blüten und Stengeln fünferlei wilde Gifte enthält.

Das war freilich schon vor langer Zeit, als Frau Destinová noch im Goldenen Graben des Jakob Krčín von Jelčany im Garten ihres Schlosses Fische fischte.

Einige Zeit noch torkelte ich in diesem Zauberkreis der Liebe, bevor ich aus dem Liebesrausch, den ich vor Licht und Sturm hütete, erwachte. Ihre stolzen Augen ließen es nicht zu, daß ich mich von ihm befreite. Immer wieder lauschte ich ihrer Stimme in bekannten Opernarien, und ständig hatte ich dieses Weib aus dem Geschlecht der Schönheiten der Renaissance vor Augen.

Welcher Frau gelingt es, ihr Leben mit der Leidenschaft zu leben, die ihr vom eigenen Herzen bestimmt war? Sie genoß das Leben und kannte keine Hindernisse. Sie verachtete den Reichtum, aber sie hatte ihn und wußte ihn zu nutzen. Sie verstand es, sich aus eigenem Willen im Leben Augenblicke des Glücks zu bereiten, das bewußt entfacht und behütet wurde von Lust und Leidenschaft, die sie nicht verbarg. Als Frau war sie in jeder Hinsicht außergewöhnlich, und zudem besaß sie etwas Großartiges: ihre Kunst.

Als sie dann schon längst zur bloßen Erinnerung geworden war, nahm ich Abschied von ihr.

Bei uns, in unseren stürmischen Höhen von Břevnov, zeigte sich manchmal, aber nur sehr selten, der Musikwissenschaftler und Schriftsteller Jan Wenig. Einer aus der großen kultivierten Prager Familie Wenig. Er schrieb damals an seinen Erinnerungen. Wenig war ein Neffe von Ema Destinová, was ich aber erst erfuhr, als er mir das Kapitel «Tante Ema» aus seinem Buch schickte. Ich las das Manuskript mit großer Spannung. Vieles aus dem Leben der Ema Destinová wußte ich schon, vieles habe ich durch Wenig erfahren. Unter anderem erwähnt er in den Erinnerungen an seine Tante taktvoll die Namen einiger ihrer Geliebten und Verehrer. Von dem Radrennfahrer Jindra Vodílek bis zum Algerier Dinh Gilly, einem Zuaven-Offizier, und schließlich auch ihren Ehemann Joe Halsbach. Der war Fliegeroffizier, und als er seiner zukünftigen Frau den Hof machte, warf er aus dem Aeroplan Blumenkränze für sie auf den Innenhof des Schlosses in Stráž ab. Als sie starb, riß er aus den Wänden des Schlosses sogar die elektrischen Schalter heraus. Er überlebte sie um dreißig Jahre. Jan Wenig erwähnte übrigens auch Verehrer, die von Ema Destinová abgewiesen wurden, besonders drei berühmte Italiener: Enrico Caruso, Arturo Toscanini und Giacomo Puccini. Selbst eine aufrechte Patriotin, wollte sie nur einen aufrechten Tschechen heiraten. Sie hat ihn nicht gefunden.

Als ich Wenig das Manuskript zurückgab, vertraute ich ihm mein spätes, platonisches Erlebnis an, bat ihn aber zugleich, sein Verzeichnis der Liebhaber und Verehrer nicht durch meinen Namen zu ergänzen. Das liegt aber schon einige Jahre zurück.

Noch heute packt mich manchmal die Sehnsucht nach den süßen Tönen von Smetanas Marie und nach dem Klagelied der Madame Butterfly, und ich suche mir die Schallplatte heraus. Sicher geben Plattenspieler und Platte genau das wieder, was gespielt wurde, als ich Ema Destinová mit einer Art Sehnsucht gelauscht habe, aber es will mir scheinen, daß ihre Stimme von anderswo herkommt. Sie klang mir wie aus banger, schon für immer vom Gewölk der Jahre verborgener Ferne.

Und sie war bedrückend und, wenn man das so sagen darf, schon ein wenig tot.

So wie die tote Locke der blonden Schönheit Lucrezia Borgia in der Ambrosiana zu Mailand, wo sich Lord Byron in dieses goldene Haar unglücklich verliebt hat.

Und damit Sense

Diese überraschende Redensart höre ich heutzutage oft. Zuerst habe ich sie nicht recht verstanden. Aber dann wurde ich belehrt, sie würde so viel bedeuten wie: «Fertig!», «Das wär's!», «Schluß, aus!».

Ich möchte euch aber noch etwas anderes anvertrauen.

Ich weiß bereits, warum sich viele junge Ärzte ihre Frauen nicht weiß Gott wo aussuchen und warum sie ihretwegen keine weiten und abenteuerlichen Reisen über Länder und Meere unternehmen. Sie schauen sich nur zwei- oder dreimal an ihrem Arbeitsplatz um, und schon kann Hochzeit gefeiert werden.

Auch mir haben übrigens die Täubchen der weißen, steif gestärkten Häubchen gut gefallen, die von den Krallen der Spangen in den Haaren festgehalten werden.

Die Schwestern tragen dieses Häubchen manchmal gar nicht gern. Im Sommer ist es angenehmer, barhaupt zu gehen; die Oberschwester wird dann ärgerlich. Offenbar wissen sie nicht, wie gut es ihnen steht. Unsinn! Sie und das nicht wissen! Selbstverständlich wissen sie es nur zu gut.

Als ich im Krankenhaus lag, war meine Lage zwar einigermaßen ungünstig, aber trotzdem schaute ich gern zu, wie die weißen Flügelchen unermüdlich von Bett zu Bett flatterten, von Schmerz zu Schmerz, vom Schluchzen zum Stöhnen. Von morgens bis morgens.

In einer der Polikliniken wurde mir einmal eine Iontophorese verordnet. Ich wartete mit einigen Kranken, bis ich aufgerufen wurde.

Als ich an die Reihe kam und mein Name gerufen wurde, legte mir die Schwester eine Kalzium-Kompresse auf. Dann sah sie mich ganz streng an und fragte mich barsch:

«Mögen Sie Gedichte?»

«Ja», platzte ich überrascht heraus. «Und warum fragen Sie?»

«Ich dachte, weil Sie auch so einen Namen haben.»

So, das ist alles. Was ich sagen konnte und wollte, ist gesagt. Jetzt habe ich zu Ende erzählt.

Es ist aus. Und damit Sense!

Namensglossar

ANDREEV Leonid Nikolaewitsch (1871–1919). Russischer Prosaist und Dramatiker. Die Novelle „Die Geschichte von den sieben Gehenkten" ist 1908 erschienen.

BARTOŠ Jan (1893–1945). Historiker des tschechischen Theaters, Dramatiker. Anhänger der Linken; glaubte an Astrologie und Okkultismus.

BAUCH Jan (geb. 1898). Maler, Graphiker und Bildhauer. Vom Impressionismus beeinflußt.

BEDNÁŘ Jaroslav (1889–1976). Lyriker und Prosaist, gehörte keiner literarischen Gruppierung an.

BEZRUČ Petr (eigentlich Vladimír Vašek; 1867–1958. Berühmt wurde er mit seinem einzigen Gedichtband «Schlesische Lieder» (1909; 1916 deutsch von Rudolf Fuchs).

BIEBL Konstantin (Kostă) (1898–1951). Dichter der Avantgarde der 20er Jahre. In der Zeit des Stalinismus beging er Selbstmord.

BOROVÝ František (1874–1936). Verleger in Prag, gab vor allem moderne Literatur heraus.

BOUČEK Antonín (1880–1947). Linker, später kommunistischer Jounalist.

BRAUN Matthias Bernhardt (1684–1738). Bildhauer aus Tirol, in Prag ansässig.

BRAUNEROVÁ Zdenka (1858–1934). Impressionistische Malerin, mit Paul Claudel während seiner Prager Zeit befreundet.

BRUNNER Vratislav (1886–1928). Maler, Zeichner und Plastiker. Bekannter Buchillustrator.

CAPEK Karel (1890–1938). Prosaschriftsteller und Dramatiker. – ČAPEK Josef (1887–1945). Prosaschriftsteller, Dramatiker und avantgardistischer Maler. Führende Persönlichkeiten des Prager Künstlerlebens 1918–1938. Die meisten Werke wurden ins Deutsche übersetzt.

CASSIUS (Kolman-Cassius, eigentlich Jaroslav Kolman, 1883–1951). Lyriker und konservativer Journalist.

ČECH Svatopluk (1846–1908). Lyriker und Prosaschriftsteller der «nationalen Schule». Zwei seiner Erzählungen dienten als Vorlagen für Opernlibretti von Leoš Janáček.

Černík Artuš (1900–1953). Avantgardistischer Literaturtheoretiker, Kritiker und Publizist. Einer der führenden Persönlichkeiten des Devětsil.

Chalupný Emanuel (1879–1958). Jurist, Soziologe und Literarhistoriker.

Chlupáč Miloš (eigentlich Miloslav; 1920). Bildhauer in Prag.

Cibulka Josef (1886–1968). Professor der katholischen theologischen Fakultät in Prag und Leitmeritz, Koryphäe der sakralen Kunstgeschichte.

Destinová Ema (eigentlich Ema Kittlová, 1878–1930). Weltberühmte Opernsängerin (Sopran).

Devětsil (Pestwurz; wörtliche Übersetzung «Neunkraft»). Vereinigung der linken künstlerischen Avantgarde 1921–1930. Mitglieder waren u. a. die Kafka-Freundin Milena Jesenská und E. E. Kisch.

Dillinger Petr (1899–1954). Maler und Graphiker, bekannter Buchillustrator.

Diviš Alén (auch Karel Albín; 1900–1956). Bildhauer in Prag.

Dobrovský Josef (1753–1829). Katholischer Priester, Begründer der wissenschaftlichen Slawistik.

Duša Ferdiš (eigentlich Ferdinand, 1888–1958). Keramiker, Maler und Graphiker. Vor allem Motive aus Nordmähren und der Slowakei.

Dvořák Antonín (1841–1904). Weltberühmter tschechischer Komponist.

Dyk Viktor (1877–1931). Lyriker, Prosaschriftsteller und Dramatiker des Symbolismus. Nach 1918 Anhänger der äußersten nationalen Rechten.

Effenberger Vratislav (1923). Literat und Theoretiker des Surrealismus, nach 1969 Publikationsverbot.

Eisner Pavel (1889–1958). Essayist und Übersetzer jüdischer Herkunft, übersetzte aus dem Deutschen ins Tschechische und umgekehrt.

Eliáš Alois (1890–1942). Armeegeneral und Politiker, seit 1939 Protektoratsministerpräsident. Wegen der Zusammenarbeit mit der tschechoslowakischen Exil-Regierung in London von den Nazis hingerichtet.

Erben Karel Jaromír (1811–1870). Lyriker und Märchensammler, Angehöriger der Romantischen Schule. Sein Hauptwerk «Kytice» (Blumenstrauß aus Volkssagen) von 1853 wurde von O. Fischer 1900 ins Deutsche übersetzt.

Fikar Ladislav (1920–1975). Lyriker, Übersetzer und Verlagslektor, nach 1969 Publikationsverbot.

Fischer Otokar (1883–1938). Professor der Germanistik in Prag, schrieb tschechisch und deutsch. Lyriker, Dramatiker und Übersetzer (Heine, Goethe, Nietzsche, Schiller u. a.).

Foerster Josef Bohuslav (1859–1951). Komponist, führte die Smetana-Tradition weiter.

Frank Karl Hermann (1898–1946). Sudetendeutscher Nazi, 1943–45 Reichsminister für Böhmen und Mähren, als Kriegsverbrecher hingerichtet.

Fromek Jan (1901–1966). Kommunistischer Verleger, Inhaber des Verlages Odeon (1925–1940).

Fuchs Imre (1898–1967). Ungarischer Schriftsteller, Arzt in Teplitz (Böhmen). Kommunist, lebte seit 1919 in der Tschechoslowakei, schrieb unter dem Pseudonym Forbáth.

Fučík Julius (1903–1943). Kommunistischer Journalist, von den Nazis hingerichtet.

Fügner Jindřich (1822–1856). Gründete gemeinsam mit M. Tyrš den Turnverein Sokol.

Fürth Julius (nach 1940 Firt, 1897–1979). Verlagsdirektor bis 1938, dann Politiker. In den Jahren 1939–1945 und seit 1948 in der Emigration, zuletzt in München.

Gellner František (1881–1914 an der Front verschollen). Anarchistischer Lyriker und Karikaturist jüdischer Herkunft, Idol der Jugend um die Jahrhundertwende.

Girgal Ota (1886–1958). Linksgerichteter Verleger und Buchhändler in Prag.

Halas František (1901–1949). Began als Lyriker der Avantgarde, wandte sich dann philosophischen Themen zu. Beeinflußte mehrere Generationen tschechischer Lyriker. Nach seinem Tod wurde sein Werk zeitweise unterdrückt.

Hašek Jaroslav (1883–1923). Weltberühmter Humorist, Autor des Romans über Schwejk.

Hašková Šura (eigentlich Alexandra Gavrilovna Lvova, verh. Hašková, verh. Věrná, 1898–1965). Seit 1920 lebte Jaroslav Hašek mit ihr in einer bigamischen Ehe.

Havlíček Josef (1899–1961). Avantgardistischer Architekt. Realisierte viele Projekte in Böhmen.

Havlíček-Borovský Karel (eigentlich Karel Havlíček, 1821–1856). Lyriker und liberaler Journalist, 1851–55 in Brixen interniert.

HERRMANN Ignát (1854–1935). Autor von Erzählungen aus dem Leben des Prager Kleinbürgertums.

HEYDRICH Reinhard (1904–1942). Stellvertretender Reichsprotektor in Böhmen und Mähren. Am 27. 5. 1942 Opfer eines Attentats in Prag.

HLÁVKA Josef (1831–1908). Architekt in Wien und Prag, Mäzen, Gründer der Tschechischen Akademie der Wissenschaften und Künste (1890).

HOFFMANN Karel (1872–1936). Geiger, 1892–1933 Primarius des Tschechischen Quartetts.

HOFFMEISTER Adolf (1902–1973). International bekannter Zeichner, Lyriker, Dramatiker und Prosaschriftsteller der Avantgarde. 1948–51 Botschafter in Paris, verurteilte 1968 die Okkupation; danach Publikationsverbot.

HOLAN Vladimír (1905–1980). Lyriker und Übersetzer. Gilt als einer der bedeutendsten tschechischen Lyriker des 20. Jahrhunderts. Noch 1948 jahrzehntelang Publikationsverbot.

HONZÍK Karel (1900–1966). Architekt, vor allem Innenarchitekt.

HONZL Jindřich (1894–1953). Kommunistischer Dramaturg und Theoretiker des Theaters.

HORA Josef (1891–1945). Prosaschriftsteller, Übersetzer und vor allem Lyriker. Lehnte die Bestrebungen der Avantgarde ab, sein Werk entwickelte sich aber parallel zu ihr.

HOŘEC Jaromír (eigentlich Halbhuber, 1921). Kommunistischer Journalist und Lyriker, nach 1969 Publikationsverbot.

HOŘEJŠÍ Jindřich (1886–1941). Lyriker und Übersetzer der Avantgarde, Bewunderer der französischen Literatur. Übersetzte 1932 den «Schwejk» von J. Hašek ins Französische.

HRUBÍN František (1910–1971). Lyriker, Prosaschriftsteller, Dramatiker, Übersetzer. Von der Avantgarde beeinflußt, wurde er in den 40er Jahren zum Dichter des Spiritualismus. Mit Seifert gehörte er zu den führenden Persönlichkeiten des «Tauwetters» um 1956.

HYNEK Arnošt (1878–1955). Verleger und Buchhändler in Prag.

HÝSEK Miroslav (1885–1957). Professor der Universität Prag, Historiker der tschechischen Literatur.

JAKOBSON Roman (1896–1982). Russischer Linguist, lebte 1920–1939 in der Tschechoslowakei, Professor der Universität Brünn.

JANÁČEK Leoš (1854–1928). Weltberühmter Komponist.

JELÍNEK Hanuš (1878–1944). Übersetzer. Bedeutung haben bis heute seine Übersetzungen aus dem Französischen und ins Französische (z. B. Čapek, Dyk, Mácha).

JESENSKÁ Milena (1896–1944). Journalistin, berühmt durch die Freundschaft mit Franz Kafka. Starb im KZ.

JEŽEK Jaroslav (1906–1942). Avantgardistischer Komponist, Freund von Voskovec und Werich, starb in der Emigration in den USA.

JIRÁT Vojtěch (1902–1945). Germanist und Bohemist, Professor der Universität Prag.

JIREČEK Hermenegild (1827–1909). In den Jahren 1854–1894 Beamter des Innenministeriums in Wien, konservativer Politiker und Historiker.

JIREČKOVÁ Noemi (1874–1964). Klaviervirtuosin, Tochter von Hermenegild Jireček.

JUNKOVÁ Eliška (1900). Autorennfahrerin, Ehefrau von Ladislav Khás.

KÁCHA Michael (1874–1940). Anarchistischer Journalist und Verleger. Soll mit F. Kafka bekannt gewesen sein.

KAINAR Josef (1917–1971). Lyriker und Jazz-Komponist.

KHÁS Ladislav (1905–1976). Autor von Texten für Puppentheater und Humorist.

KLIKA Brětislav M. (1884–1958). Ballettänzer, Verleger und Buchhändler in Prag.

KLUDSKÝ Karel (1864–1927). Begründer und Inhaber des seinerzeit größten Zirkus in Mitteleuropa (existierte bis 1935).

KMENTOVÁ-ZOUBKOVÁ Eva (1928). Bildhauerin, Schöpferin zahlreicher Porträtbüsten.

KONRÁD Karel (1899–1971). Avantgardistischer Prosaschriftsteller, Autor vor allem humoristischer Werke. Kommunist, in den 60er Jahren zum liberalen Flügel der Partei gehörend.

KOPTA Petr (1927–1983). Sohn des Schriftstellers Josef Kopta. Dramatiker und Autor von Chanson-Texten, nach 1969 Publikationsverbot.

KRÁSNOHORSKÁ Eliška (eigentlich Alžběta Pechová, 1847–1926). Vielseitige Literatin, verfaßte u. a. Libretti für Bedřich Smetana.

KREJCAR Jaromír (1895–1950). Architekt der Avantgarde. Seit 1927 Ehemann der einstigen Freundin F. Kafkas, Milena Jesenská.

KREJČÍ František Václav (1867–1941). Schriftsteller, sozialdemokratischer Journalist und Literaturkritiker.

KREJČÍ Jiří (1899), Maler und Schriftsteller, Kunstkritiker, Sohn des Schriftstellers F. V. Krejčí.

KUBIN Josef Štefan (1864–1965). Prosaist und Sammler der Folklore aus dem Riesengebirge und dem Glatzer Land.

LEGER Karel (1859–1934). Gutsbesitzer. Lyriker und Prosaist des Bauernlebens in Mittelböhmen.

LEŠEHRAD Emanuel (1877–1955). Dichter und Kritiker. Er gründete das literarische Museum «Lešehradeum» in Prag.

LIEBSCHER Adolf (1857–1919). Maler historischer Bilder, vor allem von Themen aus dem böhmischen Mittelalter.

MÁCHA Karel Hynek (1810–1836). Führender Lyriker und Prosaschriftsteller der tschechischen Romantik. Seine Verserzählung «Máj» (Der Mai), 1836, gilt als Höhepunkt der tschechischen Literatur des 19. Jahrhunderts (neueste deutsche Übersetzung 1983).

MAHEN Jiří (eigentlich Antonín Vančura; 1882–1939). Prosaschriftsteller und Dramatiker, lebte in Brünn. Freund der Avantgardisten. Nach dem Einmarsch der Hitler-Truppen beging er Selbstmord.

MAJEROVÁ Marie (eigentlich Bartošová, verh. Stivínová, verh. Tusarová; 1882–1967). Realistische Prosaschriftstellerin, nach 1945 eine der treuesten kommunistischen Parteigängerinnen. Fast alle Werke wurden in der DDR übersetzt.

MALEJOVSKÝ Josef (1914). Bildhauer, Schöpfer monumentaler Werke.

MALÍŘOVÁ Helena (geb. Nosková; 1877–1940). Prosaschriftstellerin, langjährige Freundin von I. Olbracht. In realistischen Romanen behandelt sie Frauenschicksale. Erfolgreiche Übersetzerin (u. a. Th. Mann).

MÁNES Josef (1820–1871). Berühmter Maler von Landschaftsbildern und Bildern mit Themen aus der böhmischen Geschichte sowie von Genrebildern.

MATHESIUS Vilém (1882–1945). Professor der Universität Prag, Anglist. Autor linguistischer Arbeiten, maßgebend beteiligt an der Gründung des Prager linguistischen Kreises.

MEDEK Ivan (1925). Musikologe, aktiver Teilnehmer an der oppositionellen Bewegung der 70er Jahre in der Tschechoslowakei. Lebt in Wien.

MEDEK Mikuláš (1926–1974). Maler und Lyriker surrealistischer Tendenz.

MEDEK Rudolf (1890–1940). Lyriker, Prosaist, Politiker. 1916–20 Offizier der Tschechoslowakischen Legionen in Rußland, später General.

MINAŘÍK Stanislav (1884–1947). Übersetzer aus den slawischen Sprachen, Verleger.

MORSTADT Vincenc (1802–1875). Zeichner und Kupferstecher, Autor zahlreicher Veduten von Prag.

Mrštík Vilém (1863–1912). Naturalistischer Dramatiker und Prosaist, Autor vor allem von Werken aus dem Leben der mährischen Bauern.

Náprstek Vojtěch (1826–1894). Industrieller, lebte 1848–1858 in den USA. 1862 gründete er in Prag Museum und Bibliothek.

Náprstková Anna (1788–1873). Berühmte Philantropin, Mutter von Vojtěch Náprstek.

Naske František Xaver (1884–1959). Porträtmaler und Schöpfer vieler Plakate, tätig in Prag.

Nasková Růžena (1884–1960). Schauspielerin, Darstellerin v. a. tschechischer Frauen in den Dramen des 19. und 20. Jahrhunderts.

Nebeský Václav Bolemír (1818–1882). Spätromantischer Lyriker, Journalist und erfolgreicher Übersetzer.

Nečas Jaromír (1888–1945). Sozialdemokratischer Politiker. 1940–42 Minister in der tschechoslowakischen Exil-Regierung in London.

Nedbal Oskar (1874–1930). Dirigent und Komponist, berühmter Operettenautor.

Nejedlý Zdeněk (1878–1962). Musikwissenschaftler, Historiker, Professor der Universität Prag. Während des Krieges in Moskau, nach 1945 Minister in Prag und zuletzt Präsident der Akademie der Wissenschaften. Orthodoxer Stalinist.

Němcová Božena (geb. Barbara Pankl; 1820–1862). Bedeutendste tschechische Prosaschriftstellerin des 19. Jahrhunderts. Ihr Dorfroman «Großmütterchen» wurde mehrmals ins Deutsche übersetzt. F. Kafka gehörte zu den Bewunderern ihres Werkes.

Němec František (1902–1963). Humorist und Feuilletonist, begann als Lyriker. Befreundet mit Angehörigen der Avantgarde.

Neruda Jan (1834–1891). Lyriker, Prosaschriftsteller, hervorragender Journalist (Vorbild für E. E. Kisch). Bewunderer von Heine. Die meisten Werke wurden ins Deutsche übersetzt. (Nach ihm wählte der Chilene Pablo Neruda sein Pseudonym.)

Neumann Stanislav Kostka (1875–1947). Lyriker und Journalist, Anhänger der sogenannten «Dekadenz», entwickelte sich über eine avantgardistische Phase zum Anhänger des «Sozialistischen Realismus». Kommunist, der mehreren Generationen auch nichtkommunistischer Autoren (Čapek u. a.) als Vorbild galt.

Neumannová Kamila (1874–1956). Drau St. K. Neumanns, verdiente Verlegerin moderner Autoren.

Neumannová Soňa (1905–1971). Schauspielerin und Sängerin, Tochter S. K. Neumanns.

Nezval Robert (1954–1971). Sohn von Vítězslav Nezval.

Nezval Vítězslav (1900–1958). Allseitig begabter avantgardistischer Literat; 1934–1938 Surrealist. Nach 1945 repräsentativer Dichter des Regimes (gleichzeitig Niedergang seiner Begabung).

Nostitz Friedrich Moritz (1728–1796). Böhmischer Adeliger, General. Gönner von Josef Dobrovský.

Novák Bohumil (geb. 1908). Journalist, Prosaschriftsteller, vor allem Autor von Werken für die Jugend.

Nový Karel (ursprünglich Novák; 1890–1980). Realistischer Prosaschriftsteller, Autor historischer Romane und von Büchern für die Jugend. Anhänger der politischen Linken.

Obzina František (1871–1927). Verleger und Buchdrucker in Mähren.

Olbracht Ivan (eigentlich Kamil Zeman; 1882–1952). Sohn von A. Stašek. Linker Journalist und Autor realistischer Romane mit kommunistischer Tendenz.

Ondříček František (1857–1922). Weltberühmter Geiger.

Orten Jiří (eigentlich Jiří Ohrenstein; 1919–1941). Lyriker existentialistischer Prägung. Jude, beeinflußte mehrere Generationen tschechischer Lyriker.

Owssejenko-Antonow Wladimir Alexandrowitsch (richtig: Antonow Owssejenko; 1883–1939). Leiter der sowjetischen diplomatischen Mission in Prag 1925–1928. Umgekommen bei den Säuberungen der Stalinzeit.

Palivec Josef (1886–1975). Schwager von K. und J. Čapek, Freund von P. Valéry. Lyriker und Übersetzer (auch ins Französische), von den Kommunisten mehrere Jahre eingekerkert.

Pečírka Jaromír (1891–1966). Kunsthistoriker und Kunstkritiker, Kenner der mittelalterlichen und modernen Kunst.

Pekárek Josef (1873–1930). Bildhauer; Schöpfer zahlreicher allegorischer Werke.

Pelc Antonín (1895–1967). Maler, vor allem Karikaturist. Mitarbeiter der linken Presse.

Petr Václav (1897–1978). Verleger in Prag.

Píša Antonín Matěj (1902–1966). Avantgardistischer Lyriker, später vor allem Literaturhistoriker, Kenner der tschechischen Literatur des 20. Jahrhunderts.

Poláček Karel (1892–1944). Journalist und Prosaist jüdischer Herkunft, Mitglied des Kreises um die Gebrüder Čapek. In Auschwitz ermordet.

Polák Karel (1903–1956). Sozialdemokratischer Journalist, Literaturkritiker und Literaturhistoriker.

POLAN Bohumil (eigentlich Čuřín; 1887–1971). Lyriker, Theater- und Literaturkritiker. Lebte in Pilsen.

PRAŽÁK Albert (1880–1956). Professor der Universität Prag, Historiker der tschechischen und slowakischen Literatur.

PROCHÁZKA Arnošt (1869–1925). Lyriker, Übersetzer, Kritiker, Herausgeber des Organs der sogenannten Dekadenz «Moderní revue» (1894–1925).

PROCHÁZKA Karel P. (1865–1945). Katholischer Pfarrer in Prag-Žižkov, Ethnograph.

PUJMANOVÁ Marie (geb. Hennerová; 1893–1958). Lyrikerin und Autorin psychologischer Romane, nach 1945 Romane mit kommunistischer Tendenz.

RADA Vlastimil (1895–1962). Maler und Autor humoristischer Erzählungen.

SALDA František Xaver (1867–1937). Lyriker, Dramatiker und vor allem Kritiker, der 1905–1937 als «Literaturpapst» das Schaffen mehrerer Generationen stark beeinflußt hat. Vergleichbar mit Karl Kraus in Wien.

SALGARI Emilio (bei Seifert fälschlich Solgari, 1862–1911). Italienischer Autor zahlreicher Abenteuerromane.

SAUDEK Erich Adolf (1904–1963). Übersetzer jüdischer Herkunft. 1949–53 Dramaturg des Prager Nationaltheaters.

SAUER František (1882–1947). Anarchist, Autor von Erzählungen aus Prager Vorstädten, Freund von Jaroslav Hašek.

SCHWARZ Vincy (eigentlich Vinzenz, 1902–1942). Deutscher Literat aus Sternberg (Mähren), schloß sich den Tschechen an und wurde von den Nazis hingerichtet.

SEIFERT Jakub (1846–1919). Schauspieler des Nationaltheaters in Prag.

SEKANINA František (1875–1958). Übersetzer, v. a. aus dem Französischen.

ŠÍMA Josef (1891–1971). Maler, seit 1921 in Paris. Seine surrealistischen Bilder sind in vielen französischen Galerien vertreten.

SKOUMAL Aloys (1904). Übersetzer aus dem Englischen, Prosaist.

SLÁDEK Josef Václav (1845–1912). Lyriker und Übersetzer; seine Shakespeare-Übersetzungen werden noch heute aufgeführt.

SLAVÍČEK Antonín (1870–1910). Berühmtester tschechischer impressionistischer Landschaftsmaler.

ŠMERAL Vladimír (1903–1982). Schauspieler im „Befreiten Theater“ von Voskovec und Werich. Seine Memoiren sind 1954 erschienen.

Smetana Bedřich (1824–1884). Weltberühmter Komponist.

Sova Antonín (1864–1928). Führender Lyriker und Prosaschriftsteller des tschechischen Symbolismus.

Špork (Sporck) Franz Anton (1662–1738). Böhmischer Adeliger, entschiedener Widersacher der Jesuiten. Gönner der bildenden Künstler.

Šrámek Fráňa (eigentlich František; 1877–1952). Lyriker, Dramatiker und Prosaschriftsteller, Journalist. Vor allem seine symbolistischen Gedichte und lyrischen Dramen waren sehr populär.

Šrůtek Václav Alois (1912). Maler zahlreicher Landschaftsbilder aus Mittelböhmen.

Stašek Antal (eigentlich Antonín Zeman; 1843–1931). Vater von I. Olbracht. Autor realistischer Dorfromane aus Nordböhmen. Gegen Ende seines Lebens Anhänger des Kommunismus.

Stehlík Ladislav (1908). Lyriker, Autor von Kinderbüchern, Journalist.

Stojan Antonín (1851–1923). Erzbischof von Olmütz, gründete 1892 das Apostolat der Heiligen Kyrill und Method.

Štulc Vladimír (1900). Dichter, in den 20er Jahren Mitglied der Gruppe «Devětsil».

Štychová Luiza (eigentlich Landová-Štychová; 1885–1969). Anarchistin, seit 1925 kommunistische Politikerin.

Suchánek Josef – schrieb unter dem Pseudonym Ivan Suk, siehe dort.

Sudek Josef (1896–1976). Kunstphotograph, zahlreiche Aufnahmen aus Prag.

Süss Ladislav (geb. 1900). Maler (Autodidakt), malte zahlreiche Genre- und Landschaftsbilder.

Suk Ivan (eigentlich Josef Suchánek; 1901–1958). Dichter der sogenannten proletarischen Poesie und Journalist.

Suk Josef (1874–1935). Geiger und Komponist, Schwiegersohn von Antonín Dvořák.

Švabinský Max (1873–1962). Maler und Graphiker, schuf zahlreiche Porträts tschechischer Künstler und Persönlichkeiten des öffentlichen Lebens.

Švec Otakar (1892–1955). Bildhauer zahlreicher Porträts sowie des riesigen Stalin-Denkmals in Prag (1950–55 gebaut, 1962 gesprengt). Beging Selbstmord.

Světlá Karolina (eigentlich Johanna Rott, verh. Mužáková, 1830–1899). Autorin von Erzählungen und Romanen aus Prag und der Umgebung von Reichenberg.

SVOBODÁ Růžena (1868–1920). Autorin von Erzählungen und Romanen des sogenannten literarischen Impressionismus, befreundet mit F. X. Šalda. Korrespondenz Šalda – Svobodá ist 1969 erschienen.

SVOLINSKÝ Karel (geb. 1896). Maler und Graphiker, Autor vieler Buchillustrationen.

TEIGE Josef (1862–1921). Historiker, Archivar der Stadt Prag. Vater von Karel Teige.

TEIGE Karel (1900–1951). Graphiker, Kritiker, Literaturtheoretiker, führender Kopf der Avantgarde, seit 1934 des tschechischen Surrealismus. 1938 verließ er die Kommunistische Partei, nach 1948 totgeschwiegen. Einige Werke liegen in deutscher Übersetzung vor.

TICHÝ František (1896–1961). Maler und Graphiker. In Paris stand er unter dem Einfluß von Picasso und Seurat. Schuf zahlreiche Buchillustrationen.

TILSCHOVÁ Marie (1873–1957). Schriftstellerin. Stammte aus einer Patrizierfamilie; sie schrieb realistische Romane aus diesem Milieu.

TOMAN Karel (eigentlich Antonín Bernášek; 1877–1946). Symbolist, später Annäherung an die Avantgarde.

TOPIČ František (1858–1941). Verleger in Prag, gab gesammelte Werke zahlreicher tschechischer Autoren heraus.

TOYEN (eigentlich Marie Čermínová; 1902–1980). Malerin, Freundin von J. Štyrský. Nach 1945 lebte sie in Paris. Surrealistische Bilder.

TRÄGER Josef (1904–1971). Journalist und Theaterkritiker.

TYL Josef Kajetán (1808–1856). Schauspieler, Regisseur, Dramatiker und Prosaist der Romantik.

TYRŠ Miroslav (1832–1884). Kunsthistoriker, Professor der Universität Prag. Mitbegründer des Turnvereins Sokol.

VANČUROVÁ Ludmila Dr. (1897–1983). Ärztin, Ehefrau Vladislav Vančuras.

VANČURÁ Vladislav (1891–1942). Kommunist, führender avantgardistischer Prosaschriftsteller und Dramatiker, auch als Filmregisseur tätig. Seine ersten Werke hat Kafka im Original gelesen und gelobt.

VOSKOVEC Jiří (ursprünglich Wachsmann; 1905–1981). Enkel des Malers S. H. Pinkas. Avantgardistischer Schauspieler, Dramatiker und Übersetzer. Nach 1948 als amerikanischer Theater- und Filmschauspieler tätig. (Siehe auch Werich.)

VRCHLICKÝ Jaroslav (eigentlich Emil Frída; 1853–1912). Lyriker, Dramatiker, Prosaschriftsteller, Übersetzer und Kritiker, tschechischer Parnassien. Seine Werke sind in 52 Bänden erschienen.

Geschätzt von zeitgenössischen deutschen Literaten (viele Werke ins Deutsche übersetzt).

WACHSMAN Bedřich (1871–1944). Vor allem Porträtist, daneben Maler von Genrebildern. Freund zahlreicher Avantgarde-Künstler.

WAGNER Jan (1941). Bildhauer in Prag.

WAGNER Josef (1901–1957). Bildhauer, Schüler von Gutfreund. Schuf nach 1945 viele monumentale Denkmäler in Prag. Schrieb auch Gedichte.

WAGNEROVÁ-KULHÁNKOVÁ Marie (1906–1983). Bildhauerin, Frau des Bildhauers Josef Wagner.

WENIG Jan (1910–1972). Schriftsteller, Journalist und Musikologe in Prag.

WERICH Jan (1905–1980). Mit J. Voskovec 1925–1938 Protagonist des avantgardistischen «Befreiten Theaters» in Prag. Dramatiker und Schauspieler, 1969–1977 totgeschwiegen (verurteilte die Okkupation von 1968).

WERSTADT Jaroslav (1888–1970). Historiker in Prag.

WICHTERLOVÁ-STEFANOVÁ Hana (1903). Porträtbildhauerin in Prag.

WOHLMUTH Bonifác (auch Bonifaz, ? –1579). Hofbaumeister in Prag, Architekt zahlreicher Renaissance-Bauten, vor allem auf dem Hradschin.

WOLKER Jiří (1900–1924). Führender Lyriker der ersten Phase der Avantgarde, der mehrere Dichtergenerationen beeinflußt hat. Einige seiner Gedichte werden oft als Annäherung an den Spiritualismus gedeutet. Die meisten Werke wurden ins Deutsche übersetzt.

ZÁPOTOCKÝ Antonín (1884–1957). Kommunistischer Politiker, 1953–57 Staatspräsident, Autor tendenziöser Arbeiterromane.

ZRZAVÝ Jan (1890–1977). Allseitig begabter Maler und Illustrator. Malte zahlreiche Landschaftsbilder aus Italien, Frankreich und Böhmen.

BIBLIOTHEK JIDDISCHER ERZÄHLER

Josef Opatoschu
Bar Kochba
8907

Schalom Asch
Mottke der Dieb
8908

Mendele Mojcher Sforim
Die Mähre
8909

Scholem Alejchem
Das bessere Jenseits
8910

Isaac Leib Perez
Die Seelenwanderung
einer Melodie 8911

David Bergelson
Das Ende vom Lied
8912

GOLDMANN

AUSGEWÄHLTE TEXTE
ALBERT EINSTEIN AUSGEWÄHLTE TEXTE
8436
ERASMUS VON ROTTERDAM AUSGEWÄHLTE TEXTE
HUMANITAS CHRISTIANA
8434
FRIEDRICH DER GROSSE AUSGEWÄHLTE TEXTE
8438
KHALIL GIBRAN AUSGEWÄHLTE TEXTE
DAS KHALIL GIBRAN LESEBUCH
8432
MARTIN LUTHER KING AUSGEWÄHLTE TEXTE
HERAUSGEGEBEN VON CORETTA SCOTT KING
8431
LAO-TSE AUSGEWÄHLTE TEXTE
8435
MAHATMA GANDHI AUSGEWÄHLTE TEXTE
RICHARD ATTENBOROUGH (Hrsg.)
6577
PRENTICE MULFORD AUSGEWÄHLTE TEXTE
8433
RAMA KRISHNA AUSGEWÄHLTE TEXTE
8437
GOLDMANN